本书是国家自然科学基金项目“中国跨国企业复合式营销能力的理论模型与构建机制：基于从资源端到客户端的动态演化逻辑”（项目编号：71972110）阶段性研究成果。

中国跨国企业复合式营销能力构建研究

Research on the Construction of Compositional Marketing Ability of Chinese Multinational Enterprises

王亚君 许晖◎著

中国经济出版社
CHINA ECONOMIC PUBLISHING HOUSE
·北京·

图书在版编目（CIP）数据

中国跨国企业复合式营销能力构建研究 / 王亚君，许晖著. —北京：中国经济出版社，2023.6

ISBN 978-7-5136-7350-1

Ⅰ. ①中… Ⅱ. ①王… ②许… Ⅲ. ①跨国公司－营销管理－研究－中国 Ⅳ. ①F279.247

中国国家版本馆CIP数据核字（2023）第104938号

责任编辑 张梦初
责任印制 马小宾
封面设计 任燕飞

出版发行 中国经济出版社
印 刷 者 北京艾普海德印刷有限公司
经 销 者 各地新华书店
开　　本 710mm × 1000mm 1/16
印　　张 15.75
字　　数 212千字
版　　次 2023年6月第1版
印　　次 2023年6月第1次
定　　价 78.00元
广告经营许可证 京西工商广字第8179号

中国经济出版社 **网址** www.economyph.com **社址** 北京市东城区安定门外大街58号 **邮编** 100011

本版图书如存在印装质量问题，请与本社销售中心联系调换（联系电话：010-57512564）

前　言

随着全球经济和政治格局的深刻变化，以中国为典型代表的新兴经济体跨国企业逐渐成为全球贸易发展的新引擎。面对科技飞快发展、信息爆炸、顾客消费文化更为多元化的国际市场，中国跨国企业正在从追赶到超越追赶，甚至步入国际前沿，在国际化过程中亟须构建快速适应复杂动态环境的国际营销能力，为不同文化背景的顾客创造价值以持续获取竞争优势。事实上，由于中国跨国企业国际化起步较晚，相比欧美等发达经济体的跨国企业，其所面临的国际市场运营环境更为复杂，投资区位的空间分离程度更大，且目标客户的消费文化也更为多元化；同时，在东道国还面临着诸如负面形象标签、信任缺失、信息不对称等外来者劣势，使其在国际市场运营过程中面临更为严峻的约束困境。相应地，中国跨国企业在参与国际市场时所展现的商业关系发展模式，以及独特的国际营销能力，对于其在境外市场运营中获得竞争优势和卓越绩效发挥了重要的作用。因此，中国跨国企业如何升级独特的国际营销能力、应对多元文化背景，并突破自身约束的瓶颈，以实现国际市场响应性，成为当前提升中国跨国企业国际竞争力的关键所在。

现有文献已经探讨了跨国企业国际营销能力的结构与关键驱动因素，及其对跨国企业国际化绩效的影响，为理解跨国企业海外市场营销实践提供了有益的理论洞见。然而，传统的国际营销理论架构于欧美等发达经济体跨国企业国际化实践的基础上，不能完全解释以中国为代表的新兴经济体跨国企业的独特性行为，尤其对于从文化视角进行切入的中国跨国企业国际营销能力构建的探讨仍缺乏足够的关注。在文化嵌入方面，已有文献强调了文化嵌入在企业国际营销实践中的重要作用，但对于文化嵌入作为中国跨国企业国际营销能力构建的前因，其嵌入类型及如何在不同嵌入方式之间配置营销资源与升级营销能力等问题有待进一步明确。事实上，国际市场的复杂性和有限的组织能力之间的差距要求跨国企业重新思考营销职能，在此情境下无疑增加了跨国企业营销管理的成本与协调难度，需要一种能够处理复杂跨境活动和资源组合过程的复合式营销能力，进而体现出较快的整合速度、更高的生产效率，以及更优的产品性价比特征，以增强跨国企业对本土需求的响应性。但对于文化嵌入在其中发挥的驱动作用，以及复合式营销能力的构建机制及其对国际市场响应性的影响，学术界尚未给出有益的解释。

基于此，针对中国跨国企业国际营销的独特模式，本书构建并检验“文化嵌入—复合式营销能力构建—国际市场响应性”理论框架，揭示了中国跨国企业国际市场响应性的实现机理，所得出的研究结论主要包括以下几个方面：①文化嵌入是中国跨国企业国际市场响应性的重要驱动因素，其中内部嵌入与外部嵌入对于国际市场响应性的不同维度均具有显著的正向影响；②基于过程视角，复合式营销能力的构建划分为市场洞察、跨文化互动与竞争性适应3个维度，复合式营销能力构建的不同维度对于文化嵌入与中国跨国企业国际市场响应性之间具有差异化中介作用；③跨境共享对于文化嵌入与复合式营销能力构建、复合式营销能力构建与国际市场响应性之间的调节作用有极大的差异性。本书将文化嵌入理论引入复合式营销能力研究，并拓展至跨境共享情境，能够弥补营销能力研究文化因素考量不足所造成的理论缺口，同时为中国跨国企业制定有效的国际市场响应性策略提供理论指导。

本书的理论贡献主要体现在以下4个方面：①基于价值与规范两个层面的内部文化嵌入与外部文化嵌入研究，分析了中国跨国企业文化嵌入模式及其对国际市场响应性的作用影响，在一定程度上响应了整合多元文化背景和企业行为多层次概念的呼吁；②对于中国跨国企业复合式营销能力构建机制的研究，本书充分挖掘和验证复合式营销能力的构建过程表现，及其在文化嵌入与国际市场响应性之间的中介作用，避免因沿用传统营销理论解构复合式营销能力造成的理论偏差；③基于文化嵌入与复合式营销能力的交叉视角，挖掘了中国跨国企业国际市场响应性的实现路径，补充了现有文献对于中国跨国企业海外市场拓展绩效的衡量指标，为后续研究提供整合性的理论分析框架；④对于跨境共享的调节作用分析，本书推进文化嵌入视角下中国跨国企业复合式营销能力构建与国际市场响应性差异化关系的情境因素研究，拓宽了跨境共享的解释边界，并赋予中国跨国企业海外市场拓展新的研究情境。

王亚君

2022年4月30日

目录

图目录

表目录

第一章 绪论

中国跨国企业正经历着日益增长和加速的全球化、破坏性的技术变革、激烈的市场竞争、高度不确定的竞争环境和政府政策影响。在这样的背景下，涉及跨越不同文化边界的营销行为关系日益成为中国跨国企业亟须面对的关键性问题。文化价值的多元化驱动新颖性产品的研发，能识别和协调文化差异并利用其获益的企业，在国际市场上具有明显的竞争优势，独特的价值平衡方式会激发企业对不同文化元素的关注与相关营销能力的组合，从而创造卓越的顾客价值。事实上，相对于传统发达经济体跨国企业，单独比较技术、品牌、产品、资本、服务、渠道等资源，中国的跨国企业并不占据优势，然而通过对内外部资源的有机整合，中国的跨国企业却能够创造性地为客户提供价值增值，在产品和服务上形成复合优势，体现出较快的整合速度、更高的生产效率，以及更优质的产品性价比特征，使其能够利用在母国市场积累的独特资源禀赋，对客户需求展开深刻的洞察，因而对中国的跨国企业营销能力提出了更高的要求。

综上所述，本书将从中国跨国企业海外市场拓展的现实背景和理论背景出发，探究中国跨国企业独具特色的复合式营销能力构建机制，同时对中国跨国企业的文化嵌入策略与国际市场响应性形成机制进行分析。基于此，本章首先就研究的现实背景与理论背景进行阐述；其次提出本书的研究问题与内容框架；再次对本书的内容安排、技术路线图、研究方法进行说明；最后提出研究的理论意义、实践意义与创新点。

第一节　研究背景

一、现实背景

（一）中国跨国企业在全球贸易中面临前所未有的发展机遇

当今，全球经济和政治格局正在发生深刻变化，人类社会正处在大变革和大创新的关键时期。国际经济环境的复杂性和动荡性日益加剧，新一轮科技和产业革命方兴未艾，国际分工体系加速演变，全球价值链深度重塑，新兴市场跨国企业迅速崛起。作为新兴市场国家实现创新追赶的典型代表，中国跨国企业逐渐成为实践和理论研究关注的焦点（Hernandez and Guillén，2018；Xie and Li，2018）。国家统计局公布的数据显示，中国2020年GDP总量突破100万亿元大关，达到101.6万亿元，与2019年相比增长了2.3%。在新冠肺炎疫情扩散全球的大环境下，中国成为全球唯一一个经济实现正增长的主要经济体。面对机遇和挑战并存的国际市场环境，中国跨国企业的国际化之路需要新方案和新理论。“一带一路”倡议提出了中国跨国企业国际化新的增长模式，突出了互利共赢、包容、公平与全球普惠的理念，给全球带来名副其实的“中国智慧”和“中国方案”。面对逆全球化思潮和世界经济形势的挑战，“一带一路”倡议不仅为沿线各国的经济发展创造了更为广阔的空间，也给中国跨国企业的国际化创造了千载难逢的历史机遇。

越来越多的中国跨国企业在中国智慧的指引下积极发挥能动性，不断提升企业国际市场竞争力，为世界经济持续发展注入新动力，以实际行动重塑全球化进程。回顾改革开放四十多年来的国际化历程，中国跨国企业依靠成本优势和国内市场空间，取得快速发展，逐渐进入技术领跑者的行列，在短时间内逐步实现从落后追随到创新引领的追赶实属来之不易（吴敬琏，2012）的同时，积累了大量宝贵经验。《纽约时报》《赫芬顿邮报》《欧洲时报》等外媒报道称，中国正经历从全球化受益者到全球化引领者的转变，中国建设现代化经济体系下的开放格局，将是“引进来”和“走出去”并重，推动形成更全面的开放格局。今后，中国经济将进入新一轮红利释放周期，继续为世界经济发展提供“中国机遇”。

（二）中国跨国企业海外市场拓展遭遇的跨文化壁垒

随着全球环境动荡性的增强，文化在全球化进程中的作用与地位日益受到广泛关注。多元文化背景，使得中国跨国企业更需要从动态视角出发，去看待不同文化之间的碰撞。事实上，新冠肺炎疫情的突然暴发导致全球化遭遇逆转，国家间形成无形或有形的壁垒，使得企业的海外市场拓展增加了交易管理成本，对企业跨文化经营造成剧烈冲击。与此同时，在加剧的国与国之间的博弈、愈加频繁的地缘政治冲突情况下，中国跨国企业如何跨越文化壁垒，通过高效的跨文化管理增强本土化程度，显得至关重要。在极其重要又容易被忽视的文化环境中，文化异质性成为跨国企业跨文化经营的无形壁垒，许多企业在国际营销中失利，资本与技术的缺位是一方面原因，而缺乏对当地文化的理解、忽视文化异质性对国际贸易的影响则是另一方面的重要原因。

中国跨国企业在国际市场中有很多竞争对手，海外市场拓展涉及多民族、多业务与多利益相关者，由于不同国家之间在价值理念、风俗习惯与管理模式上都存在显著差异，加之作为后发企业的国际经验不足，使得中国跨国企业在跨国经营上存在文化冲突。鉴于此，部分中国跨国企业过分强调在跨国经营中入乡随俗，导致过度本土化。实际上，文化是战略落地的基础，需要各方在文化上达成广泛共识，才能推动战略协同与创新的顺利落地，也会降低企业对于当地经营状况考察评价的难度。只有既尊重当地文化，又彰显中国跨国企业应有的文化自信，才是中国跨国企业国际化拓展过程中应对文化冲突、跨越文化壁垒的正确方式。因此，有效的跨文化管理能够减少海外市场运营中由于文化摩擦与冲突导致的失败可能性。只有形成文化合力，才能带来新的文化活力以实现企业成功运营。尤其在当下逆全球化现象凸显、强化的单边主义与贸易保护主义抬头的形势下，更应该关注中国跨国企业的跨文化管理。外部环境越是动荡不安，企业越要严格遵循国际惯例和行业的最佳实践，充分发挥跨文化管理作用，做到合规运营，将中国人的哲学理念和欧美风格进行思想碰撞，在竞合中实现发展。中国跨国企业需要根据自身的发展逻辑，更多地思考如何进行文化协同积累、跨文化管理的最佳实践，以形成让企业基业长青的独特文化及价值观，在国际化进程中展现“中国自信”。

（三）中国跨国企业在动荡环境中的营销能力升级

随着新冠肺炎疫情的全球暴发，刺激逆全球化思潮从幕后走向前台，为中国跨国企业的国际市场拓展带来动荡性影响，逆全球化思潮下亟须重塑价值链新方式。中国跨国企业正在或将长期遭遇更严重的“围追堵截”，所遭遇的国际风险升级，呈现风险传导速度更猛、范围更广等区别于一般环境下的风险特征（Wei and Nguyen，2017），使中国跨国企业面临更加频繁、高速变化的市场和技术环境（Maury，2017；Hernandez and Guillén，2018），这就要求中国跨国企业的国际营销能力构建不仅要具有“外部导向性”，而且要具备应对市场突发事件的能力，帮助跨国企业接受清晰的信号，对变化的市场需求做出快速反应。同时应该具有“内部导向性”，在市场事件还没有发生时就进行预判，并提前配置所需资源。“外部导向性”和“内部导向性”的双重属性决定了中国跨国企业营销能力的构建会呈现一个复杂的，需要不断试错、不断交互、不断迭代的动态过程。

在网络层面，网络构建效应为资源获取与整合创造条件，进而为中国跨国企业的营销融合行为带来新机遇。在全球贸易发展中，中国跨国企业营销能力升级的基础是企业对不同来源、不同层次、不同结构的网络资源进行选择和有机的融合（Fang et al.，2011；Luo and Child，2015），使之具有较强的柔性、系统性和价值性，而这一过程主要得益于内外部网络的双重配置。在外部网络层面，驱动营销能力升级的关键是企业对全球网络中政府、客户、供应商等外部主体关系的连接与重构，为营销能力升级中的资源获取与需求洞察创造条件；内部网络层面则关注营销能力形成过程中正式网络与非正式网络的资源编排。

在制度层面，现有对跨国企业的国际营销能力研究已将制度因素置于与网络因素同等重要的地位（Ramamurti，2012；Scott and Giroud，2015；Robert et al.，2019）。对于中国跨国企业而言，母国区域制度开放性会限制企业经营活动的范围，决定企业营销能力和战略制定的自主性水平，同时帮助企业在缺乏专有优势情况下，克服外来者劣势和应对海外风险。在海外市场开拓过程中，中国跨国企业所面临的外部制度环境（政府管制、行业规范、社会文化等）逐渐被内化为内部的制度要素（管理制度、组织结构、企业文化和价值观等），直接驱动和影响企业营销能力的升级。

二、理论背景

（一）文化嵌入理论在跨文化研究领域不断拓展和深化，重新引发学术界对中国跨国企业国际市场拓展过程中文化作用的深入讨论

国际商务学者普遍认识到，文化是一个重要的概念，当跨国企业处于多元文化环境中，由于存在不熟悉和模糊的社会规范，其通常会感知到压力（Oded et al.，2020）。这使得文化嵌入同跨文化适应产生特定关联（Goldberg et al.，2016），文化嵌入程度高的企业更有兴趣和意愿认知跨文化情境，并希望在适应跨文化情境过程中取得成功。Hofstede提出了广为人知且被实证检验过，并得到广泛认可的四大文化维度，即个人主义/集体主义、权力距离、男性化/女性化、不确定性规避。尽管Hofstede提出的文化维度被广泛使用，为民族文化特征和内部控制的关系研究奠定了理论基础，但多数学者认为，他把国家边界等同于文化边界，缺乏对文化重要方面的描述（Baskerville，2003）。如果该领域继续简单地将文化边界等同于国家边界，那么现有文化影响方面的研究进展将会受阻。

中国跨国企业在某种程度上是嵌入东道国与母国双重文化中的，通过文化嵌入整合东道国和母国的核心文化，以协调经济利益和社会文化效益。文化嵌入涉及信任、道德、社会预期的相互关系（李怀斌等，2013；Daniela et al.，2020），并以文化认同为基础，对参与各方的需求进行综合考虑，对各

种经济关系进行梳理，有助于维持文化嵌入的平衡（Fabian et al.，2020）。企业通过文化嵌入融入当地的文化氛围，一方面，外部嵌入以东道国文化为核心，主要反映跨国组织为适应东道国文化信念与行为规则做出的组织行为调整的程度（Oehmichen and Puck，2016），这种文化嵌入的主要目的是获取合法性（Kostova and Zaheer，1999）、拓宽本土知识来源（Nell et al.，2011），以及开发不同市场机会（Yalcinkaya et al.，2007）等。另一方面，内部嵌入以母国文化为核心，为企业从母公司获取资源、知识及技术等提供支持（Cenamor et al.，2019）。在兼顾母国文化与东道国文化这一核心问题上，中国跨国企业以文化嵌入为前提，即文化、价值观的互认是形成这一模式的根本所在。从中国跨国企业的成功发展历程来看，这一过程离不开文化互认和价值平衡，主要是植根于文化嵌入所带来的良性互动。因此，有必要追踪并梳理中国跨国企业海外市场拓展的独特文化行为，拓展文化嵌入在跨文化管理理论中的解释边界。

（二）中国跨国企业在国际营销能力构建中的复合式特征日益受到广泛关注，成功建立起复合基础观与国际营销能力研究的对话基础

营销能力是营销战略理论研究中的一个重要方面，研究者普遍认为，获取高绩效的关键取决于企业在关键职能领域能力的提升（Tan and Sousa，2015），而营销能力作为企业面向市场最重要的一环，对企业生存与发展至关重要。中国跨国企业营销能力的构建，不仅有助于实现规模经济和范围经济，而且更是克服被低端价值链锁定的一种有效途径（Tartaglione and Formisano，2018）。在国际化经营过程中，中国跨国企业要在不确定性的市场环境中获取竞争优势，并不是简单地重复传统跨国企业的发展路径，而是要跟随外界环境的变化达成自身能力的“进化”；其在国际市场营销能力的构建过程中主要遵循“由外向内”的营销逻辑，与复合基础观的底层逻辑相契合，更加强调资源构建的内生性和外生性相结合，注重对外部资源的获取，通过对内外部资源的有效整合培育和提升营销能力，以获取持续的、长期的竞争优势（Fang and Zou，2009；许晖等，2017）来适应国际市场的不确定性、技术变

革的动态性，以及制度环境的复杂性。

随着顾客需求的不断变化、营销环境的动态性和不确定性的日益增强，市场竞争变得日趋激烈，传统的营销能力具有资源刚性和静态的特征，难以有效应对快速变化的竞争环境（Fang and Zou，2009），因此，在动态竞争中，理解营销能力变得十分重要（Tartaglione and Formisano，2018）。中国跨国企业在资源端缺乏传统意义上的垄断优势（如全球市场资源、品牌形象和专有技术等）（Li and Chang，2016），在客户端又面临着外来者劣势（负面形象标签、信任缺失、信息不对称等）（Wei and Nguyen，2017），导致其难以通过传统路径建构营销能力来培育在国际市场中的竞争优势，更多地在营销能力构建上呈现复合式特征，即通过模仿式创新（Luo et al.，2011；Zhou and Guillen，2015）、标杆企业定点超越等内生方式获得成长；同时，企业可通过外部购买、企业并购、合作共享等外生性的途径实现快速超越，不必拘泥于企业自身缓慢的或渐进的内部积累（Ang et al.，2015）。具有复合式特征的营销能力可以帮助中国跨国企业及时了解市场需求和环境变化，重新整合和利用市场资源，从而建立和维持市场优势。因此，学术界有必要提炼复合式营销能力的特征维度与作用路径，丰富并拓展中国跨国企业国际化进程中关于营销能力的相关研究。

（三）中国跨国企业面临复杂多变的国际营销环境，呼吁学术界进一步揭示国际市场响应性的维度内涵与形成机制

国际市场环境是跨国企业赖以生存的环境，环境的变化必然影响企业的战略与行为。以往研究认为，当环境发生变化时，企业可以通过组织、战略调整等行为进行应对，而更多的研究表明，企业应主动响应环境，以获得更优异的绩效。关于中国跨国企业海外市场拓展的研究开始较多地关注国际竞争优势和国际化绩效问题。进入21世纪，全球市场环境动荡性和复杂性的加剧，大幅提高了企业对环境变化的预测和控制难度（许晖和万益迁，2010；Cavusgil，2012），企业以往的路径依赖遭到破坏，静态的竞争优势难以持久（North，2005；Nelson，2007）。在国际化扩张的过程中，高度不确定性的国际化风险环境要求企业必须快速响应环境变化，以获取市场竞争优势（Fang and Zou，2009）。

国际市场环境呈现无边界、互联性，以及不确定性特征（郭海和韩佳平，2019），使得环境中各主体间原来稳定的、不可渗透的边界变得越来越模糊且不稳定，也使得客户需求和偏好变化越来越难以预测（Tortoriello et al.，2015），而且，中国跨国企业与东道国的互动不再仅以客户需求为主（Volberda and Karali，2015），而是更多地需要增加与当地制度、文化、适用标准等的互动。对中国跨国企业而言，其国际市场拓展有助于子公司通过本地化运营更好地建立品牌信誉（Jarillo and Martinez，1990），并影响产品创造和传播，克服后发者劣势、捕捉市场机会和绕过发达市场的贸易壁垒增强母公司能力，以便更好地与全球竞争对手进行竞争（Luo and Tung，2007；魏江等，2016；吴东和吴晓波，2013）。在这样的国际市场环境下，仅以财务绩效的静态指标衡量中国跨国企业国际化行为已过于单一，而国际市场响应性指标的动态性和多元性能够更加全面地衡量国际化绩效，通过衡量企业主体在与环境的交互过程中不断修正的行为规则，对其成长环境的变化趋势做出预测（Julien and Lisa，2012）。尽管现有文献对国际市场响应性的概念内涵、构建机制等（Hollender et al.，2017）做出了相关探究，但目前国际市场响应性概念亟待被赋予新的内涵，以反映基于市场、制度、文化等更加多元的特征（Gulati et al.，2012）。本书分析中国跨国企业在国际市场响应中的表现形式、实质内容与实现途径等独特性，能够以动态、科学的视角揭示中国跨国企业国际化绩效的提升机制，为后续研究提供整合性的理论分析框架。

第二节　研究问题与内容框架

一、研究问题

随着中国跨国企业国际化进程从“走出去”“走进去”阶段逐渐向“走上去”阶段的跃迁，其面临的国际市场运营环境更为复杂，投资区位的空间分离程度更大，且目标客户的消费习惯也更为多元化，这就要求中国跨国企业在不确定性和动荡的市场环境中要不断升级营销能力，以实现国际市场响应性。既有研究对跨国企业的国际营销能力展开深入探讨，但仍然是架构于欧美等发达经济体跨国企业国际化实践的基础上（Day，2014；Luo and Tung，2018），过于强调技术、资源等显性因素的作用，而忽视了文化情境等隐性因素对中国跨国企业国际营销能力构建的影响和制约作用，也缺乏对其在国际市场拓展中呈现的复合式特征的探讨。所以本书从文化嵌入视角出发，探讨国际营销能力的构建机制及其对国际市场响应性的作用机制。具体而言，本书主要聚焦于文化嵌入、复合式营销能力、国际市场响应性等关键构念，借鉴跨文化理论、复合基础观理论、动态营销能力理论，以及市场响应性理论等相关文献，结合中国跨国企业的实践与数据，剖析中国跨国企业的文化嵌入、复合式营销能力、国际市场响应性的构成维度，探究它们之间的相关性，以及跨境共享在其中的调节作用。基于中国跨国企业国际营销的现实背景和理论现状，本书研究的核心问题是：中国跨国企业如何通过文化嵌入构建复合式营销能力，以实现其国际市场响应性？

为了更系统地对核心研究问题进行分析和解释，本书基于文化嵌入构建的复合式营销能力与国际市场响应性之间的作用关系，将研究问题分解为以下三个子问题：

第一，中国跨国企业文化嵌入包含哪些维度？中国跨国企业文化嵌入如何影响国际市场响应性？随着文化迁移和市场结构变革的逐步深化，中国跨国企业面临能力升级及本土响应的双重压力。不同企业面临的内外部环境、文化基础和运营模式存在较大的差异性，导致国际市场响应性的实现路径和微观机制也存在较大异质性。市场响应性是企业国际市场拓展的重要驱动力（Narver et al.，2010），客户需求的变化、竞争对手的行为及行业的技术发展趋势均是企业环境感知的必备要素（Kohli and Jaworski，1990），能有效感知并快速响应市场环境变化的企业可以更好地适应环境（Bernardes and Hanna，2013；Battistella et al.，2017）。市场响应性能较好地反映企业的开拓性行为，体现了企业对市场机会的警觉程度（Allen，2003），所以应该强调文化嵌入的重要作用；文化资源的专用性特征决定了企业的边界，使得国际市场响应性的微观机制和形成过程具有高度情境化的特征。因此，中国跨国企业通过文化嵌入有助于企业识别、评估和进入新的、未被占领的细分产品市场空间，从而实现对外部环境变化的快速响应。

第二，中国跨国企业复合式营销能力构建如何影响国际市场响应性？中国跨国企业复合式营销能力的构建对于文化嵌入与国际市场响应性之间的关系有何作用？营销能力是营销战略理论研究中的一个重要方面，研究者普遍认为，企业获取高绩效的关键取决于企业在关键职能领域能力的提升，而营销能力作为企业面向市场最重要的一环，对企业生存与发展至关重要（Tan and Sousa，2015；Tartaglione and Formisano，2018）。随着市场环境动荡性的日益增强，市场竞争变得日趋激烈，传统的营销能力因具有资源刚性和静态的特征，难以有效应对快速变化的竞争环境（Fang and Zou，2009），因此，在动态环境中理解营销能力构建机制变得十分重要（Tartaglione and Formisano，2018）。复合式营销能力为动态营销能力的研究拓展了新思路，有助于企业整合、重构内外部资源和能力，以适应快速变化的动态环境（Day，2014）。复合式营销能力对动态营销能力理论和复合基础观理论的相关研究与观点进行了融合，强调中国跨国企业在响应外部环境变化与本土需求上的能动作用。嵌入的异质性文化避免了传统惯性的路径依赖限制，为国际市场响应性的提升提供了多元文化基础，静态文化并不能直接转化为国际化绩效，文化嵌入与国际市场响应性关系的“黑箱”在于复合式营销能力构建的中介作用，经过复合式营销能力构建对嵌入的多元文化进行整合利用，形成企业的核心竞争优势，进而促进中国跨国企业国际市场响应性的提升。

第三，跨境共享对中国跨国企业文化嵌入与复合式营销能力构建的关系有何影响？对复合式营销能力构建与国际市场响应性的关系有何影响？跨境共享侧重于实现全球开放性资源的高效率协同与匹配，主张全球市场参与者的竞争合作、创新与创造，强调不同单位之间的深度协调与合作（Rahman et al., 2020)。Luo和Bu(2018)将跨境共享概念界定为，跨国企业获取全球资源以进一步整合其现有运营，通过企业内共享和利用资源，以及将这些资源内化和升级，以创造自身竞争优势。一方面，跨境共享系统加强了跨国公司的单位间协调机制（Martinez and Jarillo，1989），确保了信息和知识的有效流动，文化嵌入与复合式营销能力构建的关系会受跨境共享这一情景因素的影响。另一方面，跨境共享通过相互交流会碰撞出更多元化的信息，这些信息有助于子公司之间的价值提升并通过跨领域和跨区域协同发展促进新知识的生成（Gupta and Govindarajan，2000）。这些都在复合式营销能力构建与国际市场响应性之间起着关键性作用。

二、研究目标与主要内容

（一）研究目标

针对上述研究问题，本书的研究主要基于跨文化理论、复合基础观和营销动态能力理论，并整合文化嵌入、复合式营销能力和国际市场响应性的相关研究，通过探索性案例研究和实证检验剖析中国跨国企业的文化嵌入、复合式营销能力构建对国际市场响应性的作用机制。同时，本书考虑跨境共享的情境因素对文化嵌入与国际市场响应性、复合式营销能力构建与国际市场响应性关系的影响。预期达到的研究目标如下：

（1）提炼中国跨国企业文化嵌入的内涵维度。本书主要以系统梳理跨文化理论与文化嵌入相关文献为依托，基于中国跨国企业面临的跨文化背景，分析中国跨国企业如何基于价值异质性与规范异质性进行文化嵌入以整合多元文化，进而促进中国跨国企业国际市场响应性；同时，检验文化嵌入与中国跨国企业国际市场响应性之间的作用关系，进一步厘清、挖掘文化嵌入与国际市场响应性作用的微观过程及潜在逻辑。

（2）探索中国跨国企业复合式营销能力的构建机制。本书主要关注中国跨国企业在国际市场拓展过程中营销能力构建的独特性，借鉴复合基础观理论及营销动态能力的相关理论研究，采用案例研究方法，发现中国跨国企业复合式营销能力的构建机制，识别中国跨国企业复合式营销能力构建的维度，比较复合式营销能力构建的不同维度对企业国际市场响应性作用关系的差异性，以及企业复合式营销能力构建在文化嵌入与国际市场响应性之间的中介作用。

（3）识别影响中国跨国企业国际市场拓展的关键情境要素——跨境共享。本书主要基于中国跨国企业海外市场运营的特征，探讨跨境共享对文化嵌入、复合式营销能力构建与国际市场响应性作用关系的影响。借鉴跨境共享的理论研究，明确跨境共享对文化嵌入与复合式营销能力构建的主要关系的调节作用；同时，基于跨境共享理论的观点，检验跨境共享对复合式营销能力构建与国际市场响应性关系的调节效应。

（4）构建基于文化嵌入视角的中国跨国企业国际市场响应性实现过程的整合模型。本书整合复合基础观、文化嵌入、营销动态能力和国际市场响应性的相关研究，通过探索性多案例研究，探讨文化嵌入与国际市场响应性关系的微观机理，结合多元回归分析，验证文化嵌入、复合式营销能力构建与国际市场响应性的影响关系，在此基础上形成文化嵌入与国际市场响应性的分析模型和解释逻辑，为中国跨国企业依托多元文化嵌入拓展国际市场提供支持和依据。

（二）研究内容

为了更加系统地围绕核心研究问题展开分析和探索，实现以上预期的研究目标，本书设计了相应的研究结构。具体而言，本书主要包括绪论、理论基础与文献综述、探索性案例研究、概念模型构建与研究假设发展、研究设计与小样本测试、研究数据与实证分析、研究结论与展望等内容。

（1）绪论。本部分主要对本书的研究背景、研究问题与内容框架、研究方法、研究意义与创新点进行阐述。首先，通过对理论背景和现实背景进行深入分析，凝练本书研究的核心问题及其子问题，然后根据提出的研究问题明确预期的研究目标，进而对本书的整体内容结构进行合理安排。在此基础上，本部分有效选择与研究问题密切契合的研究方法，阐述本书对于相关理论领域和管理实践的重要意义，同时明确阐述本书的主要创新点。

（2）理论基础与文献综述。本部分主要聚焦研究问题而展开，系统回顾研究内容所涉及的理论基础，并对相关文献进行针对性述评，为后续研究内容提供所需的理论方向和逻辑框架。具体而言：①对跨文化理论基础进行溯源追踪，并对文化嵌入研究进行相关性分析；②主要围绕复合式营销能力的提出及其理论基础，对营销能力内涵界定、动态视角下营销能力的理论拓展等相关研究进行系统性梳理；③对中国跨国企业的国际市场响应性相关理论研究进行有针对性的回顾；④在现有研究成果和理论脉络梳理的基础上，对相关领域的研究进行评述，识别研究缺口，为后续研究的开展奠定理论基础。

（3）探索性案例研究。本部分主要探讨中国跨国企业基于文化嵌入的复合式营销能力构建机制与国际市场响应性的形成过程，归纳文化嵌入、复合式营销能力构建、国际市场响应性的维度构成，以及文化嵌入的不同维度对企业复合式营销能力构建与国际市场响应性作用关系，解构中国跨国企业文化嵌入与国际市场响应性之间的作用机制。此外，基于复合基础观和营销能力观的理论框架，分析复合式营销能力构建过程，以及其如何影响中国跨国企业国际市场响应性。

（4）概念模型构建与研究假设发展。本部分主要根据文献回顾与探索性案例研究的相关分析，通过严谨的理论推导得出关键构念间的内在逻辑，并以此构建中国跨国企业文化嵌入、复合式营销能力构建与国际市场响应性之间的作用关系与影响机制的整体概念模型，并尝试从理论角度解析中国跨国企业文化嵌入、复合式营销能力构建与国际市场响应性三者之间的作用机制与潜在逻辑关系，并提出关键构念之间作用关系的具体假设命题。

（5）研究设计与小样本测试。本部分主要依据整体研究思路设计，针对模型中涉及的关键变量及其作用关系，设计原始问卷并开展小样本预调研，进而根据预测试结果对原始问卷进行调整修正，最终确立正式的调研问卷。具体而言，首先，基于涉及关键构念的相关文献，结合探索性案例的研究结果，对所涉及的核心变量进行维度划分，确定相应的测度量表；其次，按照所得主要变量的维度设计初始调研问卷；最后，选取小范围数据，通过探索性因子分析修正和净化初始调研问卷，最终确立正式的调研问卷。

（6）研究数据与实证分析。本部分主要对文化嵌入、复合式营销能力构建与国际市场响应性之间的作用关系进行实证检验。首先，根据问卷调研结果对数据基本特征进行描述性统计，并进行相关解析；其次，运用验证性因子分析检验问卷调研获得的数据，并在此基础上对文化嵌入、复合式营销能力构建、国际市场响应性，以及跨境共享和相关的控制变量进行效度评估；最后，对概念模型中相关变量之间的作用关系进行检验，根据分析结果检验所提出的假设关系，为得出的研究结论奠定合理的分析基础。

（7）研究结论与展望。本部分主要归纳总结前面的分析内容和研究结果，在此基础上提炼研究的结论，并进一步阐述研究意义和贡献，以及本研究对中国跨国企业国际市场拓展实践的启示。此外，本部分还针对研究中的局限性进行阐释，同时，对未来进一步的研究方向进行梳理，为后续研究提供借鉴指引。

按照上述研究内容与结构安排，本书整体结构与内容安排如图1.1所示。

三、研究方法

科学合理地运用研究方法是保证研究质量的前提，本书主要采用定性研究与量化研究相结合的混合研究方法对研究问题进行深入探讨。具体而言，本书主要采用文献研究法、案例研究法、问卷调查法和实证分析法。基于不同的研究目标，合理、严谨地采用多元化研究方法，有利于保障研究的规范性和结论的稳健性，从而有效提升本书的研究质量与效果。

（1）文献研究法。本书对中国跨国企业的海外市场拓展、文化嵌入、复合式营销能力、国际市场响应性四个领域的相关研究进行追溯与提炼。具体而言，本书科学地利用中国期刊全文数据库、全国图书馆参考咨询联盟、Elsevier、EBSCO、Willey等中外文期刊数据库进行文献搜索，重点从《管理世界》《南开管理评论》《管理学报》等CSSCI来源期刊和ASQ、AMJ、

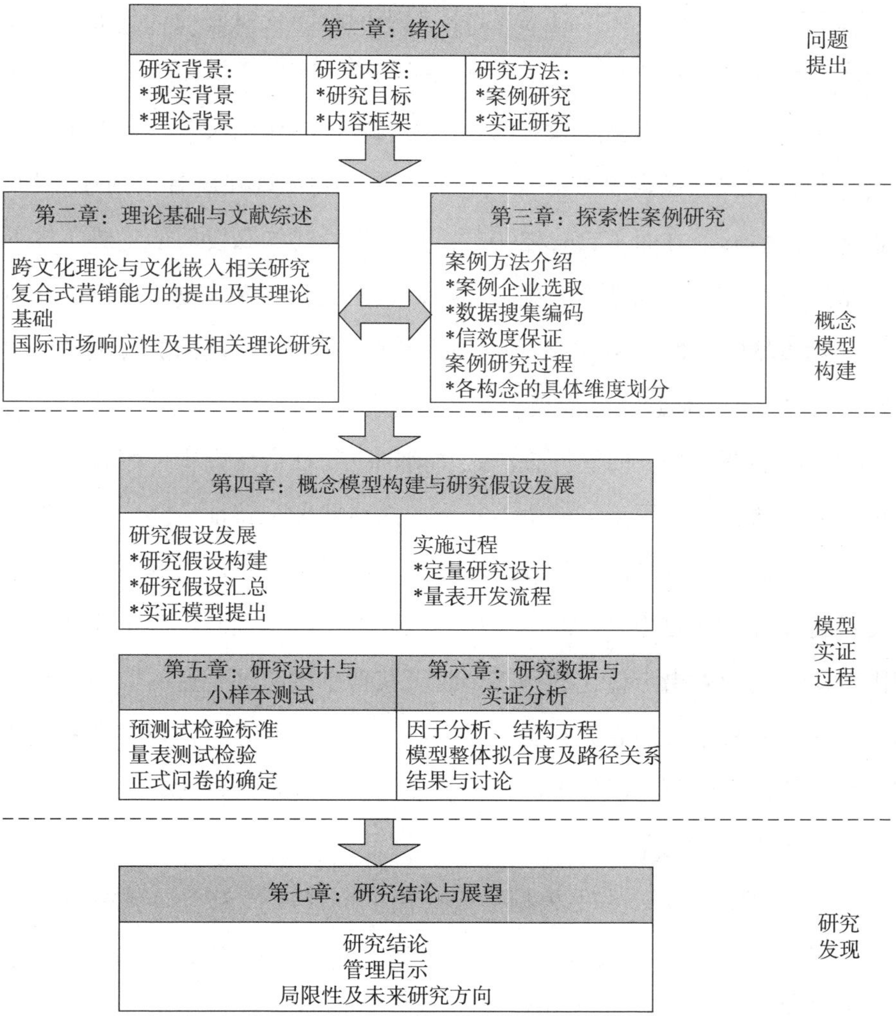

图1.1　本书整体结构与内容安排示意图

资料来源：笔者整理得出。

AMR、JIBS、SMJ、JIM等顶级国外期刊中，以中国跨国企业的海外市场拓展、文化嵌入、复合式营销能力、国际市场响应性等核心概念，以及“新兴市场跨国企业理论”“跨境共享”“跨文化管理”等概念进行文献搜索，继而进行文献梳理、归纳及分类，在文献追溯过程中找到理论空白点，并与研究问题相结合，进行研究构思与研究设计，以此确定本书的研究问题及研究框架。

（2）案例研究法。文化嵌入视角下的中国跨国企业复合式营销能力构建研究属于新兴研究领域，本书采用案例研究法，有助于探索中国跨国企业复合式营销能力的构建机制及其对国际市场响应性的作用关系。案例研究本质上是一种归纳式的逻辑思维方式，它的功能主要体现在解释、描述、列示、探索和元评估五个方面（Yin，2002），具有理论建构和发展的优势。本书基于典型案例企业的系统理论挖掘和梳理，归纳文化嵌入、复合式营销能力构建、国际市场响应性等相关构念的特征及其内在逻辑，从而进行理论框架的构建，为进一步的假设关系发展和实证检验奠定分析基础。

（3）问卷调查法。问卷调查法是目前国内外社会调查中使用较为广泛的一种研究方法，较适用于一般决策行为的总体状况和特征研究。基于识别的构念维度和确立的变量测度量表，本书依照严谨、科学的流程与方法对研究问卷进行设计，针对构念之间的作用关系开展小样本预测试和正式调查，以期围绕研究问题做出定量化的回答。为了获得中国跨国企业的第一手数据资料，本书采用科学的问卷调查法，对天津、山东、北京、杭州等沿海开放区域（较多跨国企业所在区域）的跨国企业的高级管理者发放调查问卷，以获取研究所需的一手资料。

（4）实证分析法。本书根据需要解决的问题选择SPSS、AMOS等统计工具，首先，对文化嵌入、复合式营销能力构建、国际市场响应性等相关指标进行统计性分析，进而构建相关变量的测度指标。其次，通过具体指标测评抽象因子的统计分析方法，调整相关变量的指标和维度，为理论模型的建立和调整提供实证依据，提高测量信度和效度。最后，本书采用结构方程模型对维度结构进行验证，使用多元回归分析对实证模型的研究假设进行检验。

本书的技术路线如图1.2所示。

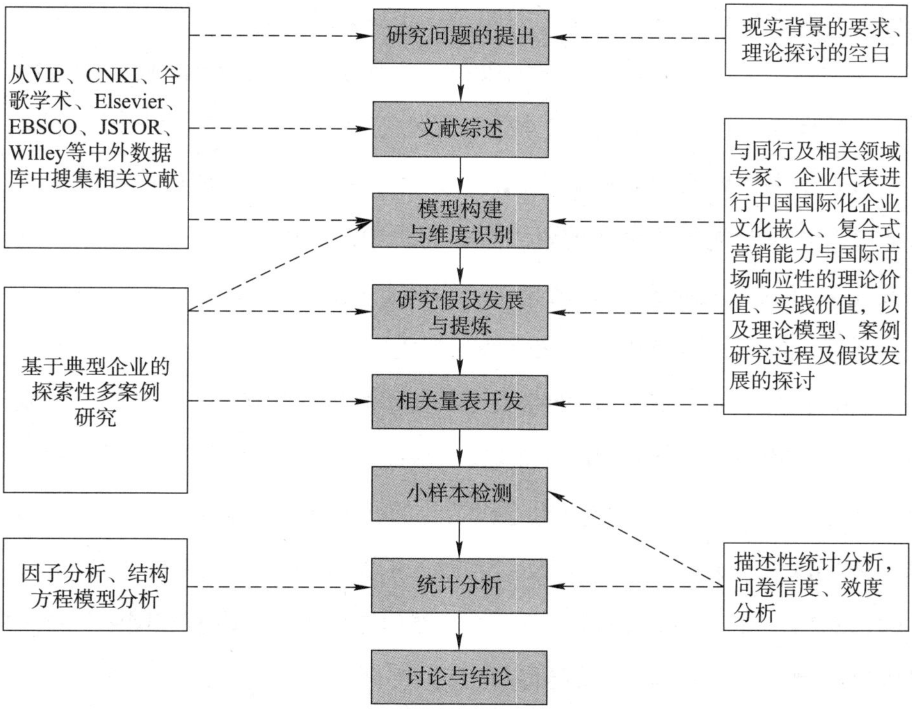

图1.2　本书的技术路线图

资料来源：笔者整理得出。

第三节　研究意义与创新点

本书以中国跨国企业为研究对象，聚焦文化嵌入视角，将跨文化理论、复合基础观理论、动态营销能力与国际市场响应性理论有效结合，清晰地界定了关键变量，并对这些变量间的关系进行理论推导与实证检验，以拓展相关领域的理论研究；与此同时，对中国跨国企业海外市场拓展、营销能力升级提供了很强的实践指导。

一、理论意义

本书充分考虑了中国跨国企业国际市场拓展的具体情境与独有特征，探究中国跨国企业的复合式营销能力的结构维度，并深挖其构建机制与文化嵌入、国际市场响应性、跨境共享的关系，加深了对中国跨国企业国际市场拓展行为的理论理解。具体而言，本书的理论意义主要体现在以下三个方面：

（1）本书对跨文化驱动下文化嵌入的维度解构研究，能够解释中国跨国企业复合式营销能力构建的前置因素，完善中国跨国企业国际市场拓展过程中文化嵌入的相关研究。文化嵌入是为企业注入新的文化，从而塑造其内部形态特征的基本适应过程，文化嵌入成为学习能力（Vahlne and Johanson，2017；Rahman et al.，2020）、网络关系（向永胜等，2016）和创新绩效（魏江和向永胜，2012）等领域的研究热点。现有研究对文化嵌入的探讨较为充分，但将文化嵌入与国际营销能力构建相结合的研究还较为匮乏。已有研究提出基于内部嵌入、外部嵌入，以及双元嵌入的文化嵌入维度划分（Andersson et al.，2014；Cheng and Huang，2020），然而这些方式并没有在国际市场拓展过程中得到验证，在营销领域研究也有待挖掘。文化内部嵌入与外部嵌入对企业营销能力的影响是如何发生的、其内在作用机理等问题仍需深入探讨。基于此，本书根据中国跨国企业国际市场拓展的现实情境，对文化嵌入的内涵进行深入解剖，对文化嵌入的来源、维度进行补充与完善，探索跨文化驱动下文化嵌入的作用过程，进一步拓展了中国跨国企业复合式营销能力构建的前置因素，并完善中国跨国企业国际市场拓展过程中文化嵌入的相关研究。

（2）本书对复合式营销能力的构建机制研究，能够解释中国跨国企业如何应对多元文化异质性获取竞争优势，为拓展国际营销理论研究边界提供了新的视角。现有文献主要从资源观视角（Narasimhan et al.，2006）、知识观视角（Katharina and Buttenberg，2015）、流程观视角（Day，2014）对跨国企业营销能力进行研究，具有资源刚性和静态的特征（Fang and Zou，2009；许晖等，2011），遵循“由内向外”的营销逻辑构建国际营销理论框架（Morgan and Vorhies，2018），并强调利用跨国企业的内在优势（Day，2011）。然而，中国跨国企业不仅缺乏传统意义上的垄断优势（如全球市场资源、品牌形象和专有技术等）（Li and Chang，2016），而且面临着文化异质性带来的外来者劣势（负面形象标签、信任缺失、信息不对称等）（Wei and Nguyen，2017）。在此情境下，中国跨国企业难以通过传统路径建构营销能力来培育国际市场的竞争优势。本书立足中国跨国企业国际营销实践，基于“由外向内”的复合式逻辑，更加注重在外部环境转换过程中利用复合优势制定适宜的营销战略，以重新定义“游戏”规则，并以此提炼复合式营销能力的构建机制，为拓展国际营销能力理论解释边界提供新的视角。

（3）本书对国际市场响应性的研究，能够解释文化嵌入视角下复合式营销能力的作用路径，并揭示中国跨国企业国际化绩效的提升机制。动荡环境下企业的竞争优势会在短期内受到影响（Teece，1994；McGrath，2013），需要不断提升自身能力以适应环境的改变（Teece，1997；Eisenhardt，2000）。仅以财务绩效衡量跨国企业国际化行为无法将企业发展动力等因素纳入考核体系（Slangen and Dikova，2014），而市场响应性则具有动态与静态相结合的特点（Julien and Lisa，2012），可以更为全面和系统地阐释企业竞争优势的动态变化（许晖等，2017）。衡量企业主体在与环境的交互过程中不断修正的行为规则，能够对其成长环境的变化趋势做出预测（许晖和单宇，2018）。本书基于中国跨国企业国际营销实践，提炼国际市场响应性的表现形式、内容维度与实现途径等的独特性，能够深化和扩展国际市场响应性的理论研究。同时，探索文化嵌入、复合式营销能力对国际市场响应性的作用路径，能够动态、科学地揭示中国跨国企业国际化绩效的提升机制，为后续研究提供整合性的理论分析框架。

二、实践意义

中国跨国企业在海外市场的拓展过程中，历经单一文化市场到多元文化市场的竞争环境的转变，这种环境的变化使得企业原有营销资源和能力发生了改变，使得企业的国际营销能力构建具有明显的复合式特征，并体现出较快的整合速度、更高的生产效率，以及更优质的产品性价比特征。基于此，本书聚焦中国跨国企业的复合式动态能力的构建，解构复合式营销能力构建的内在维度，并在此基础上进一步探索和发现文化嵌入、复合式营销能力构建对国际市场响应性的影响，这为中国跨国企业的国际营销战略及实践提供了理论依据，有助于企业有意识地发展复合式营销能力，以便更好地实施竞争战略，提高企业的国际市场响应性。具体而言，本书的实践意义主要体现在以下三个方面：

（1）为中国跨国企业基于多元文化背景制定国际营销战略提供经验借鉴和理论指导。文化是企业全球化发展过程中需要考虑的重要因素之一，中国跨国企业在海外市场拓展中，文化异质性与跨越国界的经营活动相伴。由价值观和规范等形成的文化差异保证了全球多样化，但同时使得企业海外市场的环境复杂性和不确定性更胜从前，因而企业对异质文化的感知能力和嵌入性，成为跨国企业成功的关键，也是企业区别于竞争对手、获取竞争优势的重要来源。中国跨国企业的跨国经营通常更需要考虑当地的文化差异，在更广阔的国家社会文化中获得对特定微观社会差异的细致理解，可以为企业拓宽社会心理文化维度提供认识理论基础。中国跨国企业通过调整人力资源管理和广泛的组织实践来分析区域文化差异。在国外开展商业活动的企业可以从各国社会文化差异化的信息中受益，并可以利用信息洞察、预测环境中顾客的文化倾向，判断该地区是否存在潜在的商机，继而进行资源配置。

（2）为中国跨国企业构建营销能力、培育竞争优势提供概念工具和理论参考。中国跨国企业营销能力的构建，不仅有助于企业实现规模经济和范围经济，更是企业克服被低端价值链锁定的一种有效途径。在国际化经营过程中，中国跨国企业要在多元文化环境中获取竞争优势，并不是简单地重复传统企业的发展路径，而是要跟随外界环境的变化达成自身能力的“进化”，以适应国际市场的不确定性、技术变革的动态性，以及文化环境的复杂性。本书对中国跨国企业复合式营销能力的研究，充分考虑了中国跨国企业在海外市场拓展过程中所表现出的多样性和差异性特征，强调在多元文化情境下，中国跨国企业如何通过复合式营销能力的构建形成高度性价比、快速响应、深度服务等要素的价值组合，实现在国际市场竞争中以“巧”取胜，帮助中国跨国企业提炼已有的成功模式和经验，提升企业对环境变化的敏感性，进而为中国跨国企业培育在国际市场独特的竞争优势提供理论参考。

（3）为中国跨国企业在复杂多变环境下提升国际市场响应性提供实践启发与方向引领。新冠肺炎疫情的全球暴发导致国际市场运营环境的易变性、不确定性、复杂性和模糊性（VUCA）特征日益显著，中国跨国企业正在或将长期遭遇更严重的“围追堵截”，在发展过程中的路径依赖在一定程度上遭到破坏，加之中国正处于中国特色社会主义新时代和世界政治经济格局发生深刻变革的历史交汇点，新老矛盾交织，周期性、结构性问题叠加使中国跨国企业的发展过程更具复杂性和不确定性，亟须提升国际市场响应性以应对环境突变所造成的剧烈冲击，这意味着企业不能再沿传统的逻辑思维讨论和推进企业国际化，而是需要新思维。本书对于复杂多变环境下中国跨国企业国际市场响应性的研究，不仅有助于帮助中国跨国企业提炼已有的成功模式和经验，把握在不确定的国际市场环境中的机会，提升企业对环境变化的敏感性，更是降低突变情境下企业国际风险的一种有效途径。

三、本书的创新点

本书在借鉴跨文化理论、文化嵌入理论、营销能力理论，以及国际市场响应性等其他相关研究成果的基础上，以科学的研究方法对中国跨国企业复合式营销能力构建的内涵进行界定、维度进行识别，并对复合式营销能力构建机制及其对国际市场响应性的作用影响进行探讨。总体而言，本书的创新点主要体现在以下三个方面：

（1）本书探讨了中国跨国企业文化嵌入的驱动因素与维度构成，并通过实证研究，探析了文化嵌入与国际市场响应性之间的关系，拓展了文化嵌入的研究情境与国际市场响应性实现背后的机理。现有研究对跨国企业文化嵌入多从静态性视角出发（Mohrman et al.，2003；Li et al.，2017），依赖单一因果联系，并将因素间的关系视为线性关系。然而，国际市场的不确定性、技术变革的动态性，以及文化环境的复杂性客观上要求对中国跨国企业文化嵌入的研究应该采取更加多元化的研究视角（Wang et al.，2014；Lazarova et al.，2017）。本书对文化嵌入的内涵维度进行解构，采取“动态化、多层次、过程型”的分析逻辑，同时清晰地刻画中国跨国企业营销战略焦点的进化。针对文化嵌入的动态研究逻辑，本书综合考虑了中国跨国企业特有的资源禀赋及与东道国市场环境互动过程中制度环境、政府约束、技术变革、文化距离、消费需求差异等复杂权变因素的影响，进一步从驱动因素归纳和识别中国跨国企业文化嵌入的独特性，有助于从空间维度把握其在内部嵌入和外部嵌入作用机制中的差异性和共性特征，为后续国际市场响应性的研究提供新视角。

（2）本书基于文化嵌入视角，解析中国跨国企业复合式营销能力的构建机制，揭示复合式营销能力构建在文化嵌入与国际市场响应性之间的中介作用，深化国际营销能力的相关研究。国际营销理论架构于对欧美等发达经济体跨国企业研究基础之上，以中国为代表的新兴市场跨国企业往往发源于高度不成熟的市场，尚未开发出无区位束缚的企业特殊优势，其在东道国竞争优势的构建主要基于国家特殊优势（Rugman and Nguyen，2014），并依赖于母国大规模的国内市场、廉价劳动力、国家扶持和较低的融资成本来开拓国际市场（Buckley and Tian，2017）。本书立足于文化嵌入视角，依托中国跨国企业在国际市场参与中所展现的独有特征和商业关系发展模式，提炼中国跨国企业复合式营销能力构建的相关理论范式；同时，对中国跨国企业复合式营销能力形成和作用机制的探讨，能够识别在激进的国际市场扩张背后，中国跨国企业如何形成并培育有别于发达经济体跨国企业的特殊优势，以此补充现有研究对中国跨国企业国际市场能动性忽视所造成的理论空缺，并响应近期国际营销领域学者对于扩展以中国为代表的新兴市场跨国企业理论解释边界的呼吁。

（3）本书引入跨境共享情境因素作用，推进跨境共享对文化嵌入、复合式营销能力构建与国际市场响应性之间作用关系的权变效应研究，在一定程度上降低了现有文献对中国跨国企业海外市场拓展行为理解的偏差。跨境共享作为新兴国际贸易模式，发展迅猛，对拓宽新型国际贸易渠道、发展新兴国际贸易伙伴等产生巨大影响，成为“逆全球化”思潮下重塑价值链的重要方式，使跨国企业间的协作有了新路径。跨境共享与文化嵌入、复合式营销能力构建与国际市场响应性本身存在契合度及互动性，关于跨境共享中的作用路径，学者从文化兼容性（Frasquet et al.，2018）、知识溢出效应（苑婧婷和唐书林，2014）与社会化内化（Cooke et al.，2005）等角度出发进行了探讨。探究跨境共享情境下文化嵌入、复合式营销能力构建与国际市场响应性的作用关系是企业竞争优势获取的核心工作，对本书研究计划、研究问题和研究内容的设计更具情境化意义。但现有研究并没有在营销领域揭示这种整合机制的内涵。基于此，本书认为，深化和完善跨境共享的情境作用十分必要，跨境共享程度越高，其对文化多样性的需求就越高，跨领域文化的交流和相互作用就越频繁，对于企业国际市场响应性而言就越有效，进而在一定程度上降低现有文献对中国跨国企业海外市场拓展行为理解的偏差。

第二章
理论基础与文献综述

随着国际市场运营环境的不确定性特征日益显著，中国跨国企业投资区位的空间分离程度更大，且面对的海外客户跨文化特色更为明显，这就要求其必须在考虑多元文化背景的基础上，精准把握市场脉搏、充分整合资源，并不断升级营销能力，以适应消费习惯更为多元化的目标客户需求，从而在全球竞争中实现快速的市场响应。基于此，首先，本章回顾跨文化理论及解释中国跨国企业延伸性，鉴于中国跨国企业营销能力升级必然涉及的文化问题，继而系统回顾文化嵌入理论的深化研究；其次，本章主要围绕复合式营销能力的提出及其所涉及的营销能力理论基础，进行针对性回顾，为后续的探索性研究奠定基础；最后，随着中国跨国企业的国际化绩效研究的指标从财务绩效向市场响应性衡量转变，本章对中国跨国企业的国际市场响应性的概念、维度及相关研究进行回顾。综合国内外研究，本章围绕跨文化理论、文化嵌入、复合式营销能力与国际市场响应性进行系统性回顾，拟为后续的研究思路与逻辑框架设计奠定基础。

第一节　跨文化理论与文化嵌入相关研究

为了更加准确地把握跨文化理论的发展脉络，本节将首先对跨文化理论基础进行溯源，继而对中国跨国企业的跨文化研究进行归纳总结，最后对文化嵌入研究进行相关性分析，通过对相关文献的系统性梳理，为后续国际营销领域构筑新的文化研究理论奠定基础。

一、跨文化理论基础

在国际商务领域，跨文化管理一直是国内外学者普遍关注而又难以解决的核心问题之一（Szkudlarek et al.，2020；Stahl et al.，2021）。目前，学术界对跨文化理论的相关研究仍然存在争议（如图2.1所示）：一方面，有学者认为，多元文化的整合能够给组织带来多元化知识、经验与问题解决思路，有助于异质性资源的跨界整合并激发企业创造力（Morosini et al.，1998；Marco et al.，2010；Chen et al.，2005；Lu et al.，2010）。另一方面，有学者指出，组织在秉承“跨文化”特性并激活文化创造潜力的同时，增加了文化差异产生文化碰撞及冲突问题的可能性，提高了经营风险（Sirgal et al.，2012；Antônio et al.，2016）。除此之外，蒋冠宏（2015）通过实证分析发现，双边文化距离与我国企业风险呈现“U”形趋势。本部分将梳理Hofstede文化价值理论框架、文化距离理论、GLOBE文化维度理论及相关研究，解释跨文化这种独特现象。

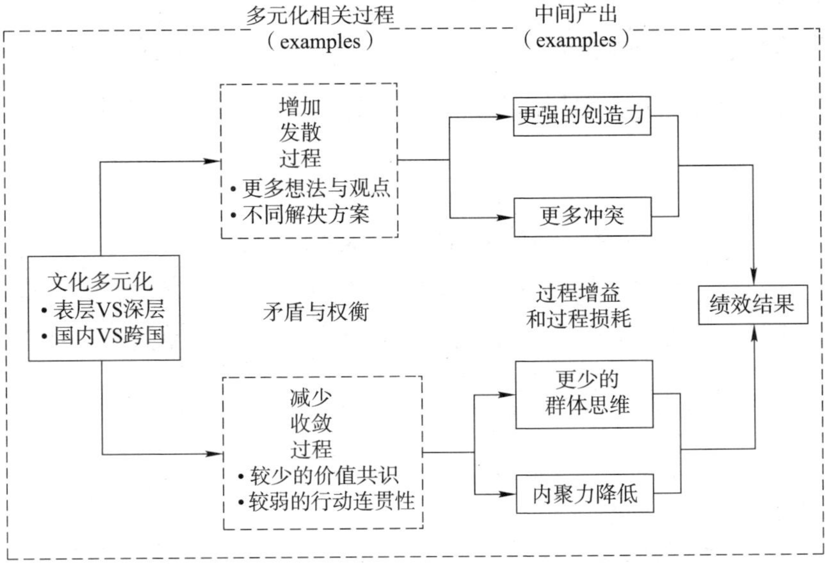

图2.1　文化多元化影响过程得失的元分析理论框架

资料来源：笔者根据Stahl等（2021）整理得出。

（一）Hofstede文化价值理论框架及相关研究

有关文化价值维度的划分，Hofstede（1980）率先提出四个不同的维度，用来分析不同国家之间的文化异质性。具体而言：①权力距离，是指特定文化中重视和尊重权威的程度。②不确定性规避，是指社会受到不确定的事件和非常规的环境威胁时，是否通过正式的渠道来避免和控制不确定性。③个人主义/集体主义，衡量某个社会群体是关注个人利益还是关注集体利益。个人主义文化是指个人的需求、价值和目标优先于集体；集体主义文化与之相反。④男性化/女性化，主要关注某一社会代表男性的品质如竞争性、独断性更多，还是代表女性的品质如谦虚、关爱他人更多。

Hofstede文化价值理论框架得到学术界的广泛认可（Nancy，1983；Kirkman et al.，2006；刘威、肖光恩，2015；Nielsen and Lockwood，2018）。目前，国内外学者对于跨文化的相关研究主要遵循Hofstede文化价值理论分析框架，即将国家边界等同于文化边界（Kirkman et al.，2017；Beugelsdijk et al.，2017；于海云等，2020），倾向于在文化价值维度中对跨文化现象进行相关分析（Lu et al.，2015；李洪等，2019）。但学者开始意识到，现有通用的理论模型已经很难解释不同分析单元的跨文化冲突现象，如Leung 和 Morris（2015）突破了传统的跨文化维度理论，从行为实践出发，引入管理规范变量，构建动态的跨文化情境分析框架，并呼吁提出更多的理论观点来解释不同的跨文化冲突现象（如表2.1所示）。

表2.1　价值观、模式及规范作为文化中介

	价值观 （Values）	模式 （Schemas）	规范 （Norms）
本质	异质性	知识结构	社会认知
轨迹	内部作用	思维与环境的相互作用	社会认知与情境交互
文化影响理论机制	偏好驱动行为	可获取的图式指导解释	描述性规范——信息影响 禁令规范——规范影响
共识	文化内共享	既定情境内共享	随着社会群体的变化而变化
通用性/情景化	在“强”而非“弱”的情况下的偏好抑制	被情境线索激活	受社会背景影响显著

续表

	价值观（Values）	模式（Schemas）	规范（Norms）
文化稳定性	微观层面和宏观层面稳定性	微观不稳定性；习惯及图式导致的宏观稳定性	微观不稳定性；宏观稳定性是由感知到的共同性而产生的，这种共同性维持规范
文化多样性	双文化者有两种价值观	双文化者有两种图式网络	双文化者有两种规范表征

资料来源：Leung 和 Morris（2015）。

（二）文化距离理论及相关研究

文化距离代表国家之间文化准则的差异化水平（Kogut and Singh，1988）。国家间文化异质性不仅反映在正式制度的差异方面，还反映在思维模式和行为方式等的差异方面。一方面，跨国企业国际化行为可能因时间、空间或场景条件所塑造的文化背景而产生差异，如文化距离会对跨国企业进入模式选择（陈怀超和范建红，2014）、跨国经济活动区位选择（Park et al.，2018）、对外直接投资流向（杨勇等，2018）有重要影响。有研究分析了从发展中国家到发达国家的跨国企业，通常会基于自身所在的发展中国家的经营状况进行预期，去理解发达国家的情况。文化新颖性在某种程度上会激发企业认知和理解异域文化的积极性，进而增强其适应能力，在此过程中，企业需要对文化距离的方向性进行更多的审视（Shenkar，2001；Selmer et al.，2007）。另一方面，互联网的发展，使得企业活动逐渐摆脱了物理空间的限制，在这种特殊网络中产生的新文化距离特征值得学者进行深入探索（Subramani and Walden，2001）。董晓松等（2013）研究建立中国各省域的文化距离空间权重矩阵，使用空间面板固定效应模型综合分析了数字内容产品消费的空间依赖性，识别网络消费空间关联模式的决定因素，尤其度量了跨亚文化区域的社会学习行为对网络消费的影响。

综合来看，文化距离相关研究主要聚焦于以下两个方面：一是基于国家层面的整体分析，遵循的底层逻辑仍是西方传统的理论分析框架（Hofstede，1983；Oetzel et al.，2008）。有学者基于知识视角，借鉴知识吸收能力的相关理论来解释文化距离对跨国知识溢出的影响，并引入基于社会规范的文化严格程度概念，分别探讨知识吸收国和知识溢出国的文化严格程度与两国之间文化距离在跨国知识溢出中的交互作用（李琳、郭立宏，2018）。也有学者探讨了跨文化吸收能力影响国际并购知识转移的机制（孟凡臣、赵中华，2018；孟凡臣、刘博文，2019）。还有学者如刘璐等（2019）基于能力视角，明确了文化距离不同维度对企业跨国并购绩效的作用路径，阐述了企业自身能力在跨国并购绩效中的作用机理。二是并不完全遵循国家文化的差异，而是更多地基于不同情境因素的异质性进行问题思考（Francis，1991）。如郭锐和陶岚（2013）将高背景文化与低背景文化引入国家文化的跨文化分析，围绕中国和美国两种文化类型下“蛇吞象”式的民族品牌并购后的有效品牌战略和作用路径进行探讨。

（三）GLOBE文化维度理论及相关研究

美国管理学家House及其研究团队从领导力的影响视角出发，于1991年初步形成社会文化、组织文化和领导文化研究的构思，自1994年开始，通过两个阶段的调查数据进行分析，形成了包括两大层面、9个维度的GLOBE文化维度理论。具体而言，该理论包括社会实践与社会价值观两大层面，每一层面又包括9个衡量维度：绩效导向（Performance Orientation）、不确定性回避（Uncertainty Avoidance）、人本主义导向（Humance Orientation）、社会集体主义（Social/Institution Collectivism）、群体内集体主义（In-Group Collectivism）、自信导向（Assertive Orientation）、两性平等（Gender Egalitarianism）、未来导向（Future Orientation）和权力距离（Power Distance）。

近年来，学术界不断强调民族文化的中心作用，并强调了民族文化和组织文化之间的关系，如Den Hartog 和 Verburg（2004）研究认为，组织文化与领导者特质相关，价值导向反映了组织行为特征。Lakshman（2013）提出不同文化之间的归因模式至关重要，需要更高的归因复杂性和归因知识来缩短文化距离。但也有学者认为，组织文化在很小程度上反映民族文化（Gerhart，2009），如Verbeke（2010）研究了跨国组织层面的文化维度对跨国并购中知识转移的影响，并发现国家文化维度与国际知识转移之间存在正相关关系，而组织层面的文化差异与知识转移之间没有关联性。Calza 等（2020）基于行为推理理论分析的新视角，解释了国家创业行为背后的潜在文化机制。还有学者认为，GLOBE 的文化维度理论更多地反映了以社会规则为导向的文化异质性程度（Tung and Verbeke，2010；Oded et al.，2020），为组织行为中文化差异提供新的理论解释。

GLOBE 文化维度理论与其他文化维度理论汇总，如表 2.2 所示。

表 2.2　GLOBE 文化维度理论与其他文化维度理论汇总

文化维度	作者	定义
权力距离	Hofstede，GLOBE	集体成员期望在社会中平等分配权力的程度
集体主义	Hofstede，GLOBE	群体内集体主义：个人表达对组织、团体和家庭的荣誉感、忠诚和凝聚力的程度
		社会集体主义：组织和社会制度实践鼓励和奖励资源集体分配和集体行动的程度
不确定性回避	Hofstede，GLOBE	社会、组织或团体依赖社会规范、规则和程序，减轻事件不可预测性的程度
绩效导向	GLOBE	社区鼓励和奖励创新、高标准改进绩效的程度
未来导向	GLOBE	从事更多面向未来的行为的可能性，如延迟满足、计划、未来投资
保守主义	Schwartz	强调维持现状、礼仪和限制可能破坏团结的群体或传统秩序（社会秩序、尊重传统、家庭安全、智慧）的行为或倾向
内部导向/外部导向	Trompenaars	内部导向：通过环境管理、目标管理促使员工在团队内或者组织内更好地工作
		外部导向：通过适应环境与利益相关者合作来实现目标。在互动过程中，关注外部因素影响以避免冲突
成就/归属	Trompenaars	成就：根据员工行动来构建其价值观
		归属：关注权力、头衔和职位的重要性，由这些因素定义了人的行为
自信	GLOBE	在人际关系中表现出的自信、对抗性和侵略性的程度
普遍主义/特殊主义	Trompenaars	普遍主义：高度重视法律、规则、价值和义务，试图在这些规则的基础上公平地对待他人，认为规则比关系更重要
		特殊主义：相信每种情况和关系都规定了赖以生存的规则，对情况的反应取决于当时发生了什么，以及参与者是谁

资料来源：Nadeem 等（2018）。

二、中国跨国企业的跨文化研究

通过对近年来跨文化理论的研究现状和热点问题的综述，笔者发现，研究趋势呈现如下特征：①从国家文化、民族文化迁移到组织文化异质性的研究议题。跨文化理论研究起源于国家文化与民族文化的差异性，近年来逐渐开始关注组织文化的微观管理实践（范徽等，2014）。②从组织层面到团队层面，再到个体层面的跨层次分析逐渐加强，深入诠释了文化异质性的逐层渗透性，以及对行为塑造的影响研究（Leung and Morris，2015；苏涛等，2019）。如何斌等（2014）鉴于跨文化团队的结构复杂性，对跨文化领导力的内容结构进行解构。③从实证模型逐渐转为注重构建理论的案例研究，有助于从根本上改变组织经营的模式，提高跨文化管理效率（Moore，2020）。如宁烨等（2016）运用扎根理论方法，分析得出跨文化情境下试错学习的7个主要影响因素，包括跨文化学习能力、跨文化制度设计、稳定的跨文化经营、团队领导者素质、跨文化试错学习氛围、母公司的支持和跨文化适应性，并据此构建试错学习过程模型。孟凡臣等（2016）采用单案例探索性研究方法发现，在并购的不同阶段，跨文化吸收能力的构成维度，即识别能力、消化能力、整合能力、持续创新能力表现各异，并通过不同的途径影响跨国并购绩效。本部分将针对中国跨国企业系统，梳理个体、团队与组织层面的跨文化研究。

（一）个体层面

在个体层面，对适当行为进行界定，并提出在规范内的行为能力对于发展跨文化关系至关重要（王玉梅、何燕珍，2014；Len et al.，2020），其中专业知识学习是外派人员所需的重要技能，跨文化沟通能力能够提升任务绩效（徐笑君，2016；Vora et al.，2018）。另外，刘畅唱等（2016）认为，具备文化智力是跨文化情境下典型的“适应特征”。王泽宇等（2013）对中国外派学者进行大样本调查并实证研究发现，外派人员需要面对外部文化与自身价值观的差异化。刘畅唱等（2019）以中国跨国企业派驻德国、日本、墨西哥的外派经理为样本，通过案例研究，构建跨文化“三环学习”理论模型，较好地说明“有效的”外派经理不仅要“适应”文化差异，克服文化障碍可能引起的“负向偏差”，而且要利用文化差异创造新的行动方案，促进组织新的“协商文化”形成。田志龙等（2013）运用深度访谈法研究了“走出去”的中国跨国企业和“走进来”的外国企业中的中国员工面临的跨文化沟通挑战及应对策略，研究结果表明，“走出去”的企业比“走进来”的企业的中国员工，处于更低层次的跨文化敏感性阶段，需要承担更具市场探索性的企业任务。

（二）团队层面

随着中国跨国企业国际化项目合作的日益频繁，以及组织边界的日趋模糊，灵活多变的海外团队逐渐活跃于国际市场，为复杂多变的国际环境提供了一种柔性的、持续适应的经营方式（Anastasia et al.，2020）。国内外学者针对中国跨国企业的跨文化团队展开了探索性研究：①基于合作与竞争的目标理论。多数研究认为，基于合作目标的冲突管控主要通过沟通（Marco et al.，2010；Wolfgang et al.，2018）、跨文化谈判（Liu et al.，2012）与逆向文化适应（Luo，2016）等方式展开，相比竞争目标，基于合作目标的冲突管控策略更有助于提升团队创造力（Tjosvold et al.，2006；许晖等，2019）。②从以关系为导向的社会网络理论出发。鉴于海外团队跨越文化边界与地理边界的特征，现有研究认为，社会类化（Raveh et al.，2017）、互惠关系（Tjosvold et al.，2014）等方式可以进一步增强成员的认同感、减少冲突。③涉及冲突管控风格的领导力理论。现有研究提出回避、对抗与合作三种不同的冲突管控风格（Chen，2008），不同的文化智力（Adair et al.，2013）、文化逻辑（Leung and Cohen，2011；许晖等，2020）与跨文化领导力（谭乐等，2020）会影响冲突管控风格选择。

（三）组织层面

对于文化距离与企业国际市场拓展的关系而言，文化距离会影响企业之间的贸易成本（Lankhuizen et al.，2011；吕延方、王冬，2017），缩小文化差别能确保中国跨国企业与“一带一路”沿线跨国企业贸易的可持续性增长（范徽等，2018）。从文化距离与文化产品贸易的特殊性关系来看，根据比较优势贸易理论，两国之间的文化距离越大，企业间文化产品的差异性通常就越大，从而更有利于双方形成比较优势，开展产业间和产业内贸易活动（Mattoscio and Donatella，2010；范兆斌、黄淑娟，2017；孙俊新，2020）。

区别于个人主义，中国的集体主义社会中的信任通常限于小圈层内，对情感性承诺的影响更为关注（李静、郑用吉，2011）。彭世勇（2008）通过对比发现5个不同文化集团成员的核心文化价值与冲突管理策略的基本关系趋势，其中集体主义在中国企业样本中发生了一定程度的弱化现象。左志刚和杨帆（2021）从跨国并购企业外来者劣势的两种来源入手，分析了东道国文化特质影响跨国并购风险的机理。熊名宁等（2020）基于交易成本理论，考察了文化距离对战略联盟形成的影响及其作用机制，研究发现，文化距离和企业战略联盟可能性之间存在一种倒“U”形关系，而这一关系由战略联盟的需求性和可行性这两种相反机制共同导致。

三、跨文化驱动下的文化嵌入相关研究

文化嵌入是一种强调价值观、传统习俗、地域与产业氛围等社会文化因素的影响，个体或组织为适应所处社会文化环境而调整自身行为的状态（Zukin and DiMaggio，1990）。目前，国际商务领域学者在对文化嵌入研究中基本延续了上述文化嵌入的解释，进一步从适应性视角的外部文化嵌入、一致性视角的内部文化嵌入及其双元嵌入等方面进行了有益探讨。①适应性视角的外部文化嵌入，主要反映跨国组织适应东道国文化信念与行为规则进而做出组织行为调整的程度（Oehmichen and Puck，2016），这种文化嵌入的动机在于获取合法性（Mu et al.，2007）、拓宽本土知识来源（Nell et al.，2011），以及开发不同市场机会（Yalcinkaya et al.，2007）等。②一致性视角的内部文化嵌入，主要强调跨国组织与母公司规范偏好保持一致性，进而明确组织行为调整的程度（Pu and Soh，2018），这种一致性调整可以为其从母公司获取资源、知识及技术等提供支持（Cenamor et al.，2019）。③在跨国组织管理过程中，还存在双元文化嵌入，即同时实现内部嵌入和外部嵌入，这种方式

虽然为跨国组织获取资源与合法性带来诸多便利，但同时平衡内部嵌入与外部嵌入也给组织行为管理带来了严峻挑战（Andersson et al.，2014；Cheng and Huang，2020）。

本部分对文化嵌入的相关文献回顾，将主要从文化嵌入的内涵维度、文化嵌入的作用路径、文化嵌入的影响因素等方面展开。

（一）文化嵌入的内涵维度

Polanyizui最先于1944年在《大变革》一书中提出“嵌入”概念，即组织的经济行为嵌于社会关系情境中。Granovetter（1985）进一步发展了嵌入性理论，强调了社会情境结构对经济行为的约束与影响，凸显了企业所处社会环境的重要性。随后，Zukin 和 DiMaggio（1990）认为，企业的嵌入性在某种程度上可以理解为企业的本土化，企业的经济行为深深嵌入本地社会网络、制度结构和文化土壤，因此将文化嵌入界定为塑造经济战略和目标约束的共享集体理解。Uzzi（1997）提出，文化嵌入就是为特定的载体或者场域注入新的文化，从而塑造其内部的形态特征。文化嵌入作为一种理论分析框架和理论工具，被广泛地应用于社会研究的各个领域（Chumg and Huang，2021）。在此基础上，国内外学者展开了后续的一系列探讨，如毛成林和任兵（2005）认为，嵌入理论尤其强调企业外部社会网络的存在及其对经济行为的影响。

目前对于文化嵌入维度的研究，国内外学者从不同视角展开了探讨：首先，基于文化嵌入的内容特征（James，2005；Taeube，2004），文化嵌入本质上是文化认同的结果，强调群体或个体对共享的基本价值观笃信的一种活动过程（Froese et al.，2020）。邓治文（2005）提出“以基本价值观念为内容的文化认同机制假说”，认为文化嵌入遵循“文化因子—个体认同—社会认同—国民认同—目标文化认同”的秩序与规律。Capello 和 Faggian（2005）将文化嵌入解构为冒险精神长期导向、情感信任合作精神与开放程度成就欲望三个维度。其次，基于文化嵌入的强度，将文化嵌入解构为嵌入的深度与广度：嵌入深度是指企业受某一文化内容影响的程度；嵌入广度是指企业认同并遵循文化的多元化程度。还有学者如冯惠玲和胡百精（2008）提到，文化嵌入实质是一种"让具有不同利益的参与方共同完成任务"的社会机制，是以国家形象打开目标国家受众心扉的战略手段，也是国际文化营销的战略结果，包括正面规范的文化嵌入和负面失范的文化嵌入。

（二）文化嵌入的作用路径

直接影响跨国企业经营活动的是在长期交往中形成的关系网络，这种关系网络体现于文化嵌入中（Cheng and Huang，2020）。依赖某些共同的利益和共同的情感，这种文化嵌入是企业发展的黏合剂和缓冲力量（Zhang and Guler，2020），是重要的社会资源。如果在国际营销过程中注入共同遵守的共享信念和价值观，那么这种价值系统就会对其他利益相关者产生文化嵌入效应，特色文化经由跨文化和普适性的共同规则或共享价值观这一桥梁，嵌入目标国家文化，并被认同和接受，实现两国文化的互嵌和融合（朱力，2006）。例如，Avraham（2003）通过分析20世纪90年代以色列的报纸广告中有关美国国家核心要素的表述和以色列被美国文化同化的过程，证明国家可以通过宣传本国形象或一国文化实现文化嵌入。文化嵌入的作用路径包括两个核心部分：一是通过物质、资源和信息的交换，达到企业与东道国客户之间的理解、认知和互惠（Barni et al.，2020）；二是通过将子公司嵌入母国文化和政策，使子公司的运营规则受到共同价值观的约束（Huang and Gao，2020），进而可以更好地适应利益共同体的生存与发展需要。

关于文化嵌入的作用路径，学者从不同角度进行了探讨。具体而言：①文化兼容性。文化嵌入增加网络结构的紧密度（Frasquet et al.，2018；Ismail et al.，2019），有助于通过合作交流达成观念上的共识和文化兼容，形成类似的行为与认知模式，以更低的协调成本获得更高的共享价值。②知识溢出效应。文化嵌入通过影响知识网络规模、多样性与开放度等发挥作用（Stoermer et al.，2017），拓宽了知识溢出渠道，增加了正式与非正式合作，更有助于管理经验、诀窍与技巧等隐性知识的有效传播（苑婧婷和唐书林，2014）。③社会化内化。内化是指主体把现实与想象中的环境规则相关联，以转化为内在特性的过程。李怀斌等（2013）指出，这个内化的高级形式是建立在对特定文化的充分理解上的社会化内化（Cooke et al.，2005），其结果会导致主体“遵循共识中发展起来的，并通过社会化内化的规范和价值体系”。

（三）文化嵌入的影响因素

文化嵌入对于资源匮乏的跨国企业的生存与发展而言，可以说是独辟蹊径，现有文献主要从内部组织因素与外部环境因素对其驱动因素进行探讨：①内部组织因素。文化嵌入需要母公司与子公司、公司总部与独立合作组织、公司内部各单元的协调同步，这对企业处理复杂跨境活动提出了更高的要求，可以使公司降低交易成本，增加国际化业务的收益（Wang et al.，2014）。现有研究主要聚焦企业内部协作（Sun and Thun，2010）、企业家精神（Liu et al.，2017）、企业文化导向（Hennart，2012；Beugelsdijk et al.，2006）、资源寻求动机（Liu et al.，2016）、子公司自主权（Lazarova et al.，2017）、组织柔性（刘景东等，2013；Xue and Yang，2015）等因素，其对于文化嵌入有着重要的影响作用。②外部环境因素。文化嵌入强调企业通过获取本土文化资源，进一步整合现有配置方式，通过文化资源的共享和利用，将这些资源内化和升级（Xie and Li，2017），以创造自身竞争优势。对跨国企业而言，市场经济周期（Luo et al.，2011；Kim and Song，2017）、环境不确定性（Yang and Li，2014）、制度复杂性（Marano and Kostova，2016）、网络开放度（Hsu and Saxenian，2000）、技术不连续性（Brunswicker and Vanhaverbeke，2015）及信息技术（McDermott and Corredoira，2010）等外部驱动因素为文化嵌入奠定了外部文化资源整合基础。

（四）文化嵌入的影响结果研究

第一，文化嵌入对学习能力的影响。文化嵌入在学习能力研究中具有重要价值（窦红宾、王正斌，2011）。现有文献普遍认为，国际化的本质就是企业不断学习嵌入国际网络的过程（Vahlne and Johanson，2017）。Gebauer 等（2012）研究发现了嵌入性在学习能力研究中的重要价值。Autio 等（2000）最早提出发达跨国企业可能更具有“先行者”的学习优势。相反，Mathews（2006）提出的LLL（Linkage-Leverage-Learning，互联—杠杆—学习）模型则认为，新兴经济体企业能通过互联获取外部资源，并能在互联与杠杆的不断重复中提升学习能力，有助于其加快国际化进程。Grant（1996）明确指出，海外合作伙伴借助其嵌入东道国文化的特性，更有机会接触到新的知识，文化嵌入性也将使有紧密联结的网络伙伴，更愿意进行专有知识和内隐知识的交换与分享。Asheim 和 Isaksen（2002）研究发现，文化嵌入可以为企业进行有经济用途的知识学习营造良好的氛围。许晖等（2014）研究发现，企业可以通过嵌入性进行海外知识和原有知识的整合与延伸，克服快速国际化所面临的复杂多样的经营风险。李杰义等（2018）利用长三角地区336家外向型制造企业的数据，实证检验了双重嵌入性—学习能力的影响路径，研究发现，国际化经营情境下的企业网络兼具本土嵌入性与海外嵌入性的双重特征，双重嵌入性对探索性学习能力与开发性学习能力具有显著的正向影响。

学习能力包括探索性学习能力与利用性学习能力（彭伟等，2017），其中探索性学习能力侧重于在新领域搜索与整合新知识（Li et al.，2017）；利用性学习能力则是指企业在已知的领域重新配置和运用知识的能力（Gebauer et al.，2012）。具体而言，对于文化嵌入与探索性学习能力的关系而言，文化嵌入为跨国企业接触新领域的知识提供了关键信息与关系连带（Stuart and Sorenson，2003），如果能进行有效的杠杆运用，则可以促进知识交流与分享（McDougall and Oviatt，2000）。企业之间拥有相似的文化背景更有利于激发网络成员进行知识的重组和优化（Funk，2014），提高探索性学习能力（Mohrman et al.，2003；Ibeh and Kasem，2011；Li et al.，2017）。对于文化嵌入与开发性学习能力的关系而言，文化嵌入促成了企业与本土网络及海外网络成员之间持续的互动合作，进而提高了企业的吸收能力（Wu et al.，2014），减少对原有冗余知识的浪费，有助于提高企业吸收与转化知识的利用性学习能力（Jian et al.，2014）。

第二，文化嵌入对网络关系的影响。网络关系的塑造受到文化价值观的影响已经得到学术界的广泛共识（Abrahamson and Fombrun，1992）。特定的社会文化会产生地理联系及异质网络能强化企业间关系的质量和效果（Hess，

2004）。李伟等（2010）以企业网络理论为基础，讨论联盟企业网络嵌入性收益的影响因素，提出包含发展型组织文化、外部知识保存能力、知识吸收能力、结构嵌入性收益和关系嵌入性收益5项要素的理论模型；并从提升企业网络嵌入性收益的角度，对企业组织文化建设、联盟网络知识管理发展方向进行探讨。Kauser 和 Shaw（2004）认为，文化嵌入激励了员工的社交行为，倾向于通过与外部创新伙伴的合作连接获取和利用资源。广泛的外部信息交流增强了企业网络的扩展能力，保证了网络关系的连续性。Seppäne 等（2007）提出互动关系随文化嵌入程度的加深而逐渐发展，伙伴对彼此的能力和可靠性的顾虑将降低，文化嵌入缩减了伙伴间投机行为和协调争议的时间，使企业有更多的时间用于信息处理和知识交换，伙伴间的网络关系会大大增强。向永胜等（2016）探讨了文化嵌入、知识网络关系与结构嵌入对企业的创新能力的重要影响。研究发现，文化嵌入的深度对企业知识网络关系的强度、持久度及网络规模、多样性和开放度具有显著影响；文化嵌入的广度对企业知识网络多样性和开放度的作用则由于文化内容的差异呈现巨大差别。

企业拥有的网络关系本身就是一种其他企业不易模仿和难以替代的重要资源，而文化嵌入在引起网络结构变化的同时，会引致网络关系的改变，特定文化塑造了企业愿意发展网络关系的对象数量与范围（James，2005），会带来网络规模和范围的变化（Koka et al.，2006）。一方面，企业通过文化嵌入能获得潜在的初始优势，为其进一步提高后续网络关系创造机会（Kiss and Danis，2008；王益民等，2017）。受制于较强的资源依赖性（Gulati，1999），跨国企业更需要借助文化嵌入（Vahlne and Johanson，2017）来弥补其在海外市场的“外来者劣势”（Andersson and Forsgren，1996），以便更好地实现网络关系联结。另一方面，文化嵌入是网络关系联结与社会资本建构的前提基础（Vahlne and Johanson，2017）。企业能通过文化嵌入实现国际化扩张，寻求海外合作伙伴的支持，从而获取进入海外市场所需的战略性资源（Harris and Wheeler，2005），降低其交易风险与交易成本。

第三，文化嵌入对创新绩效的影响。总体来说，文化嵌入会影响企业的行为价值判断，进而影响企业的决策行为的意愿取向、行为方式的选择和努力程度（魏江和向永胜，2012）。文化嵌入与企业创新绩效存在密切的关系，渠爱雪和孟召宜（2004）认为，在一定层面上，创新的本质就是社会文化的实践和创新，嵌入在优质文化网络中的创新主体往往具有更高的创新倾向。Subramaniam 和 Youndt（2005）的研究表明，文化嵌入程度高的企业可以借助各种社会网络联系更迅速地扩散新信息和新思想，对合作创新影响巨大。Gregor 等（2009）提出发展型文化反映组织对创新、风险以及外部联系的偏好，可以帮助企业从嵌入性的文化协同创新中获取潜在收益。

文化嵌入对创新绩效的影响也是一把"双刃剑"，文化嵌入通过企业之间的人际交往以及紧密的业务合作，不仅能够提高企业的创新绩效（Grabher and Ibert，2006），而且有利于提高双方知识交流的深度和效率，促进企业内部知识的积累（Yli-Renko et al.，2001）。李顺才和李伟（2007）研究发现，企业通过文化嵌入与其他企业密切合作而形成和发展的创新网络，可以对企业和个人层面的双向式知识学习产生强制性作用，进而带来显著的经济收益和知识创新绩效。Seugelsdij 等（2009）指出，企业鼓励员工开展跨组织边界的互动行为以发展关系资源，文化嵌入程度高的企业倾向于利用外部网络从技术转移到经验学习再到共享创新，创新绩效也会逐步提升。然而，也有学者如James（2007）、Glasmeier（1991）、杨皎平等（2012）等的研究成果提到，过强的文化嵌入会导致企业被锁定在现有的创新路径中，可能使得集群企业之间形成小群体和圈子（Sorensen，2002），从而导致排外和封闭，使集群内部知识共享和外部信息的获取不可兼得，限制了企业的集群外学习。

第二节　复合式营销能力的提出及其理论基础

营销能力是营销战略理论中的一个重要研究方面，研究者普遍认为，获取高绩效的关键取决于企业在关键职能领域能力的提升，而营销能力作为企业面向市场最重要的一环，对企业生存与发展至关重要（Day，2011；Tan and Sousa，2015）。近年来，随着国际市场的不确定性、技术变革的动态性，以及制度环境的复杂性给中国跨国企业国际营销带来的新挑战，企业营销能力被赋予了更高的要求（Tartaglione and Formisano，2018），其构建具有明显的复合式特征，并且，核心能力虽弱但具备较快的整合速度、更高的生产效率，以及更优的产品性价比（陆亚东和孙金云，2013），使企业能够利用在母国市场积累的独特资源禀赋对客户需求展开深刻的洞察。为了清晰地了解复合式营销能力的渊源及其理论基础，本书在系统收集并梳理营销能力内涵维度、动态视角下营销能力的理论拓展，以及复合式能力研究文献的基础上，对复合式营销能力进行深入的分析和归纳。

一、营销能力的内涵界定与理论拓展

（一）营销能力的内涵界定

Möller（1987）基于不同的研究视角，对营销能力内涵进行了深入探讨：①资源观视角。从企业特有物质资产出发界定营销能力内涵主要集中于营销能力的概念发展初期，国内外学者从有形、无形资源及财务投入方面来对营销能力进行界定，认为营销能力是企业在实施营销活动过程中运用的各类资产的复杂组合（Pérez-Cabañero et al.，2015；Mu，2015；Falasca et al.，2017）。②知识观视角。研究者认为，从知识观视角来看，营销能力的本质是企业所掌握的、与市场营销各个环节相关的、能够帮助企业满足市场需求，并获取持续竞争优势的知识和技能，而这种知识和技能主要通过企业内部、企业之间的相互学习得到或增强，从而进一步用于企业建立和维持市场各类关系等（Krasnikov and Jayachandran，2008；Katharina and Buttenberg，2015）。③流程观视角。基于流程观视角的研究者认为，组织流程是营销能力得以表现和发挥作用的机制，企业通过运用自身的资源和能力，优化组织流程，达到创造顾客价值和获取市场份额的目的（Day，2011；吴晓云和张峰，2014；李桂华和申媛婷，2019）。

（二）营销能力结构维度的延伸与拓展

关于对营销能力的维度研究，国内外学者从不同理论视角出发进行了广泛的探讨，具体如下：①营销能力的“两维论”。从两个维度来研究解构营销能力，主要是遵循“内部—外部”（Foley et al.，2007）、“专业化—结构化”（Vorhies et al.，2009；Arunachalam et al.，2018），以及“客户导向—品牌导向”（Katharina and Buttenberg，2015）的分析思路对营销能力进行解构。②营销能力的“三维论”。随着外部环境对企业内部能力要求的提升，以及营销能力在企业获取优势市场地位方面的作用日益加强，George 和 Day（1994）从“由内向外过程”到“由外向内过程”，以及整合以上两个过程的“生成过程”共三个维度考察企业营销能力（如图2.2所示）。Mu（2015）认为，营销能力反映了一个组织在日益开放的市场环境中的基本价值创造能力，包含三个维度，即市场感知、客户参与和合作伙伴链接（Kaleka and Morgan，2017）。③营销能力的“四维论”。由于营销能力反映的是企业在组织、计划和控制营销活动中所体现出的知识、技能或者流程，因此，有学者基于4Ps对营销能力进行维度划分，提出营销能力作为整合企业支持营销活动的各类资源的流程，主要由产品开发能力、定价能力、渠道管理能力和促销能力四个部分构成（Zou et al.，2003；李巍、许晖，2012；Tan and Sousa，2015），这种基于4Ps理论的营销能力维度划分方法，从本质上讲，是一种营销策略层面的能力分类。

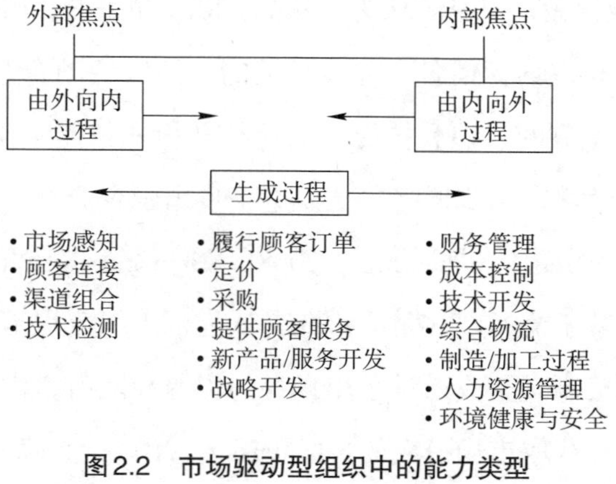

图2.2 市场驱动型组织中的能力类型

资料来源：George 和 Day（1994）。

（三）营销能力的影响因素

由于企业营销行为的双向性，一方面连接外部市场，需要了解外部市场趋势、顾客需求变化等；另一方面连接企业内部，需要与企业相关部门协调、合作，通过组织流程优化实现营销能力的升级。因此，国内外学者主要从外部环境和组织内部两个层面探究营销能力的影响因素。①环境层面。相关学者主要强调环境动荡性、市场竞争强度，以及制度环境的透明度等因素对营销能力的影响（李钰婷等，2016；Qureshi and Kratzer，2017；郝生宾等，2018）。他们认为，这些外部环境因素会影响企业的营销能力，进而对创新绩效、品牌建设等产生影响。而Hult（2011）认为，基于外部制度压力，如行业或社会规范、法规要求，制约着企业营销能力的发展与合法性的获取。②组织层面。现有研究强调组织的战略选择、组织架构、知识管理等组织因素对营销能力产生的阻碍或者加速的作用（张骁等，2009；Nyadzayo et al.，2016），尤其强调企业拥有的市场知识和知识管理能力，在处理客户关系管理等营销技能方面起到了推动作用（Vorhies and Morgan，2005；Chaiy，2015）。

（四）营销能力的提升路径

相关研究已经证实，发展高水平的营销能力是企业获取竞争优势和财务绩效的基础手段，而营销能力的发展又受到外部环境与组织内部因素的双重影响。因此，有学者基于不同的研究角度，探究营销能力的提升路径与手段：①自上而下的营销能力提升路径。相关学者认为，企业营销能力的开发建立在对企业战略理解和执行基础之上，企业战略和组织结构主导的战略意图与企业营销能力开发密不可分（O’Driscoll，2000）。而Nyadzayo等（2016）认为，强化顶层设计与品牌策略是企业培育营销能力的重要驱动手段。在企业国际化进程中，高层管理者的国际化认知被认为是提升国际营销动态能力的最重要的因素，并影响其能力演化的3个阶段，即能力形成、能力提升和能力转移阶段（许晖等，2013）。②自下而上的营销能力提升路径。Weerawardena（2003）等认为，基层员工重复地运用他们的知识解决企业的营销问题，并通过这种实践和学习的循环过程构建组织学习机制和市场管理机制，能够使企业更好地发现、掌握和整合市场知识，了解市场信息和顾客需求动态，帮助企业快速调整生产经营流程，从而更好地进行价值创造、及时地响应顾客需求与制定营销决策（许晖等，2011；张珣、彭纪生，2017；Roach et al.，2018）。

二、动态视角下营销能力的理论拓展

随着市场环境的动荡性日益增强，市场竞争变得日趋激烈，传统的营销能力具有资源刚性和资源静态的特征，难以有效应对快速变化的竞争环境（Fang and Zou，2009）。因此，在动态情境下理解营销能力变得十分重要（Tartaglione and Formisano，2018）。动态能力理论为营销能力的研究提供了新思路，动态能力有助于企业整合、重构内外部资源和能力，以适应快速变化的动态环境（Day，2014）。营销动态能力是在动态视角下，进行营销能力的延伸与应用，它可以帮助企业及时了解市场需求和环境变化，重新整合和利用市场资源，从而建立和维持市场优势（Day，2014；王月辉等，2015）。

（一）营销动态能力的内涵界定与理论拓展

顾客需求的不断变化、营销环境的动态性和不确定性，使营销动态能力的培育和构建成为必然，学者对营销动态能力的研究也不断深入，并基于不同的研究视角对其内涵进行界定，具体如下：①能力观视角。基于Teece等（1997）对“动态能力”的定义，学者将营销动态能力看作一种“改变能力的能力”，其内涵体现了企业有效识别市场变化和机会，整合和协调市场资源，及时响应顾客需求、适应环境变化及创造市场竞争优势的能力（Tartaglione and Formisano，2018），并通过市场感知能力、界面协同能力和顾客响应能力来综合反映企业的动态营销能力（Falasca et al.，2017）。②知识观视角。从知识观角度进行研究的学者主要关注组织学习和市场知识、技能积累对企业营销动态能力的影响。他们认为，营销动态能力是企业为了适应市场和技术的变化，创造、运用和整合市场知识与营销资源的能力，其目的是创造和传递优异的顾客价值，以实现企业在市场竞争中可持续发展的能力（Zollo and Winter，2002；Bruni and Verona，2009；张珣、彭纪生，2017）。③流程观视角。

有学者认为，营销动态能力是企业管理市场资源的特殊的、可识别的组织流程，并基于组织流程将其划分为产品开发管理、顾客关系管理和供应链管理三个维度（许晖等，2011；Day，2014）。表2.3梳理了相关学者对营销动态能力的研究内容。

表2.3　营销动态能力的内涵界定及研究视角

研究视角	内涵界定	来源
能力观	企业通过创造、利用和整合市场知识及营销资源，以适应市场和技术变化的能力	Daniele和Gianmario（2009）；Bruni和Verona（2009）
	营销动态能力由市场感知能力、品牌管理能力和顾客关系管理能力组成	Morgan等（2009）；Tartaglione和Formisano（2018）
	战略营销能力、营销策划能力和市场知识能力被认为是动态的营销能力，因为它们对公司应对不断变化的环境非常有用	Pérez-Cabañero等（2015）；Falasca等（2017）
	营销动态能力是企业为快速响应市场变化而加强市场认知和整合、重构内外部营销资源，以改进产品、服务和营销业务流程，创造更大竞争优势的能力	王月辉等（2015）；李巍（2015）；Kamboj和Rahman（2015）
知识观	营销动态能力是企业为了适应市场和技术的变化，创造、运用和整合市场知识与营销资源的能力，其包含管理信念、人力资本和社会资本三个维度	Bruni和Verona（2009）；张珣、彭纪生（2017）
	营销动态能力是一个嵌入营销知识管理流程中的包括营销知识的产生、转移及其应用在内的动态组织过程，其目的是创造、传播和传递优异顾客价值以应对高速变化的市场环境，实现企业在市场竞争中可持续发展	Zollo和Winter（2002）；王月辉、缪祺（2013）
流程观	营销动态能力是一种企业过程和惯例，它使企业能充分调整以适应顾客偏好、经济及其他环境条件的变化	Lindaet等（2005）；Roach等（2018）
	营销动态能力是企业在应对市场变化时，为创造和传递顾客价值而采取的跨部门商业流程	Fang和Zou（2009）；Xu等（2018）；Day（2011）
	营销动态能力是指，企业对营销相关资产和知识进行动态整合和配置，用以创造和传递客户价值，并最终获取和维持竞争优势的高反应性和高效率组织流程；包括产品开发管理、供应链管理和客户关系管理三大核心流程的关键子流程	Foley等（2005）；许晖等（2018）

资料来源：笔者整理得出。

（二）营销动态能力向国际营销动态能力研究领域的延伸

在Fang和Zou（2009）等研究的基础上，许晖等（2012）将营销动态能力应用到国际化情境，明确提出国际营销动态能力的概念及内涵维度，认为企业的国际营销动态能力是指“企业在国际范围内整合、建立和重置市场相关资源（资产、知识和技能），以创造和传递顾客价值的跨部门业务流程或惯例”，其本质是跨国企业跨部门业务流程或惯例。随后，吴晓云和张峰（2014）认为，营销动态能力是基于产品开发管理（企业为满足顾客偏好设计、研发和生产新产品的跨部门流程）、顾客关系管理（建立、完善和加强与顾客和渠道成员之间关系的跨部门流程）和供应链管理（企业组织设计、管理和整合从供应商开始，经历多个层次到终端服务客体顾客的跨部门流程）的三个重要流程维度，并将国际营销动态能力划分为国际产品开发管理流程、国际供应链管理流程、国际市场信息管理流程和跨文化顾客关系管理流程四大核心业务流程（许晖等，2018），这四个流程都与国际营销有着密切的关联，直接决定着跨国企业创造和传递顾客价值的速度和效率。

三、复合式营销能力的提出与发展

“复合基础观”的思想最早由Luo于2012年在剑桥大学Judge商学院的一次演讲中提出。复合基础观是指，企业通过对自身拥有或外部可购买的资源与能力进行创新、整合的运用，对多种投资模式、竞争措施和协作网络的有效复合（Luo and Child，2015；Luo and Bu，2017；周飞等，2018），提供低成本但恰当的技术、快速的市场反应、定制的设计，以及具有成本效益的大规模制造，从而创造独特的竞争优势。复合基础观所揭示的开放式资源整合逻辑，为发展中国家中只拥有普通资源的企业提供了一条快速成长的路径。其中，复合式能力是复合基础观的动力（Ramamurti and Hillemann，2018），国内外学者在复合基础观基础上，对复合式能力的内涵、驱动因素及构建机制等进行了一系列的推演和阐述，为复合式营销能力的提出奠定了基础。

（一）复合式能力的内涵

在早期研究中，Kogut 和 Zander（1992）主要从知识层面说明了企业获取竞争优势的内在逻辑，是组织内外部个人和群体知识的共享、转移和整合，以重构其能力。后来学者在此基础上进一步提出复合基础观，强调以国际市场机会识别为导向对“竞争属性”（例如：质量、价格、速度、设计、服务等）进行有机集成（Luo and Child，2015；孙金云、陆亚东，2017）。在 Luo 等（2015）的研究中，他们对复合基础观做出了明确的定义，并提出包括以复合式提供为载体、复合式竞争为手段、复合式能力为动力的复合式战略内涵（Luo and Tung，2018）。其中，复合式能力是指企业能够协同整合来自其内部和外部现有的有形或无形资源的独特能力，以寻求跨越传统跨国企业在市场运营初期以渐进的方式满足客户需求的跳板（Luo and Bu，2017），更强调对资源的动态调整、流程创新与内外部环境的动态匹配（Nason and Wiklund，2015）。相较于吸收能力、整合能力、双元能力等能力概念，复合式能力在资源整合内容与能力配置方式上更具独特性（Oehmichen et al.，2017），其可以按企业战略及经营需要对不同来源、不同层次、不同结构和不同内容的资源进行有机融合，实现最优复合式提供与复合式竞争组合（Ramamurti and Hillemann，2018），具有较强的柔性、系统性和价值性（Yi，2015）。

（二）复合式能力的类型

现有文献对复合式能力的类型研究主要从以下 3 个方面展开：①聚焦模仿与创造的能力。通过对外部资源的模仿，有选择地将行业领先企业的先进技术、设计、产品功能、服务方式、流程、系统等应用于自身的经营管理之中（Kumar et al.，2017）；在对上述要素进行创造性复合的基础上，取得超越对手的竞争优势和领先的企业绩效（Lieberman and Asaba，2006；Cuervo-Cazurra，2012；Lattemann et al.，2017），主要适用于单纯依赖低成本战略的企业进行循序渐进的发展。②聚合企业家能力、商业模式、网络资源和组织适应性的能力（Steffens，2014；Cheung et al.，2016）。在广泛的外部关系网络基础上，企业能够取得显著的学习优势，主要适用于对于外部机会具有极强敏感性的新兴市场企业，在庞大的中低端市场需求的支持下，取得快速的发展（Marano et al.，2017）。③聚焦产品创新、过程创新和管理创新的能力（Awate，2012；Huang，2017）。即通过各类外部渠道获得相应的能力，结合外部的管理创新经验，掌握组织、领导、协调和激励的系统化管理方法（Birkinshaw and Mol，2006；Awate，2015），这对于增加全球市场份额和增强对市场变化的应对能力至关重要（Burt，1997；Elango and Pattnaik，2007；McDermott and Corredoira，2010）。

（三）复合式能力形成的驱动因素

复合式能力对于拥有普通资源的企业的生存与发展具有重要战略意义，现有文献主要从外部环境因素与内部组织因素对其驱动因素进行探讨：①外部环境因素。复合式能力强调企业通过获取全球资源，进一步整合其现有运营，通过企业内所有部门进行的共享和利用，将这些资源内化和升级（Xie and Li，2017），以创造竞争优势。对跨国企业而言，全球市场周期（Luo et al.，2011；Kim and Song，2017）、环境不确定性（Yang and Li，2014）、制度复杂性（Marano and Kostova，2016）、技术不连续性（Brunswicker and Vanhaverbeke，2015），以及信息技术（McDermott and Corredoira，2010）等外部驱动因素都对复合式营销能力的构建产生影响。②内部组织因素。资源的复合需要母公司与子公司、公司总部与独立合作组织、公司内部各单元的协调同步，对处理复杂跨境活动的能力提出更高的要求，使公司降低交易成本，增加国际化业务的收益（Wang et al.，2014）。现有研究主要聚焦企业内部协作（Sun and Thun，2010）、企业家精神（Liu et al.，2017）、企业合作导向（Hennart，2012）、资源寻求动机（Liu et al.，2016）、子公司自主权（Lazarova et al.，2017）、组织柔性（刘景东等，2013；Xue and Yang，2015）等因素，对于复合式能力的构建有着重要的影响作用。

（四）从营销动态能力向复合式营销能力研究视角的转变

不同于资源基础观、动态能力观，复合基础观更加强调资源构建的内生性和外生性的结合，即通过模仿式创新（Luo et al.，2011；Zhou and Guillen，2015）、标杆企业定点超越等内生方式使企业获得有机成长，同时注重通过外部购买、企业并购、合作共享等外生性的途径实现快速超越（Ang et al.，2015），而不必拘泥于企业自身的缓慢或渐进的内部积累（如表2.4所示）。在此基础上提出的复合式营销能力，在资源整合内容与能力配置方面更具独特性（Oehmichen et al.，2017），其根据企业战略及经营需要对不同来源、层次、结构和内容的资源进行有机融合，以实现最优化复合式提供与复合式竞争组合（Ramamurti and Hillemann，2018），具有较强的柔性、系统性和价值性（Yi，2015）。

表2.4 复合基础观、资源基础观与动态能力的差异性与互补性

理论基础	差异性	互补性
资源基础观 （Resource-based View）	● 强调拥有优越的战略资源是建立竞争优势的先决条件 ● 强调公司拥有关键资源的重要性，但没有解释公司应如何利用这些资源	● 复合基础观是一种独特的能力，它的最终目标是积累战略资源和能力，如同资源基础观
动态能力 （Dynamic Capacity）	● 注重集成、构建和重构内外部能力，以应对快速变化环境 ● 更多地关注异构资源，而不是通用资源或开放资源 ● 在全球扩张、竞争合作中没有明确说明其维度，在解释变化和适应市场变化方面更为敏锐	● 重构与整合理论为解释复合式能力提供了理论依据 ● 动态能力中的一些跨境资源管理和校准实践可应用于复合式能力过程
复合基础观 （Composition-based View）	● 创造性地组合和集成许多普通或通用的能力或资源 ● 敏锐地识别、利用和组合外部和内部的普通资源，以实现独特的增长 ● 产品功能扩展，性价比高，对大众市场反应能力强	● 虽然复合基础观与其他理论的实现路径略有不同，但这些理论补充了复合基础观的一些关键配置

资料来源：Luo 和 Child（2015）。

第三节 国际市场响应性及其相关理论研究

对中国跨国企业而言，国际市场拓展有助于子公司通过本地化运营更好地建立品牌信誉（Jarillo and Martinez，1990），并影响产品创造和传播，以便

更好地与全球竞争对手进行竞争（Luo and Tung，2007；魏江等，2016；吴东和吴晓波，2013）。在这样的国际市场环境下，仅以财务绩效的静态指标衡量中国跨国企业国际化行为过于单一，而国际市场响应性指标的动态性和多元性，能够更加全面地衡量国际化绩效。基于此，本节将围绕市场响应性的内涵特征、结构维度、实现路径与影响因素进行系统性的理论回顾。

一、中国跨国企业国际化绩效研究：从财务绩效向市场响应性衡量指标的转变

随着市场需求的快速变化，企业的经营逻辑从产品主导向消费者主导演变（Kowalkowski et al., 2017; Kohtamäki and Henneberg, 2019）。已有研究发现，市场响应性是企业国际市场拓展的重要驱动力（Narver et al.，2010），客户需求的变动、竞争对手的行为及行业的技术发展趋势均是企业环境感知的必备要素（Kohli and Jaworski，1990）。能有效感知并快速响应市场环境变化的企业可以更好地适应环境（Bernardes and Hanna，2013；Battistella et al.，2017）。Chen 等（2016）提出，那些能够发现、理解并对市场信息保持警觉与响应的企业，往往能够保持较好的竞争优势发现。对客户需求和期望做出适当和快速的反应有助于企业捕捉现有的市场需求，并降低资源错配的潜在风险（Li and Calantone，1998）。此外，响应客户的需求和偏好可以增加企业的客户价值，使企业更好地满足客户需求并提高绩效（Jaworski and Kohli，1993）。战略管理和组织行为领域文献表明，企业通过结合市场条件指标能更全面地反映企业绩效（Drazin and Van de Ven，1985；Vorhies and Morgan，2003；Zajac et al.，2000）。企业市场响应性模型如图2.3所示。

相较于财务绩效等静态指标衡量中国跨国企业国际化行为过于单一，而市场响应性指标可以更好地揭示这种动态的路径变化（许晖等，2017）。一方面，它具有选择和改变图式的动态学习特征。企业主体在与环境的交互过程中不断修正自身的行为规则，对其成长环境的变化趋势做出预测，使组织和环境相适应（Julien and Lisa，2012；Benner and Tushman，2003），并使子公司

能够对产品的快速迭代和竞争环境做出快速反应，以应对多变的市场环境和客户需求（Eisenhardt et al.，2010；Gulati et al.，2012）。另一方面，市场响应性强调对行动速度的追求，坚持对动态的顾客需求与竞争行为快速响应的理念，缩短从企业识别市场信号到做出市场响应行动的时间。正如Jayachandran等（2004）指出的期望快速完成响应的企业更愿意通过即刻利用手头资源巧妙地应对市场机会，比竞争对手更快地进入新的服务领域、创造新的不均衡。此外，市场响应性能反映企业的开拓性行为，能体现出企业对市场机会的警觉程度，强调颠覆性创新的开发与转化（Allen，2003）。因此，市场响应性所表现出的核心能力，可能有助于企业识别、评估和进入新的、未被占领的细分产品市场空间。如Day（2002）所言，市场响应性越高的企业，越容易通过预期市场机会进行市场开拓而获得竞争优势。

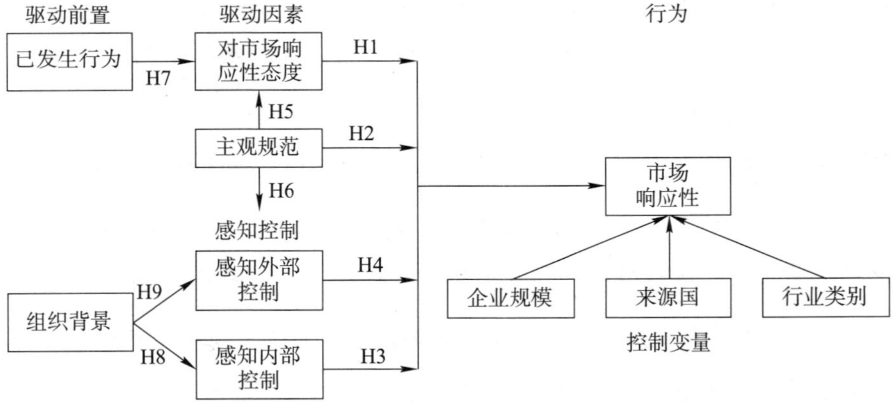

图2.3 企业市场响应性模型

资料来源：Jaime Rivera-Camino（2012）。

二、市场响应性的内涵特征与结构维度

（一）市场响应性的内涵特征

市场响应性的概念起源于Kohli 等（1993）的研究，随后其他学者开始关注并深化了响应性研究（Liao et al.，2003；Golann，2006；Homburg et al.，2007）。市场响应性被界定为企业对市场需求变化带来的机遇和威胁做出反

应的程度，它是企业积极主动与外界环境互动的结果（Garrett et al.，2009）。具有较高市场响应性的企业，可以高效识别和判断外界环境的变化，并持续不断地管控企业的供给以满足市场和客户需求（Lu and Ramamurthy，2011）。市场响应性反映了企业对市场外部刺激的感知、解释和行动的效率和效果（Garrett et al.，2009）。市场响应性的核心内涵是感知、识别与快速行动，即有效感知并识别客户需求、竞争者行动与行业发展趋势的变动，并提升组织的刺激—反应行动（Cai et al.，2016）。

基于现有文献，本书归纳出市场响应性的三个特征：①前瞻性。Liao 等（2003）认为，具备较高市场响应性的企业往往能够更好地理解和判断环境信号的特征，从而对动态环境中的策略进行迅速调整，并能有效识别、利用环境中的机遇。②动态性。不同于竞争优势、财务绩效等静态指标，它可以更好地揭示国际化绩效的动态路径变化（许晖等，2017）。企业主体在与环境的交互过程中，不断修正自身的行为规则，对其成长环境的变化趋势做出预测，使整个组织和环境相适应（Julien and Lisa，2012；Benner and Tushman，2003），使子公司能够对市场的快速变化和竞争环境做出快速反应，以应对多变的环境和客户需求（Eisenhardt et al.，2010；Gulati et al.，2012）。③多元性。市场响应性指标能够从经济适应性（对稀有资源的获取）和社会响应性（对制度、文化等合法性的获取）双重视角同时测量国际化绩效（Scott，1987）。以 Singh 和 Pereira（2005）为代表的学者调查发现，企业对当地制度、文化响应的本地化网络具有更强的用户使用率，其本地化网络的沟通有效性、可用性更强（Nantel and Glaser，2008），有利于企业在国际竞争中获取竞争优势（Petro et al.，2007）。

（二）市场响应性的结构维度

目前，国内外学者已经对响应性的维度做了相关探讨，如 Sheng（2019）将响应性分为响应体量、响应速度与响应宽度三个维度。响应体量是指企业响应的市场需求规模，响应规模越大，企业的响应策略越清晰。响应速度强调企业积极接受客户意见、满足市场需求的时效性。响应宽度是对响应内容边界的扩展，有助于对客户的参与进行激励。Van den Bosch 和 Van Riel（1998）早期提出缓冲对企业响应性的影响。Xia（2010）把合资与并购作为组织相互联结的响应方式，以吸收来自外部的资源帮助其应对不确定性（Peng and Luo，2000），提高对外部环境的机会与威胁感知能力。Bode 等（2011）认为，缓冲与联结的同时组合可以使企业获得两种策略的协同，帮助企业提升响应性。王建刚和吴洁（2020）通过识别两种既矛盾又相互关联的响应策略——缓冲与联结，引入组织双元性视角，以2011—2013年946家上市公司的数据为研究对象，检验了缓冲、联结与双元策略对资源依赖的影响，以及环境特征的权变效应。

响应性的维度划分为后续解构国际市场响应性维度提供了有益借鉴，在此基础上，现有文献进一步对市场响应性所包含的多重维度划分进行了初步探讨。一方面，表现为市场占有率、服务盈利状况等财务绩效的增长（Eggert et al.，2014），即，企业对顾客、竞争者与行业发展趋势的环境洞察，及时发现市场需求信号，进而获取先动优势的资本基础（Wang et al.，2015），使企业进入新领域时的速度、效率和效果得到显著提升；另一方面，表现为顾客满意度、服务质量、一体化解决方案有效性等非财务绩效的改善（Antioco et al.，2008），既包括对客户需求的满足（Weber and Tarba，2014），也包括对竞争对手的响应（Yu et al.，2013），在对顾客复杂的、深层次需求的认知、发现与响应过程中，使顾客效用不断得到改善（Bernardes and Hanna，2013）。另外，良好的交易体验强化了顾客对企业的情感认同，进一步增强了企业吸引新顾客、扩大用户规模的“虹吸效应”（Narver et al.，2010）。

三、国际市场响应性的实现路径与影响因素

（一）国际市场响应性的实现路径

由于国际市场响应性的实现过程较为复杂，现有文献对其实现机制的探究涉及营销战略、营销能力与组织学习等层面，综合现有文献，本书主要从营销战略视角、营销能力视角、组织学习视角进行分析研究。

第一，营销战略视角。学者在营销战略驱动市场响应性形成这一问题上展开了不同的研究，一些学者在解释市场响应性时，将战略选择和环境决定

作为两种对立的观点（Hannan et al.,1998），而后续研究则融合了“环境决定”和“战略选择”观点来解释市场响应性的形成（Harris，2000），并指出组织可以通过对环境做出主动反应并实施营销战略来驱动适应性的实现。现有研究证明，在不同的发展阶段，跨国企业的战略选择不同，市场响应性自然也不同（冯永春和许晖，2015）。冯文娜等（2020）认为，服务化转型战略是制造业企业及时响应市场环境变化的一场战略变革，企业如何进行资源的获取与使用，直接关乎制造业企业市场响应性与服务化转型的成败。

第二，营销能力视角。许多学者认为，企业营销能力是企业对市场动态性有效反应的基础，以满足环境变化的需要。大量的研究证明了营销能力对提高企业市场响应性的影响（Vorhies and Morgan，2005；Yu and Nath，2014）。但从外部性视角来看，有相关研究表明，内部营销能力不能满足企业在复杂多变的外部环境中提升竞争力的需求（Day，2011）。已有研究发现，吸收能力能够帮助企业跨界获取知识，并有效地重新定义和配置知识基础，从而提高企业的响应性（Liao et al.，2003；Chang et al.，2013）。Mu（2015）从自外向内的视角，引入开发与探索作为中介变量后研究发现，营销能力通过产品探索与开发可以帮助企业更好地响应外部环境，提高企业的市场响应性。陈猛等（2015）基于动态能力理论和能力层级观，对203个样本进行问卷调查，提出IT能力（IT整合和IT重置）通过促进吸收能力来提高企业市场响应性。

第三，组织学习视角。现有研究指出，响应性企业的本质体现在学习机制上，企业有选择地学习和有意识地技术变革能够使企业机能得到进化和发展，从而有助于企业快速适应动态的环境，提高企业的市场响应性（O' Reilly and Tushman，2013）。很多学者认为，在学习过程中知识的获取尤为关键，知识资源是企业获取竞争优势、实现市场响应性的关键因素（Voss，2011；Hsu et al.，2013），跨国企业需要不断进行学习，提高个体与组织知识的溢出效应（许晖等，2013），以弥补市场响应性的资源缺口。

（二）国际市场响应性的影响因素

对于市场响应性的影响因素，现有文献主要从外部环境因素、企业发展动机与内部组织特征三个方面进行分析研究：①外部环境因素。市场环境的变化速度加快、顾客需求和偏好变化变得难以预测（Sidhu et al.，2004；Xie and Li，2017），企业要求对市场环境进行有效的响应，对市场机会进行准确的把握。环境的差异和特征决定市场响应性的不同性质，需要企业投入更多精力进行应对。全球市场环境的动荡性（Cavusgil，2012）、竞争性（Casillas and Acedo，2012）、不确定性（Qian et al.，2013）等均是影响市场响应性的关键因素。②企业发展动机。随着经营环境日益动态化，已有研究发现，企业不同的战略意图会影响国际营销的方向，进而对企业的行为方式产生指向性作用。如市场寻求型、效率寻求型、资源寻求型和战略资产寻求型最终会分别对企业的国际市场响应性产生不同影响（Cui et al.，2014；Elia and Santangelo，2017）。③内部组织特征。有效的组织必须与任务环境特征相适应，而且必须确保组织与其子单元之间的匹配度（Galbraith，1973；Donaldson，2001；Chen et al.，2016），为资源内化和升级提供内部保障（Hennart，2012；Xie and Li，2017）。企业自身结构及行为方式的变化，有助于内部协调和避免失误，进而影响跨国企业的响应性结果，如组织结构（Powers and Loyka，2010）、子公司自主权（Eisenhardt et al.，2010）、员工的组织认同感（Rodríguez and Nieto，2012）、高管文化智力（Magnusson et al.，2013）等均对国际企业市场响应性具有重要影响。

第四节 文献述评

一、中国跨国企业文化嵌入驱动因素及其对国际市场响应性影响机制亟待探讨

在中国跨国企业海外市场拓展中，文化异质性与跨越国界的经营活动相伴发展（Hong and Lee，2015），多元文化背景驱动中国跨国企业积极地通过文化嵌入应对文化异质性带来的跨国经营挑战。文化嵌入是为企业注入新的

文化，从而塑造其内部形态特征的基本适应过程，现有对文化嵌入的研究主要聚焦于学习能力（Vahlne and Johanson，2017；Rahman et al.，2020）、网络关系（向永胜等，2016）和创新绩效（魏江、向永胜，2012）等领域。但将文化嵌入与国际市场拓展相结合的研究较为匮乏。国际市场拓展与文化嵌入本身存在契合度及互动性（Ismail et al.，2019），关于文化嵌入在国际市场拓展中的作用路径，学者从文化兼容性（Frasquet et al.，2018）、知识溢出效应（苑婧婷、唐书林，2014）与社会化内化（Cooke et al.，2005）等角度出发进行了探讨。探究国际市场拓展中文化嵌入的新内涵特征是企业营销能力升级的核心工作，但现有研究并没有在营销领域揭示这种整合机制的内涵，因而深化和完善国际市场拓展中的文化嵌入理论十分必要。

在分析前述文献的基础上，本书认为，中国跨国企业国际市场拓展中的文化嵌入研究还应该从以下两个方面加以突破：①文化异质性对不同文化嵌入的影响机制有待深化。现有研究提出基于内部嵌入、外部嵌入，以及双元嵌入的文化嵌入维度划分（Andersson et al.，2014；Cheng and Huang，2020），然而文化异质性对这些不同文化嵌入方式的驱动作用并未得到验证。②内部嵌入、外部嵌入在营销领域对国际化绩效的影响有待挖掘。从理论分析视角来看，文化内部嵌入与外部嵌入的均衡能帮助企业更好地兼顾当前和潜在的市场机遇（Yalcinkaya et al.，2007；Nell et al.，2011），有助于企业培养高效的营销能力，但对于文化内部嵌入和外部嵌入与跨国企业营销能力之间关系的实证检验还较为匮乏，文化内部嵌入与外部嵌入对跨国企业国际市场响应性的影响是如何发生的、其内在作用机理如何等问题也需进行深入探讨。

二、中国跨国企业复合式营销能力的构建过程及内在机理有待挖掘

复合基础观认为，以中国为代表的新兴市场跨国企业，虽然缺乏传统发达经济体跨国企业所具备的管理经验、关键技术和品牌资产等优质资源（Li and Chang，2016；Nguyen and Rugman，2015），却能够通过创造性和快速适应市场需求的方式实现资源的有效整合，并在产品和服务上形成复合优势（Luo and Zhang，2016）。在资源端和客户端的双重约束下，中国跨国企业国际营销能力的构建具有明显的复合式特征，体现出虽然核心能力较弱，但具备较快的整合速度、更高的生产效率，以及更优的产品性价比（陆亚东和孙金云，2013），使其能够利用在母国市场积累的独特资源禀赋对客户需求展开深刻的洞察。相比营销能力（Vorhies et al.，2009；Day，2011；Kaleka and Morgan，2017）、营销动态能力（Fang and Zou，2009；许晖等，2011；Xu et al.，2018），复合式营销能力的构建更加强调以国际市场机会识别为导向对"竞争属性"（如质量、价格、速度、设计、服务等）进行有机集成（Luo and Child，2015），以寻求跨越传统跨国企业在市场运营初期以渐进的方式满足客户需求（Luo and Tung，2018）。然而，现有文献虽然注意到中国跨国企业在国际市场竞争中所表现出的复合式特点（Luo and Bu，2017），但对复合式营销能力的理论解释边界仍缺乏足够的关注，导致难以找到有效的研究着力点。

三、中国跨国企业国际市场响应性纳入其绩效衡量范畴研究亟待强化

随着环境动荡性和复杂性的不断加剧，跨国企业国际化绩效评价方法尚处于发展与完善中，众多学者都强调了竞争动态性在跨国企业国际化绩效演化方面的重要作用（McGrath，2013）。区别于竞争优势、财务绩效等衡量指标，国际市场响应性概念逐渐得到学者们的广泛关注。Lo在21世纪初提出，把市场看成一个不断进化、不断变化的环境，市场中的个体基于自身利益进行决策，不断试错学习，以更好地响应市场需求。众多学者普遍认为，市场响应性是企业能够对市场信号、潜在的市场机遇与威胁，以及对收集到的信息做出应对的状态（Homburg and Pflesser，2000；Slangen and Dikova，2014）。

然而中国跨国企业在国际市场拓展中，更需要从动态视角和协同演进视角，将市场响应性纳入国际化绩效衡量范畴进行综合考量，相关研究仍需进

一步深化和拓展。①不同学者基于各自的研究视角提出了组织响应性、客户响应性和市场反应性等不同概念，但这些研究对国际市场响应性的内涵和测量维度还没有形成一致的观点，未来研究应进一步提炼并完善国际市场响应性的测量指标体系，并将其作为衡量跨国企业生存和发展的重要绩效指标。②虽然学者均赞同多元文化资源是跨国企业竞争优势的重要来源，但如何在跨文化环境中获得市场响应性的作用机制还没有得到满意的解答，众多学者尝试从营销战略（冯永春、许晖，2015）、营销能力（Yu and Nath，2014）、组织学习（Hsu et al.，2013）等理论视角进行分析，却忽视了企业最重要的内外部文化嵌入在此过程中的重要作用。文化嵌入强调企业与外部市场、顾客及内部各部门的联系，因而在企业整合、分配、获取和释放内外部资源方面具有重要作用，未来的研究应该更加聚焦于揭示企业文化嵌入对跨国企业国际市场响应性的重要作用方面。

第三章

探索性案例研究

随着国际市场环境的VUCA特征日益显著，以及海外客户对高性价比产品及个性化体验要求的逐步提升（Vinokurova，2019），全球消费市场结构也经历着深度重塑，因此通过构建营销能力创造和传递客户价值至关重要，尤其是复合式营销能力具有快速响应、高性价比、客户深度洞察等竞争属性与文化属性有机捆绑的作用。然而，现有营销能力研究文献中，仍未形成关于复合式营销能力构建机制与构成维度的较为成熟的结论。现有文献虽然注意到了跨国企业在国际市场竞争中所表现出的复合式特点（Luo and Bu，2017），但对复合式营销能力的理论解释边界仍缺乏足够的关注，导致难以找到有效的研究着力点。而多案例分析方法为研究中国跨国企业复合式营销能力的构建提供了有效途径，从文化嵌入视角对中国跨国企业复合式营销能力的解构研究，在国内外均具有较强的探索性。

因此，在系统的理论挖掘和梳理的基础上，有必要借助深度访谈和案例分析等手段，剖析文化嵌入视角下中国跨国企业的复合式营销能力的构建过程，在实践中寻求理论支持，进一步佐证研究的理论模型。基于此，本书采用多案例研究方法，从文化嵌入视角探讨案例企业复合式营销能力构建过程和国际市场响应性的形成机理。本章的研究主要聚焦以下三个方面的内容：①跨文化驱动下中国跨国企业文化嵌入包含哪些维度？②文化嵌入视角下中国跨国企业如何进行复合式营销能力构建？③复合式营销能力构建对国际市场响应性的作用机理是什么？基于案例分析结论，本书希望为中国跨国企业构建复合式营销能力，进而促进国际市场响应性提供一些借鉴和参考。

第一节　研究方法与案例企业选取

鉴于研究问题，本书选取多案例研究方法，从文化嵌入视角聚焦中国跨国企业复合式营销能力构建的相关活动及其实现过程。本节主要包括案例研究方法设计、案例企业选取、案例数据收集与分析、信度与效度保障等方面的内容，为后续归纳潜在的逻辑关系奠定基础。

一、案例研究方法

案例研究方法是一种在自然情境下直接观察社会现象的研究方法，在理论建构和发展方面具有明显优势。案例研究的功能主要体现在解释、描述、列示、探索和元评估五个方面（Yin，2002）。本书聚焦具体研究问题，采用多案例分析方法。区别于单案例研究，多案例研究的数据分析策略基于复制逻辑。这个过程往往需要对案例涉及的构念进行测量，并推断构念之间的关系，从而发展理论。多案例研究的复制逻辑如图3.1所示。

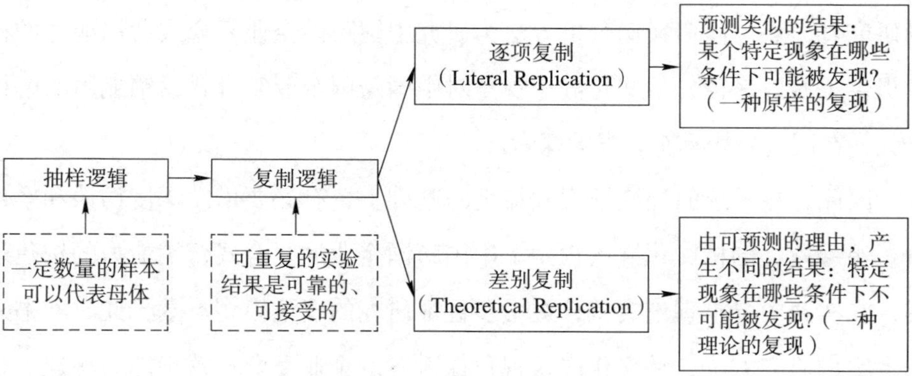

图3.1　多案例研究的复制逻辑

资料来源：李亮等（2020）。

本书之所以选取案例研究方法，主要是由于文化嵌入视角下中国跨国企业如何构建复合式营销能力是一个复杂多维的过程，而案例研究方法非常适合探索现象背后的“Why”和“How”问题（Eisenhardt and Craehner，2007；

毛基业，2020)，因此本书采用案例研究方法比较适宜。此外，本书选取多案例研究方法的主要原因如下：首先，案例研究适用于解答过程和机制问题，有助于有效展示研究过程的整体性与辩证性，本书选择多案例研究有助于识别复合式营销能力的构建过程；其次，采用多案例研究，可对研究问题进行生动、细致的展示和分析，有利于对文化嵌入的解构与国际市场响应性形成的微观机理进行探索；最后，相较于单案例研究，多案例研究能够应用复制逻辑，得到更稳健、更具普适性的理论。因此，本书选择多案例研究，有助于把握相关事实的内在机理。

二、案例企业选取

在研究初期，本研究团队对中兴通讯股份有限公司、传音控股股份有限公司、中国重型汽车集团有限公司、海信集团有限公司、海安格力有限公司、天津力神电池股份有限公司、天士力控股集团和海尔集团公司共8家企业的管理层及员工进行了初步访谈。在访谈的过程中，根据理论抽样的方法，鉴于案例素材的可获得性，经过最终筛选，本书选取传音控股股份有限公司（以下简称“传音”）、海信集团有限公司（以下简称“海信”）、天士力控股集团（以下简称“天士力”）和海尔集团公司（以下简称“海尔”）4家中国跨国企业进行多案例分析。

本书选取上述4家中国跨国企业的主要原因如下：①鉴于本书研究目的是挖掘中国跨国企业在海外市场的复合式营销能力构建行为，应尽量保证所选案例企业进入地域的多样性，以提高研究的外部效度；②案例企业选择具有代表性、启发性和适配性，所选案例企业跨文化特色明显，为探索文化嵌入特点、进行案例间的复制逻辑和扩展逻辑提供支撑；③案例企业数据可得性较高，数据资料相对完善，以便深入挖掘中国跨国企业复合式营销能力构建的微观机理；④鉴于本书的出发点是基于文化嵌入视角的复合式营销能力构建研究，本书所选的案例样本应聚焦在过去或目前在海外运营中，呈现明显文化嵌入特征的中国跨国企业。针对选取的4家中国跨国企业，本书将就案例企业基本情况做简要概述。

（一）海尔

海尔成立于1984年，于2004年在印度的新德里设立子公司开始运营。在印度市场运营初期，海尔实施贴牌代加工，由于“水土不服”，其在与日韩电器品牌的竞争中处于弱势。为了在印度市场激烈竞争中取得优势，海尔在印度市场采取设计、制造、营销“三位一体”的本土化发展模式。一方面，海尔积极推进本土化制造战略布局，从当地用户生活习惯层面，精准把握用户需求；另一方面，着力编制广泛的营销网络，并通过自身的本土化，深度对接印度用户需求。依据印度客户消费习惯开发“不弯腰的冰箱”“会唱歌的热水器”“一分钟制冷的空调”“零水压洗衣机”等产品，受到印度客户的好评和追捧，打破了日本和韩国在印度市场的寡头垄断局势，成为备受印度客户喜爱的品牌之一。

（二）传音

传音于2006年成立，专业从事移动通信产品研发、生产、销售和服务。传音在2008年进入非洲市场时，本地客户对于手机这一新鲜事物具有强烈的消费欲望；虽然当时非洲手机市场日韩品牌占主导地位，但是这些品牌的设计师缺乏对非洲当地客户需求的深入了解。而传音致力于研究本地用户的使用习惯和文化偏好，研发出深度契合非洲消费者需求的产品，如黑人美颜手机、多卡多待手机、防滑防脱手机，以及横跨所有手机平台的即时聊天工具——Palmchat及短视频App——Vskit等。通过不断识别和捕获非洲手机市场的机会，传音在不到10年的时间里，占据非洲手机市场40%的市场份额，并进入独立非营利机构“品牌非洲”（Brand Africa）调研统计的“2018—2019年度最受非洲消费者喜爱的品牌”榜单，传音的TECNO、itel、Infinix三大品牌手机均实现上榜。

（三）天士力

天士力于1994年成立，以大健康产业为主线、制药业为中心，涵盖科研、生产、营销等多元化领域。2002年，天士力成立国际营销公司，并以南非市场为切入口，进军非洲市场；将分公司设立在约翰内斯堡，便于服务经销商、提高工作效率，同时能够进一步接触经销商，了解当地民风民俗，为文化传递奠定基础。天士力将市场定位为低端市场，采取“以教育为先导，直销+体验营销”的运营模式，将高质量优质的服务及好的疗效带给当地居民的同时还推广了中医药文化。另外，根据当地的市场情况，制定薪酬与奖励制度，除了基本的奖励制度外，南非公司还设置了大车奖、小车奖、旅游奖等制度，极大地调动了海外员工及海外经销商的积极性，很快便扭亏为盈。天士力通过对于目标国的疾病谱特征、传统医药应用的基础和特点、药品市场规模和市场潜力等的摸索，在非洲和亚洲建立一套营销模式，逐渐将市场正规化，通过一系列举措，天士力在获得经济利益的同时，更为中药进入主流药品市场奠定了人脉基础，为天士力更大的发展做了铺垫。

（四）海信

海信成立于1969年，以数字多媒体技术、智能信息系统技术、通信技术为支撑，涉及家电、多媒体、通信等多元化领域。自1994年开始开拓海外市场，海信的两大经营策略打响了品牌在全球的认知度：一是通过收购海外已经成功的知名品牌，提升品牌的海外影响力。目前海信收购了日本的东芝电视、Gorenje和ASKO等海外品牌，从不断深入布局海外市场的动作可以看出，海信在强大之后，也在不断丰富自身的产业链和提升品牌在全球的知名度。二是海信持续赞助世界顶级赛事（先后赞助2008年澳大利亚网球公开赛、2016年法国欧洲杯、2018年俄罗斯世界杯、2022年卡塔尔世界杯），巨大的全球性流量，直接将海信品牌提升至全球新高度。截至目前，海信连续6年入选中国跨国企业海外形象10强、外国人最熟悉的中国品牌10强、中国出海品牌10强。经过几十年的成长和发展，海信成为电视、冰箱非洲市场占有率第一，销售产品线覆盖电视、冰箱、冷柜、手机、空调、洗衣机、小家电等多种产品品类的知名家电品牌，实现了“中国制造”向“中国创造”的转变。

三、案例数据收集与分析

（一）半结构化访谈

由于采用集体访谈的方式，容易受多种因素的干扰，且部分受访者不愿意透露更多信息，因此本书对每个受访者进行单独访谈，以获取翔实的资料信息。本书共进行了三个阶段的访谈：第一阶段的访谈（2018年10月至2019年4月）为实验性访谈，主要为研究团队在完成相关课题时，分别对案例企业的管理人员进行的深度访谈，目的是找出研究问题。在对收集的资料及访谈录音进行分析后，研究团队发现，所选案例企业在国际营销能力构建方面的特色明显。第二阶段的访谈（2019年12月至2020年6月），根据第一阶段确定的研究问题，研究团队分别和2家案例企业的管理人员进行深度访谈，以获取案例企业在文化嵌入及复合式营销能力构建过程的相关信息，并与相关员工进行了访谈验证。第三阶段的访谈（2020年7月至2021年4月），主要是和案例企业的多位高层管理人员确认之前收集的资料信息是否准确，并对他们多年来有关构建复合式营销能力与实现国际市场响应性所积累的经验及特点再进行总结及概述。访谈对象的描述性统计见表3.1。

表3.1　访谈对象的描述性统计

企业	阶段	访谈日期	访谈职务	访谈次数	访谈时间
海尔	第一阶段	2018–10	战略部部长	1次	58min
			市场部经理	1次	175min
	第二阶段	2020–02	综合部部长	1次	72min
			设计部经理	1次	65min
			运营部员工	2次	243min
	第三阶段	2020–07	研发部部长	1次	87min
			广告部经理	1次	118min
			项目部员工	2次	231min
传音	第一阶段	2018–12	运营部部长	1次	55min
			财务部经理	1次	65min
			市场部员工	1次	115min
	第二阶段	2019–12	战略部经理	2次	245min
			研发部员工	2次	198min
	第三阶段	2020–09	项目部部长	1次	76min
			市场部经理	1次	98min
			综合部员工	1次	119min

续表

企业	阶段	访谈日期	访谈职务	访谈次数	访谈时间
天士力	第一阶段	2019-04	国际营销公司副总	1次	79min
			营销部经理	2次	211mim
			人力部经理	2次	232min
	第二阶段	2020-06	国际公司总裁	2次	199min
			营销部经理	1次	87min
	第三阶段	2021-01	营销部部长	1次	76min
			人力部经理	2次	201min
			综合部员工	3次	279min
海信	第一阶段	2019-01	战略发展部部长	1次	56min
			营销部部长	2次	135mn
			研发部部长	2次	147min
	第二阶段	2020-04	战略发展部副部长	1次	77mim
			市场部员工	3次	299min
	第三阶段	2021-04	营销部部长	2次	144min
			研发部部长	2次	126min
			运营部员工	2次	119min

资料来源：笔者整理得出。

（二）数据来源及编码

本书采用多种方法收集数据，主要包括：①深度半结构化访谈；②非正式信息获取渠道，包括电子邮件、电话等；③企业内部档案资料，包括企业创立以来的会议记录、领导讲话记录、企业总结、内部期刊等；④外部资料，包括相关新闻报道、官方网站动态、社交媒体宣传资料、行业分析报告、研究论文等。深度半结构化访谈是本书的主要数据来源，鉴于本书访谈对象主要为中国跨国企业管理层人员及相关部门员工，在国内驻留时间有限，因此，本书后期回访数据以电子邮件及电话沟通为主。为获取充分的信息资料，笔者先后进行了多次访谈，并进行录音整理，形成本书所需素材（见表3.2）。

表3.2　数据来源及编码

数据类型	数据来源	数据性质	数据获取方法	数据编码			
半结构化访谈	企业管理层及相关项目负责人	实时性数据	高层管理者、市场部管理人员、服务项目负责人访谈	H_f	C_f	T_f	X_f
	相关部门员工	实时性数据	相关部门员工访谈	H_p	C_p	T_p	X_p
非正式信息渠道	电话、邮件、微信等	回溯性数据、实时性数据	电话访谈、电子邮件、微信、参观公司、展厅听讲解	H_u	C_u	T_u	X_u
	MBA 学员	回溯性数据	观察与讨论	H_m	C_m	T_m	X_m
内部资料	会议记录、汇报材料等	回溯性数据	参观公司获取	H_n	C_n	T_n	X_n
外部资料	官网动态、研究论文等	回溯性数据	通过谷歌、百度、知网搜索，企业报道，研究文献等	H_a	C_a	T_a	X_a

注：“海尔”“传音”“天士力”“海信”4家企业分别用H、C、T、X 表示，下标字母表示不同的数据来源，本书下同。

资料来源：笔者整理得出。

四、信度和效度保障

本书为确保研究的效度与信度做了大量工作：首先，邀请5名多年从事案例研究的教授和3名MBA学员共同探讨研究框架，对其合理性进行反复讨论，多次重新审视并修正最初的框架，最终达成一致意见；其次，本书研究团队一直与4家案例企业的多位核心成员保持密切联系，多次进行深度访谈，获取更加准确和直观的数据资料，再从中提取相关构念；最后，为保证数据的有效性和真实性，本书对多元化的数据资料进行三角验证，丰富了案例所需的数据链，再将研究论文交给案例企业的相关人员进行核实和验证，保证对案例企业理解的正确性。由于访谈对象受区域、时差等限制，研究团队以邮件等非正式渠道的方式邀请访谈对象对研究结果进行检验，以保证案例研究的信度和效度。信度和效度标准及指标见表3.3。

表3.3 信度和效度标准及指标

构念效度	内在效度	外在效度	信度
√进行数据三角验证 ● 档案数据（内部报告、会议记录或档案、年度报告、出版物或其他） ● 访谈数据（研究者进行直接访谈） ● 参与观察数据（研究者的参与式观察） ● 直接观察数据（研究者的直接观察） √由同行检查文稿（同行是指非文章合作者的作者） √由关键信息提供者检查文稿（关键信息提供者是指正在或曾经在被调研的组织中工作的人） √用清晰的证据链说明数据收集的环境（解释如何实现对数据的获取） √检查数据收集环境和实际过程（反思研究的实际过程如何影响数据收集的过程） √解释数据分析过程（清楚说明数据分析的过程）	√研究框架来源于文献（用图表或清晰的文字描述变量和结果之间的因果关系） √进行模式匹配（把发现的模式与其他文章中作者报告的模式进行匹配） √进行理论三角验证（使用不同的理论视角和文献资料，或作为研究框架，或作为解释研究发现的工具）	√进行跨案例分析 ● 多案例研究（不同组织的案例研究） ● 嵌入性方法（同一组织内的不同案例研究） √选择案例的理由（解释该案例适合本书问题的原因） √介绍案例的情境信息（如行业背景、业务周期、财务数据等）	√介绍案例研究计划（报告本书的研究计划，以及整个研究的开展过程） √介绍案例研究数据库（数据库包括所有可获得的文档、访谈文本、档案数据等） √注意组织的实际名称（可以明确提到的实际名称，也可匿名指代）

资料来源：Gibbert等（2008）和李平（2018）。

第二节 案例分析与发现

本节主要基于案例素材的编码进行分析，呈现4家中国跨国企业复合式营销能力构建过程中的微观机理及潜在逻辑，并识别文化嵌入、复合式营销能力构建、国际市场响应性的具体维度。

一、中国跨国企业文化嵌入

文化是企业全球化发展过程中需要考虑的重要因素之一，越来越多的研究发现，中国跨国企业在海外市场拓展中，文化异质性与跨越国界的经营活动相伴（Hong and Lee，2015）。由价值观和规范等形成的文化差异保证了全球多样化（Joynt and Warner，1985），同时使得企业海外市场的环境复杂性和不确定性更加明显，因而企业对异质文化的感知能力和嵌入性成为跨国企业成功的关键因素之一（Tung et al.，2018）。通过对4家中国跨国企业的案例分析，本书发现，驱动企业文化嵌入的重要原因是文化异质性的存在，企业通过内部文化嵌入与外部文化嵌入缩小文化差距，实现文化协同。

（一）中国跨国企业的文化异质性

文化异质性是促进文化嵌入的重要驱动因素（Marco et al.，2010），许多开展国际化经营的中国跨国企业已经开始意识到文化边界对消费行为、广告反应、营销策略和营销关系管理等方面的重要影响（Jain et al.，2019）。企业的国际化成功与否通常涉及跨越不同文化距离的社会心理与行为关系（Peterson et al.，2018）。通过探索异质性文化如何在国际市场拓展过程中相互作用与弥合，可以为指导和维系持续营销关系提供有用的信息（Marcus et al.，2019）。因此，促使中国跨国企业进行文化嵌入的重要原因是文化异质性的存在，在这种情况下，文化嵌入可以促使企业保持文化警觉性，增强文化互信与尊重，从而明显提升中国跨国企业的独特竞争优势（Tsui et al.，2006）。本书通过对海尔、天士力、传音与海信4家企业进行案例分析发现，中国跨国企业的文化异质性主要集中在价值异质性与规范异质性两个方面（如表3.4所示）。

表3.4　中国跨国企业的文化异质性典型案例援引

企业	文化异质性	典型证据援引
海尔	价值异质性	● 就像我们这帮人在海尔工作这么多年，对海尔产生了很深厚的感情，但本地员工到一个公司以后，培养他2~3年，一旦个人能力变强，要么加工资、要么跳槽，跟当地一些文化环境还是有一定关系的（Ha） ● 素食文化是印度饮食文化基本特色之一，而我们的冰箱都是冷冻室在上，冷藏室在下，用户弯腰从下层冷藏室取食物的次数远超从上层冷冻室取食物的次数（Hn）

续表

企业	文化异质性	典型证据援引
海尔	规范异质性	● 本地员工规矩跟我们完全不一样，必须由他们做的事情，他们会找各种借口自己干不了，刚开始承诺得很好，干的时候就开始搞事，经常有冲突（H_m） ● 两个中方员工走了，本地员工会在办公室跳舞，经常要和他们斗智斗勇（H_u） ● 在印度素有“没有音乐就没有电影”的说法，因此当地人对电视声色图像要求伴音要大、低音要轻、高音要高，这样歌曲听起来简洁明快，渲染力强；而过去我们只注重伴音大一个特点，而忽略了其他，因此尽管测来测去没问题，而实际现场效果就是有问题（H_f）
天士力	价值异质性	● 我们以血缘关系组成一个群体，本地员工是以宗教和教堂组成一个群体，我和他们以兄弟姐妹相称（T_u） ● 我有时候看到本地员工自己在学阴阳五行，因为我们公司有些是以中药为主的复方丹方，这个我自己都不懂（T_f）
	规范异质性	● 很多国家对中药没有针对性的标准，只是简单地用化学药品的检验方法等来衡量中药的疗效和质量，成为中药进入国际主流医药市场的制约因素之一（T_p） ● 由于存在文化差异，西方不容易接受中医讲究阴阳平衡、防病胜于治病的理念，同时由于西方社会没有形成一套成熟的中药标准，绝大多数的中药只能以食品添加剂或保健品的“身份”出口到西方国家（T_n）
传音	价值异质性	● 由于受教育程度、文化习惯、传播方式的差异性，反映在产品设计上，就需要界面设计更多图形、更少文字指示（C_p） ● 当地人非常喜欢在镜头前表现自己，而短视频类App有赖于良好的网络环境，非洲由于网络基础设施限制，没出现过这类App（C_f）
	规范异质性	● 非洲用户比较喜欢表达自我，很可能在家跟朋友聊着天，逛个菜市场、赶个集就联系不到了；当时非洲市场只有单卡手机，通话很贵（C_a） ● 当地客户往往有两张或两张以上不同运营商的SIM卡，以便降低通信费用和保证通信质量，但是与此同时，他们却没有消费多部手机的经济能力（C_n）
海信	价值异质性	● 日本人不直接表达诉求，整个谈判显得格外沉闷、漫长（X_u） ● 高要求的市场产出高质量的产品，细致到苛刻的日本人让海信必须在日本市场把电视的精细化程度做到最高，这点让曾在欧美市场工作的李文丽深有体会：做好欧美市场的人很难做好日本市场（X_m）
	规范异质性	● 日本制造企业分工极细，一个员工长年如一日地只做一个模块，完成度高、工艺细致、出错概率低，但整体效率低下；海信的研发人员常常是多面手，而在日本企业最多的是一颗颗精密运转的“螺丝钉”（X_f） ● 日本员工严格区分上班、下班与加班时间，但其严格程度还是让她在为店长做培训时大开眼界；她必须在招聘时完全兑现劳务合同，为了降低人力成本，必须在17：45结束工作安排，哪怕她还有最后一句话没有说完，也要散会（X_p）

资料来源：笔者整理得出。

1. 价值异质性

价值异质性是指多元文化情境中指导成员行动和决策判断的总体信念存在差异（Nancy et al.，2017）。价值导向反映了组织在面对或处理各种问题时所持有的基本立场与态度倾向，深刻影响成员对事情的感知、理解与判断（Savani et al.，2011）。当多元价值观无法兼容甚至相悖时，成员之间容易产生心理排斥。通过对4家案例企业的素材分析，本书发现价值异质性是中国跨国企业国际化过程中亟待解决的首要问题。

（1）海尔的价值异质性。新兴市场的潜力有目共睹，2006年，海尔在印度建厂，为当地用户提供更加符合当地生活方式的家电产品。但同时新兴市场面对的现实情况对跨国企业提出了更高的要求，可谓机遇与挑战并存。进入印度市场让当时的海尔人喜忧参半，喜在于印度市场巨大的潜力，而忧在于两个市场间巨大的差异，即社会文化观念的不同，给企业带来巨大经营难题。海尔母公司人员长期以来形成了高投入即高质量、服务模式单一的思维定式，但印度本地人比较注重精益求精，不放过任何一个细节。另外，当地人的思维几乎已形成固有模式，如对中国的看法、对中国跨国企业的看法，几乎是一致的，他们普遍认为，中国品牌还停留在质低价廉的低端制造阶段，对中国产品也往往存在偏见。实际上，海尔产品是有竞争优势的，只是初期还没有让客户更多地了解它。海尔发现，当地人对中国产品普遍缺乏信心，因此价值异质性不仅给海尔带来很大的输出压力，也带来了管理上的难题。

（2）天士力的价值异质性。中药有几千年的历史，为了使其被国外主流社会所接受，中国政府以及越来越多的中药企业在不断努力探索中药进入国际市场的模式，直接进入主流药品市场需要的条件很高，文化差异是无法逾越的鸿沟。由于存在文化差异，西方不容易接受中医讲究阴阳平衡、防病胜于治病的理念。同时实践证明，文化差异使在发达国家直接发展中药产业、进入主流医药市场难度较大。世界上有200多个国家和地区，对中药的接受程度都有所不同，相对于欧美国家，亚非拉国家更容易接受中药。在国内使用的一些营销手段，在海外可能并不适用，因此天士力需要结合当地的文化、传统禁忌等确定合理的广告传播方式，虽然现在借助中国政府的力量，可以和西方政府进行交流、接触，但这只是开始，中医博大精深的文化，是不可能在短期内被西方接受的。

（3）传音的价值异质性。传音在2008年进入非洲市场，本地客户对手机这一新鲜事物拥有强烈的消费欲望；虽然当时非洲的手机市场是日韩品牌占主导地位，但是这些品牌的设计师缺乏对非洲当地客户需求的深入了解。而传音致力于研究本地用户使用习惯和文化偏好，重视渠道建设和宣传，但在品牌文化的公共关系传播方面投入不足。非洲有50多个国家，不同的种族、宗教信仰、语言文化，使得地区差异巨大。在非洲这样的新兴市场，没有一个“one size fits all”（指大小皆宜），要根据消费者所处环境的具体情况，调整产品的功能以区别国际标准化产品，打造差异化品牌定位。如非洲智能手机消费者偏重于年轻、高学历及具有较好的英语水平，男性相对女性拥有智能手机的比例更高。通过细分智能手机主要目标市场，传音归纳出代表城市中产阶级的价值主张，以区别其他消费者。

（4）海信的价值异质性。海信自1994年便开始海外市场的开拓，海外市场与中国市场有很大不同，不同的海外市场之间也各有特色，需要了解不同海外市场的文化习俗，确定合适的广告及促销等营销手段。海外当地人是有民族精神和品格的，海信在国际化初期只是从企业的角度考虑，设计个性化的产品，塑造产品形象，但与当地消费者价值观还有很大差距。

2. 规范异质性

规范异质性体现在经营活动中成员共同遵守的规定和标准的不同上（Lalwani and Forcum，2016）。规范定义了体系成员间约定俗成的行为范围、行为指引与准则，还能提示体系中的成员具备什么样的个体行为是适当的（Friesen et al.，2014）。通过对4家案例企业的素材分析，本书发现，由于中国跨国企业国际化起步较晚，规范异质性是海外市场拓展过程中亟待解决的关键问题。

（1）海尔的规范异质性。海尔进入印度市场的前期，通过走访当地专业经销商发现，印度人民崇尚自然，所以他们习惯细致周到的服务，用户在产品功能及使用习惯上有许多独特的偏好，由此海尔对产品功能做了很多改进，并且建立了出口印度技术要求平台，进一步规范和明确出口标准。海尔当地工业园在关税、税收、工会等领域面对的政策和印度本土企业不完全一样。在国内市场的家电营销渠道上，卖场只需提供销售场地，供应商自己配备销售人员和配套设施，但是在海外差别就很大，如日本家电渠道商是由自己直接购买家电产品，由卖场自己的员工卖给顾客。由于新兴市场与欧美发达市场的资源、经济情况不同，广告形式自然也有很大差异。

（2）天士力的规范异质性。中西方文化差异很大，融合时不可避免会有一些障碍，分销业务相对困难。海外市场代理没有渠道，产品注册困难，不同海外市场的风土、文化、制度约束等有很大不同。由于西方社会没有形成一套成熟的中药标准，绝大多数的中药只能以食品添加剂或保健品的“身份”出口到西方。西方人以对化学药的要求衡量中药的品质，加大了中医药国际化进程的难度。南非一些国家会有自己的渠道和自己的产品销售方式，很多国家对中药没有针对性的标准，只是简单地用化学药品的检验方法衡量中药的疗效和质量，成为中药真正进入国际主流医药市场的制约因素之一。

（3）传音的规范异质性。10年前，非洲的手机市场十分不规范，当时的手机对于非洲消费者来说，只有两种，一种被称为“Original”，主要代表为诺基亚和三星，另一种被称为“中国制造”。除此之外，翻新机、售后维修机等也充斥在市场中。各种渠道混杂、价格不透明、以次充好，售后服务等同于无。以传音公司为代表的中国跨国企业目前还未进入精细化运营阶段，而跨国企业实现不断创新的运营理念体系和合理化的管理技术，对以传音为代表的中国跨国企业来说，是实现价值的关键因素，由于国家之间的文化、法规不同，各种人为制造的贸易壁垒和本地保护政策，使消费者与公司之间的交易成本一直居高不下。如何获得本地消费者的认同感、保持良好的品牌忠诚度、提升目标市场的品牌竞争力是企业成功发展的关键。由于非洲基础建设有待完善，有线网络设施铺设极为有限，随着移动网络在非洲的迅速普及，非洲国家跳过了这一阶段，直接进入移动互联网时代。相比智能手机，消费者对功能机产品的基础功能（通话质量、待机时间等）更为在意。另外，传音在工作评价标准、组织构架原则、工作方法等企业文化落地的措施方面比较薄弱，相比当地企业还有很大的差距。

（4）海信的规范异质性。海信一直想在海外市场有所作为，但是其在生产管理、质量控制和物流配套的国际标准方面，还是存在一定的差距，使得其欧洲市场的开辟存在一定的难度。海信发现，工作人员能获取的仅是功能方面的知识，对于代码、设计流程等细节，对方却讳莫如深。因此海信在流程、管理上没有跟随业务发展成长起来。海信进入日本市场较晚也是这个原因，例如数字电视的标准需要全部用日文写，加上日本是个岛国，全岛各地区的电视信号强度不同，同一台电视在东京没问题，到了福岛也许信号就会极差，这为产品制造增添了不少麻烦。海信一直想在海外市场有所作为，但是仍存在一定的劣势。尤其是对于子公司，很多环节的预算执行和控制依据缺失，致使责任落实困难。这是海信缺失的，也是期望通过学习海外财务管理经验进行改进的地方。

（二）中国跨国企业的文化嵌入策略选择

在多元文化背景下，中国跨国企业积极通过文化嵌入应对文化异质性带来的跨国经营挑战；同时通过文化嵌入使有紧密联结的网络伙伴更愿意进行专有知识和内隐知识的交换与分享（Supphellen et al.，2016；Huang and Gao，2020），进而帮助企业从嵌入性的文化协同创新中获取潜在收益（Chumg and Huang，2021）。通过对海尔、天士力、传音与海信4家案例企业进行分析，本书发现，中国跨国企业的文化嵌入主要表现在内部嵌入与外部嵌入两个方面，具体的文化嵌入来源及维度特征如图3.2所示。

1. 内部文化嵌入

在跨文化情境下，中国跨国企业海外市场的拓展与其文化嵌入密切相关，其中，内部文化嵌入主要强调跨国组织与母公司规范偏好保持一致性，进而做出组织行为调整的程度（Drori and Honig，2013；Pu and Soh，2018）。这种一致性调整可以为其从母公司获取资源、知识及技术等提供支持（Cenamor

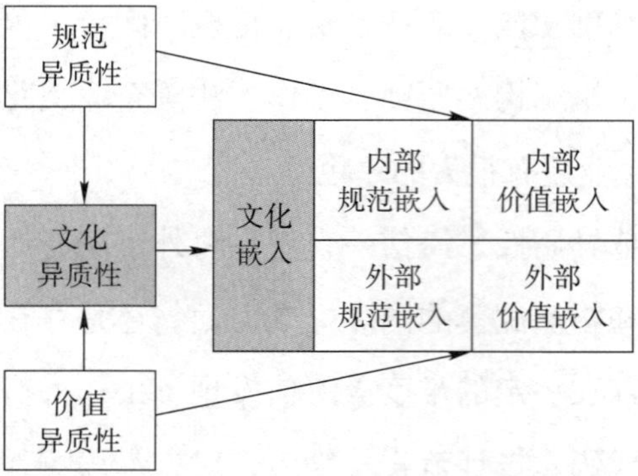

图3.2 中国跨国企业文化嵌入的来源及维度特征

资料来源：笔者整理得出。

et al.，2019），使得子公司的运营规则受到共同价值观的约束（Huang and Gao，2020），可以更好地适应利益共同体的生存与发展需要。通过对海尔、天士力与海信案例企业进行分析（由于传音属于天生全球化企业，内部嵌入程度较低，在此不做分析），本书发现，中国跨国企业的内部文化嵌入主要表现在内部价值嵌入与内部规范嵌入两个方面（见表3.5）。

表3.5 中国跨国企业内部文化嵌入典型案例援引

企业	内部文化嵌入	典型证据援引
海尔	内部价值嵌入	● 当地年轻人知道中国能生产各种各样的新产品；看待海尔时，将它看作一家总部位于中国的国际知名品牌（H_u） ● 海尔在全球化的20多年里不仅将“海尔”牌写进印度居民的生活里，也写进全世界160多个国家和地区居民的生活里；海尔开创的全球化创牌模式目前正在被越来越多的企业跟随，相信未来会有更多企业跟随海尔的步伐走向世界（H_n）
	内部规范嵌入	● 团队建设必须有一定依据和标准，加上标准输出、标准执行、业务审计环节形成完整闭环（H_p） ● 海外子公司负责总经理以下海外技术人员的考核，利用薪酬激励本土化的员工与经销商，海尔集团拥有少数股权，把股权让渡给本地经销商与本土化员工，调动本土化员工及本地经销商的积极性（H_f）
天士力	内部价值嵌入	● 中医中药追求天人合一，与阴阳平衡的理念不谋而合，成为中医中药进军国际主流社会的好机会（T_a） ● 将高质量的服务及好的疗效带给当地的低收入居民，再从底层推广中医药文化，相比于让接受过多年西方文化教育的中产阶级以上人群接受中医药文化要容易得多（T_u）

续表

企业	内部文化嵌入	典型证据援引
天士力	内部规范嵌入	● 当然我觉得这个企业都会遇到，即管理过程中肯定会有分歧，当然就需要有人以精神领袖这样一个姿态做协调（T_m） ● 优化现有财务处理流程，在提升集团对整个跨国公司系统把控力的同时，提升跨国公司整体财务决策快速反应能力（T_p）
海信	内部价值嵌入	● 海信是目前唯一一家在海外致力于建立自己内容平台的中国电视品牌，这个平台没3亿元根本做不下来（X_a） ● 为了更好地实现这种战略意义，除了尽快让TVS扭亏为盈，东芝与海信的文化融合、渠道优势整合都是重要的步骤（X_n）
	内部规范嵌入	● 预算的制定被限定在母公司的资金调配权限内，并且要将其财务预算递交给总部进行审核、处理并征得同意（X_f） ● 海信集团统一上收子公司的对外投资权、筹资权、收益分配权。但子公司拥有在预算内的资金调配及资金监督权，如海信亚特兰大研发中心的研发投入高达60%以上，这部分研发资金由海外子公司监督使用（X_p）

资料来源：笔者整理得出。

第一，内部价值嵌入。组织的经济活动是在文化体系内进行的，而文化本身则植根于更广泛的价值导向中，关于管理工作的价值系统，可以与组织文化相联系。内部价值嵌入主要聚焦对组织内部目标、愿景等隐形内容的关注，这些关注通常能够增强组织产生不同绩效的能力，并对理解组织内关系提供助力。

（1）海尔内部价值嵌入。海尔始终秉承集团“真诚到永远”的服务理念，结合推出“一站式原厂服务”差异化模式，力图为海外消费者提供快速、高效、专业的服务解决方案；坚持提供差异化、高品质中国产品的理念，使海尔一步步走入海外人的生活中，见证了他们对中国品牌看法的转变。一直以来，海尔以“人单合一”模式为指导，打造研发、制造、营销“三位一体”的本土化模式进行“全球创牌”。从产品出口到在当地建厂，从技术引进到技术输出，海尔像本地公司一样与消费者进行深度接触，逐渐在当地生活圈扎下了根。一切基于用户需求，让越来越多的用户主动去卖场寻找海尔家电，印度也涌现越来越多的“海尔小镇”。与此同时，海尔一直在寻找事业部办事处与集团营销中心之间的平衡，过于强调营销中心的控制，导致无法适应当地市场，而过度侧重当地事业部又会导致失控。海尔在印度销售渠道超过7000个，在孟买、班加罗尔等地拥有30多个物流中心、10多家技术服务中心，所以有必要在本地开展营销及研发人才的规划工作，但需要提交总部审核。海外子公司在总部限定的资金调度范围内，依据当地投资环境确定要投资什么、什么时候投资、投资多少，并对这些资金的去向负责。海尔以硬实力增加了当地就业和财政收入，更以软实力用产品打动消费者，让海外人了解中国文化和海尔文化。

（2）天士力内部价值嵌入。中国博大精深的中医药文化，是原创知识产权的源泉，是出口高附加值中药产品的基础。中医遵循的是治未病和辨证施治理念，中西医代表东西方两种文化的碰撞，两者的融合是现代医学提升的一种必然性趋势。中药国际化需要通过市场营销，平衡出口格局，不仅要出口中药药材、饮片，同时要输出中药文化，进入国际主流医药市场。正如天士力一直所坚持的，要延伸到终端，和客户打成一片。抱着这样的思路，天士力开始尝试以直销的模式，直接接触终端，通过系统的教育、亲身的体验，逐渐将中医药的文化传递出去。天士力将分公司设立在约翰内斯堡，只为便于服务经销商、提高工作效率。母国与东道国文化融合的障碍，需要外派人员有跨文化敏感性，对自身有明确的定位，不能盲目自大，要转换思维方式；同时进一步接触经销商，了解当地民风民俗，为价值传递奠定基础。有了产品概念之后，天士力并非立即执行，而是进行细分，由总部开发部把这个功能性产品开发出来，依赖的是母国强大的产品平台支持。

（3）海信内部价值嵌入。海信不仅在国内市场取得成功，还持续性地在海外进行市场扩张，占据了大量市场份额，且母公司的支持力度越来越大，正是在母公司的支持下，海信家电品牌才得以在海外品牌中取得主导权。海信的国际化一定要依托本地人才，但前提是本地人才认可海信的文化、品牌，逐渐使海外公司管理流程制度趋于完善。目前最需要的是雇用本地专业人才，对现有人才进行投资培养。此外，海信空调产线具备生产窗机、移动空调、除湿机和分体外机的能力，应用多项国内成熟自动化技术，设备节拍快、效率高，推动海信空调总产能再创新高，标志着海信空调开拓海外市场迈出坚实的一步，助力海信国际化进程再进一步。海信与别的公司不同的是，海信一直激励员工完成明确的工作目标，在工作上给予员工很大的支持，让员工与公司一起成长，为员工提供培训机会。让员工满意的不仅是相对较高的收入，更是工作氛围，海信电视也抢占了越来越多的市场份额。

第二，内部规范嵌入。内部规范集中在组织内部治理规则惯例和文化建设，以及秩序原则的逻辑方面，通常是基于交易关联形成的持续影响企业或其他组织行为者的内部结构机制。内部规范主要关注的是，组织权威类别和分类系统中体现的更广泛的内在机制如何塑造组织管理行为，包括形成组织战略和目标的集体理解，规定个人行动的手段，以及将组织行为者和组织控制系统分类的规则系统。

（1）海尔内部规范嵌入。销售渠道锁定是品牌走进海外市场拓展的第一步，然而目前国内家电企业多以贴牌代工形式进入印度市场，自主品牌渠道建设较少，以至于国内优秀家电品牌只能“墙内开花墙内香”。然而海尔就走了一条“先难后易”的自主品牌建设道路。如今在海外，海尔这一优势更加凸显，渠道建设加速，优势一级渠道商数量翻了一番。由张瑞敏发起和引领的海尔管理创新模式，长期以来一直是企业界和学界关注的热点。像“自主经营体”“市场链”“三自机制”“人单合一”，这些贴着海尔专属标签的新名词，数量之多、推出速度之快，让人耳目一新。这些现象折射出的正是海尔人勇立时代潮头、始终如一的探索精神。海尔通过海外子公司对营销人员考评才算真正入门，考评很公正，综合了中国及海外市场的文化背景，确定相应的人员考评手段。海外研发中心技术人员的考核由海外子公司执行，但考核内容与总部类似，海外子公司负责总经理以下的海外技术人员的考核，利用薪酬激励本土化的员工与经销商，调动本土化员工及本地经销商的积极性。

（2）天士力内部规范嵌入。质量认可需要完善的标准，不仅在中国可以执行，还需要被目标市场所接受。以体验疗效让目标市场接受中药的有效性为天士力的第一步，逐渐进行文化输出，实现“直销+体验”的营销模式成为天士力成功开拓国际市场的模式选择。改革开放以来，中医药取得了举世瞩目的发展，中国医药市场与国际医药市场实现全面接轨。多数的中药企业主要针对国内市场，在发展国际化经营方面还处于初级阶段，即以经营医药产品的加工贸易出口为国际化经营的主要形式，同时在出口的产品中主要是附加值低的中成药、保健品和中药材饮片，出口格局极不平衡。天士力在南非市场与Sunday合作，利用Sunday作为主流媒体的影响力，进行人员招聘，南非市场很多有潜力的经销商与客服、收银、库管等员工，都是通过Sunday招聘来的；当然总部也源源不断地输送财务和市场部门的中方人员。集团人力资源部输送的人员由母公司考核，子公司负责对本地员工以及部分母公司员工的考评，这些考评结果直接决定员工的薪酬及去留、晋升。

（3）海信内部规范嵌入。海信海外市场取得超出预期成绩的背后，是内部体系的协同合作实现价值最大化。海信除了品牌以外，技术创新与量产落地、全球生产研发和供应链协同作战，保证海外市场持续增长。环境不确定性虽然对整体家电行业造成了很大影响，但越是在风口浪尖，越能体现真正的王者气概。海信将风险降到最低、增速实现行业最大化的秘诀是形成的内部与外部无缝链接体系。海信国际营销与海信各产品公司凝聚起越来越强的发展合力，打通共享，让工作效率更高，在研发端体现得同样十分明显。海信内部“后援团”的实力和基于工业4.0构建的物联网体系，正在全球化协同作战中发展壮大。如果把海信在美国市场的表现，放大到海信全球化中就会发现，海信的谋定而后动的逻辑正是“全球化研发生产+协同作战+渠道提速+完善的供应链+品牌价值”的体现。

2. 外部文化嵌入

外部文化嵌入，主要反映了跨国组织适应东道国文化信念与行为规则，进而做出组织行为调整的程度（Oehmichen and Puck，2016），这种文化嵌入的动机在于获取合法性（Kostova and Zaheer，1999；Mu et al.，2007）、拓宽本土知识来源（Nell et al.，2011）、开发不同的市场机会（Yalcinkaya et al.，

2007）等（见表3.6）。

表3.6　中国跨国企业外部文化嵌入典型案例援引

企业	外部文化嵌入	典型证据援引
海尔	外部价值嵌入	● 研究符合印度当地市场的产品，这个观念一定来自当地的印度团队（H_u） ● 客户抱怨就是最好的礼物，要解决问题就要让当地文化来引导，建立针对性工作流程及对应服务规范（H_a）
	外部规范嵌入	● 产品要是开发出来，需要海尔全球的技术沉淀，包括全球各地的研发设计团队（H_p） ● 仅根据原有的定位去思考问题容易出现偏差，企业目标必须与当地成员的目标保持一致（H_f）
天士力	外部价值嵌入	● 所以它这个反渗透其实很重要，你要融入当地文化是一方面，但是反过来怎么让当地人去接受你，理解你也很重要（T_n） ● 中药由于多靶点、药性温和、副作用低等优势，是可以进入国际社会的主流医药市场（T_a）
	外部规范嵌入	● 本土化运营团队掌握着实际控制权，经营管理规范尽量适应当地，尽快实现本土化（T_f） ● 每个国家有自己的文化、政治等因素，要结合当地的一些文化、传统禁忌，确定合理的广告传播宣传（T_m）
传音	外部价值嵌入	● 传音Vskit是扎根在非洲文化的短视频App，旗下专门设立由当地员工组成的创意小组进行内容本土化处理（C_p） ● 传音并没有强调其中国背景，而是以本地品牌形象示人（C_f）
	外部规范嵌入	● 由于生活方式的不同，印度人直接用手抓饭手指便会沾有油污，为解决手机解锁问题，传音开发出防油污指纹识别功能（C_u） ● 印度黄昏时分拍照人最多，为解决弱光线曝光问题，传音专门开发更高成像质量拍照功能，以便还原色彩鲜明画面（C_m）
海信	外部价值嵌入	● 在日本、南非等国家，海信不仅获得了当地经销商的青睐，还持续性进行全球化推进，让海信成为全球知名的中国家电品牌（X_u） ● 近年来，海信国际化持续加速。通过本地化生产、海外并购、赞助国际顶级体育赛事等方式，品牌影响力不断提升（X_a）
	外部规范嵌入	● 圣地亚哥办公室成立，海信总部派出管理、营销人员进行充分市场调研，了解当地政治环境、经济环境和文化环境（X_p） ● 本地化经营、本地化生产、全球研发、资本并购、全球顶级赛事体育营销，海信一直有条不紊地进行海外布局（X_f）

资料来源：笔者整理得出。

第一，外部价值嵌入。文化在某种程度上反映了一种价值观，细化在信仰、意图和集体生活的各个方面（Haveman and Rao，1997），并更直接地考察了信任、关系和判断力等社会认知方面影响结构的因素，包括微观和宏观层面的意义系统、心理模型和分类过程，以及意识形态、道德情感性和文化逻辑。

（1）海尔外部价值嵌入。2006年，海尔在印度建厂，为用户提供更加适合当地生活方式的家电产品；2017年，海尔建成并投产了海尔印度工业园，以近100%自有品牌的形象直面印度当地用户。不同的文化之所以能够融合，是为了更大的智慧创造空间，因此海尔一直坚持学习他国之长。海尔主动对东道国环境、文化习俗等进行观察，与本土员工、经销商、网络成员进行沟通，保持主动学习的心态；对于相关展示，考虑市场的特性、文化制度，不同的市场运用方法不一样，重点关注点也不同。目前，海尔的全球化布局已发展到较为成熟的阶段，形成了全球的资源网络，品牌认知度越来越高。全球化的企业，一定要做到极致的本土化。海尔在收购企业之后保留了原有品牌，一方面是为了能较好地融入当地市场，迎合消费者心理；另一方面是为了整合品牌，形成完整的海尔产品体系。海尔进入印度市场，带给市场的是绝无仅有的安全感，但是海尔产品实施的是“1+3”模式，也就是1年整机维修加3年压缩机维修。随着印度市场的潜力被开发，以及中国跨国企业在印度市场的本土化布局，中国跨国企业为印度当地的消费者提供更具本土化的产品和体验。

（2）天士力外部价值嵌入。在全球日益追捧绿色、健康生活方式的今天，随着回归自然的呼声日益高涨，中药治未病、防重于治的功效已经获得共识。天士力致力于迅速而深刻地理解市场需求，培育全球竞争优势。能不能被主流市场所接受，关键在于能否在保证产品安全性基础上提供高品质的产品。由于历史文化不同，世界各国对中药的接受程度不同，天士力必须到海外了解市场信息，才能真正“走出去”。外派人员要有敏感性，要主动地对东道国的自然人文环境、文化习俗等进行观察，了解目标市场中药接纳程度的相关信息。中药国际化要立足目标国客户的基本需求，如南非是一个多元文化融合的国家，但南非区域观念明显，各地区人员呈现比较明显的分布状态，而需求是根本性因素，在动态营销环境中，谁能赢得顾客，谁就能抢占市场，而生存是企业不变的经营真理。天士力将目标人群定位于当地的低收入黑人居民，既避免了与美国等直销公司在目标经销商群体上的冲突，也凸显了其产品质量更有保障、疗效更好的优势。有文化底蕴的产品、有确切的临床疗效数据的支持，使得天士力公司在南非市场成为第一家进驻的中药企业。

（3）传音外部价值嵌入。在选购产品时，消费者不仅希望得到某个产品的某些功能，更重要的是消费者想通过产品表达自己的价值主张。在非洲，手机市场一直由国际品牌主导，从早期的诺基亚到现在的华为、三星等。受限于落后的工业设施和基础建设，非洲一直没有真正意义上的本土品牌。得益于早期进入非洲市场时的策略，传音并未定位成外资品牌，而是定位为本土品牌。当手机，尤其是功能手机和低端智能机配置和质量趋同时，传音将科技生活的理念赋予每一个品牌。产品品牌与消费者的价值主张息息相关，消费者将自己的价值主张赋予产品，品牌情感与消费者价值主张高度契合，可以促进消费者的品牌忠诚度。在本地化方面，传音深入观察市场，严格依据当地需要生产特定产品，还和当地供应商建立牢固的伙伴关系。在市场营销方面，传音淡化了中国背景，在传音专营店里没有中文也没有中国的品牌标志。当产品配置和质量趋同时，客户选择手机时会更看重感情价值，传音一直定位成“非洲人自己的手机品牌”，这有助于建立客户和企业之间的感情联系，更容易得到客户认可。

（4）海信外部价值嵌入。海信意识到，必须深入国际市场全面真实地了解海外消费者的真实需求和潜在需求，才能提升产品在国际市场的竞争地位；要把在当地树立良好的企业形象当作战略目标持续耕耘，这样更有助于赢得当地人的认可和接受。大概在10年前，海信逐步走本土化的运营道路，打造自己的运营品牌，在海外建了9个研发中心、5个生产基地，实现了品牌本土化、研发本土化、生产运营本土化。海信与非洲各国的合作，不仅有利于中非发展，还有助于全球消除贫困、促进和平，为全球经济发展与区域经济协同贡献宝贵经验，不断凝聚构建人类命运共同体的强大共识。在国际化进程中，海信通过在目标市场国家或地区以独资或合资合作的形式实现本地化经营，可以大大提高其在目标市场国家或地区的知名度和美誉度。面向不同的用户群体，海信符合潮流的产品一经推出，就受到了高端人群的追捧。海信一直坚持与全球最具商业价值的体育IP合作，日渐熟悉国外用户喜好、消费习惯、政策环境，在渠道上合理布局，通过持续的品牌建设提升海信品牌的市场影响力。

第二，外部规范嵌入。持久的文化规则定义了个人身份，也强调了对规则系统的实施。考虑企业所有权、控制模式和原则在国家间的巨大差异，本书将结构理论和嵌入本地的知识结构联系起来，以解释结构化的商业系统，并赋予特定实体和活动集体的意义和价值。

（1）海尔外部规范嵌入。在全球化运营方面，与其他跨国公司由母公司派人管理不同，海尔在海外实行的“三位一体”战略坚持在当地进行研发、制造和销售，充分保障当地用户需求，这是海尔全球化的成功所在。基于本地化公司、本地化的管理，海尔开始通过本地化生产进一步融入海外市场。海尔在打造世界知名度的过程中，生产、技术、质检、环保、服务等都力求与国际接轨，为了达到世界标准，争取国际权威质量的认证，海尔先后取得美国、日本、俄罗斯，以及欧盟等国家和地区的多种产品认证，成为中国获国外认证证书最多的企业之一，这也成为海尔进军海外市场的坚实基础。海尔一直致力于全球化的市场战略，在人力资源管理上，一直寻求适用于全球员工的体制，一些海外跨国公司具有先进的制度，海尔就积极学习，逐步提高人力资源管理水平。海尔从当地用户生活习惯层面精准把握用户需求，洗衣机在海外市场的份额快速增长，本质上是海尔本土化战略布局的结果，尤其是免清洗洗衣机带来的差异化体验，很有可能成为改变当地洗衣机市场格局和当地居民洗涤生活方式的重要产品。

（2）天士力外部规范嵌入。天士力在亚非欧等海外市场设立分公司，是为了寻求中药国际化过程中应采用的产品、定价、渠道，以及相关的促销策略方面的知识与经验，寻找符合天士力国际化的营销管理方式。天士力对南非的政治体制和医药管理体制进行了解后发现，南非和西方国家的政治体制很相似，并且南非中草药历史悠久、医药管理制度健全；同时当地患艾滋病及心脑血管疾病的人较多；且南非的贫富差距较大，在贫困地区，医药资源非常贫乏。南非的这些情况有利于天士力中药市场的推进。天士力在南非市场总经销商人数超过10万人，这些经销商构成消费的终端，而且还有客服、促销等员工，不可能都从母公司输送过来，因此要做好对本地的人才规划工作。根据当地的市场情况，制定薪酬与奖励制度，除了基本的奖励制度外，南非公司还设置了大车奖、小车奖、旅游奖等制度，极大地调动了海外员工及海外经销商的积极性，绩效很快提高。海外市场人员通过对于目标国的疾病谱特征、传统医药应用的基础和特点、药品市场规模和市场潜力等方面的摸索，在非洲和亚洲建立起一套营销模式，逐渐将市场正规化。

（3）传音外部规范嵌入。传音于2006年作为首家以本地品牌化运营进入非洲的公司，依托强大的渠道及高于非洲地区行业水平的售后服务，在非洲地区迅速占领市场，建立了品牌知名度。由于国家法规的不同，以及各种人为制造的贸易壁垒和本地保护政策，消费者与公司之间的交易成本一直居高不下。获得本地消费者的认同感，保持良好的忠诚度，提升目标市场的竞争力是传音成功发展的关键。传音的成功得益于早年进入非洲的时机和本地化运营，其凭借较高的质量、更符合当地用户审美习惯和突出的性价比迅速占领了非洲主要市场，在以尼日利亚为代表的一些非洲国家有了较好的知名度和美誉度，通过扎实的渠道代理商，传音被传播到大城市以外的更广泛的地区，而这些地区正是国际一线厂商不重视的。经过近十年的积累，传音在非洲地区拥有大量线下及线上渠道，同时是除诺基亚外，唯一将渠道延伸至非洲村镇级别地区的品牌。传音积极与当地的线上媒体合作，增加品牌曝光率，在社会化营销方面取得了不错的成绩。传音旗下不同品牌由于进入非洲的时间不同、品牌策略不同、管理能力不同，以及资源倾斜不同，竞争力表现也有明显的不同。传音针对不同品牌竞争力的薄弱环节，适当调整品牌管理策略，实现不同品牌的资源优势联动互补，减少品牌间的内部竞争，以确保传音在非洲地区手机行业的占有率。

（4）海信外部规范嵌入。海信的海外市场与中国市场有很大不同，不同的海外市场之间也有很大不同，海信坚持了解不同海外市场的社会习俗，以确定合适的广告及促销等营销手段。海信的海外分公司中，80%以上的员工来自本地，营销一线人员，甚至是营销部门的总经理都是本土员工，这就需要海外分公司很好地进行营销人才的规划。海信北美多媒体研发中心对技术人才进行了合理的规划，研发人员本土化比例达到50%以上。海外子公司人员的绩效考核都由海外子公司负责，总部只负责海外子公司财务部、研发部等部门经理级别以上人员的绩效考评工作。海外子公司中层以下的技术人员由海外子公司自行考核，一般是70%的固定工资，30%的项目业绩。海信在实施“走出去”发展战略，寻求发展机遇、谋求自身发展的同时，积极融入当地社会，为促进当地经济发展做出了积极贡献。看海信在南非的发展，不仅仅要看销售业绩，还要看海信与当地上、下游企业的协同发展，如逐步加强和亚特兰蒂斯工业园区周边的多行业供应商的合作，以实现互利共赢。

二、中国跨国企业的复合式营销能力构建机制

在面对价值异质性和规范异质性时，中国跨国企业在海外市场拓展过程中的营销能力构建呈现“由外向内”各种属性叠加的复合式特点，目的是在感知市场需求与获取竞争对手信息基础上，将组织职能的流程与外部环境连接起来，与客户、渠道成员和供应商建立持久的跨文化互动，以整合内部文化嵌入与外部文化嵌入所掌握的多元化资源，使企业能够在竞争中脱颖而出。通过案例分析，本书发现，中国跨国企业的复合式营销能力构建机制主要包括以下三个方面（如图3.3所示）：

第一，复合式营销能力构建的初始条件是“市场洞察”。跨国企业通过扫描、直接经验、模仿或询问，获取关于国际市场环境的趋势、事件、机会和威胁信息，进而及时、连贯地根据信息采取行动，很好地感知国际市场需

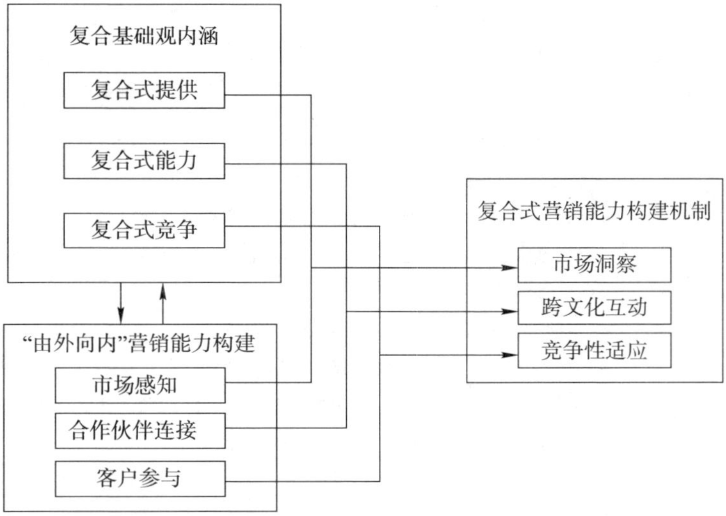

图3.3　复合式营销能力构建机制的理论特征及维度表现

资料来源：笔者整理得出。

求和预测变化，最终实现复合式提供，对其产品的性能特征及对现有客户的服务进行扩展和合并，以获取长期的竞争优势和卓越的盈利能力。第二，复合式营销能力构建遵循的是连接逻辑，需要一种与合作伙伴之间的连接点，使产品和服务从企业交付到合作伙伴手中，尤其是，不同国家之间的文化差异往往导致合作伙伴的价值判断标准及消费习惯不同，“跨文化互动”可以降低由文化差异带来的国际营销活动的不确定性，以减轻国际营销的资源负担，提升企业营销能力，在市场占有率得以扩大的同时还能充分发挥复合式能力的内外优势。第三，复合式营销能力的构建受国际市场激烈竞争的影响，通常需要采取较强的客户参与策略，因为客户参与能助力企业更好地去理解利益相关者信息，在某种程度上促使中国跨国企业通过“竞争性适应”的方式，更强调以国际市场机会识别为导向对竞争属性（如质量、价格、速度、设计、服务等）进行有机集成，在国际范围内整合客户资源与竞争者信息使企业的跨部门流程更具灵活性和效率，创造卓越顾客价值以实现复合式竞争（见表3.7）。

表 3.7 中国跨国企业复合式营销能力构建典型案例援引

企业	复合式营销能力构建	典型案例援引
海尔	市场洞察	● 海尔把用户需求作为第一生产力，将如何迅速捕捉目标市场的顾客需求，打造极致用户体验，作为海尔营销的极致追求（H_a） ● 印度女子的纱丽会因为水塔里的温水洗涤更娇艳，纱丽与水塔看似没什么关系，海尔却从中嗅到了印度客户的需求点，用海尔滚筒洗衣机将它们联系到了一起（H_u） ● 当地人比较爱干净，而且用滚筒洗衣机的人较多，但有人在洗完之后，并不立即拿出来，容易造成褶皱；海尔在发现消费者这个潜在需求后，立即联系开发部同事，在原有功能的基础上，设置浸泡功能，衣服忘记拿出来也不要紧，按键"防皱浸泡"，使衣服更加平整（H_p）
	跨文化互动	● 海尔积极地分析了孟加拉当地家电消费者的所有信息，并将这些信息提供给设计人员，以使设计本土化（H_m） ● 海尔在美国市场采用的新广告媒体形式，如在汽车站、广场等地放置多媒体广告，并且将DVD同迈克尔·乔丹的影片宣传联系在一起播放，海尔的免费服务电话，遍布洛杉矶、华盛顿、纽约的各大街，很多美国人民都对海尔有印象，形成很高的认知度（H_f） ● 海尔过去侧重硬广告，但在欧洲，海尔发现，仅有"硬广告"还不够，要加强"软广告"的传播，海尔将软硬广告相结合的方式，应用到各海外市场，通过"润物细无声"来宣扬海尔的人文形象（H_n）
	竞争性适应	● 在医疗设备方面有更多涉猎，努力做到在买了海尔的冷冻箱之后，不需要再去购买其他商家的离心机或者血液分析仪（H_u） ● 日本渠道商相较于其他海外市场谈判能力很强，而且渠道商之间竞争很激烈，它们会为了利益打价格战，这会牺牲掉供应商的利益；海尔日本公司考虑日本的渠道情况，选择多重营销渠道的策略（H_p）
天士力	市场洞察	● 天士力在南非市场了解到，汽车对于当地人们来说是一种极具诱惑力的奖励，所以天士力设置小车奖，用以奖励当地的经销商以及忠诚的消费者（T_p） ● 由于南非当地的艾滋病患病人群比较多，天士力首先通过分析目标人群的疾病谱，发现代谢综合征是主要疾病问题，以改善高血压、高血糖、高血脂等代谢综合征症状为市场切入点；以复方丹参茶、苦瓜素、养血清脑颗粒、复方丹参滴丸等产品打开南非市场（T_f）
	跨文化互动	● 天士力集团在南非市场的营销方式定义为体验+直销，以教育为先导，通过教育当地的黑人民众，使其了解健康内涵，了解中医文化，从而加深对天士力产品的认同和接受，同时做到有效的宣传（T_m） ● 天士力集团与天津中医药大学、北京中医药大学等国内知名中医药大学合作，联合培养中医人才，通过培训、认证、考核，培养合格人才，把这些有医师资格的专业医师，派驻到当地的养生馆，在传播中医药文化的同时，成为一个新的销售渠道（T_n）

续表

企业	复合式营销能力构建	典型案例援引
天士力	跨文化互动	● 天士力组织海外国家的主流媒体访问天士力现代中药城，以这些人为媒介，向当地人民传递天士力的信息，提升天士力品牌忠诚度以及对天士力产品的信赖程度；一系列的活动，既宣传了公司、产品信息，同时也传播了中医药文化（T_a）
	竞争性适应	● 天士力集团在海外产品选择上，既需要满足注册法规要求，又需要能够和化学药的药性相竞争，所以既需要有标准化的产品，又需要适应当地的产品（T_m） ● 为了体现中药的药性能够跟化学药相竞争，天士力集团每开发一个国家、一个地区的市场前，首先会分析当地的疾病谱，根据疾病谱进行产品的选择组合，进行产品注册和销售；这种情况不仅在全球市场适用，即使在一个国家也会根据市场细分，进行不同地区的产品组合，成为服务这一地区的产品线（T_f）
传音	市场洞察	● 2007年，阿里夫去非洲的第一个国家是尼日利亚，他们在当地市场找买家、卖家聊天，挖掘当地的需求；传音最早抓住的痛点就是多卡多待，通过与当地的卖家、买家聊天发现，本地人有着无法压抑的表达欲，但因为网络不好、不同运营商之间通话费很高，让打电话成为一大笔生活开支（C_n） ● 传音在非洲取得成功，离不开与当地供应商建立起的“牢不可破、立足长远”的紧密关系；这些供应商熟稔当地文化，对市场需求颇有洞见（C_u） ● 针对非洲用户对待机时间的需求，传音研发出了续航更久的手机电池；他们还专门为非洲用户开发了能识别其肤色和面部特征的手机摄像头，力图充分满足消费者的拍照需求；在价格方面，传音的低价战略使拥有一款智能手机不再成为广大非洲民众的奢望（C_p）
	跨文化互动	● 非洲客户热情奔放、偏爱鲜艳颜色，因此传音的品牌Logo以红色为主色，字体充满朝气，标语为“Join.Enjoy”，向本地客户传达轻松、愉快的情感价值（C_a） ● 非洲不少地区的民众都已认同：传音是一家负责任的公司，它不仅积极参与移动业务的发展，还积极参与当地的社区文化建设（C_f）
	竞争性适应	● 尽管当初非洲手机市场还是诺基亚和三星的天下，但是其出售的都是“国际标准”的手机，忽略了当地人民的用户体验，了解非洲当地的用户需求和痛点，而这些传音都做到了（C_p） ● 初始市场充斥着大量山寨手机，只愿在非洲挣快钱，推出的一些低端手机产品，并不能有效满足当地用户的需求，而传音一直在做积极主动的战略调整，挖掘当地人的需求（C_m）
海信	市场洞察	● 金融危机后，美国“电路城”倒闭，而这时消费者不太注重产品是否是一线大品牌，更需要一些性价比较高的产品；海信技术实力过硬，对于海信来说这是一个很好的市场机会，能抓住这个机会，也就能打开美国市场的大门（X_a）

续表

企业	复合式营销能力构建	典型案例援引
海信	市场洞察	● 2006年，澳大利亚公司对当地市场进行详细的调查发现，澳大利亚消费者品牌导向不强；品牌忠诚度低，愿意接受新品牌；同时适用于澳大利亚模式，可以复制到诸如墨西哥以及加拿大等中等发达国家（X_p）
	跨文化互动	● 海信越来越了解当地文化和营销方式与手段，快速的执行能力和创新能力，都让这个来自中国的品牌迸发无限的潜能（X_f） ● 为了更好地实现文化融合和价值观认同，不管是南非节日还是中国节日，他们都在一起庆祝，分享每个节日背后历史文化积淀（X_u）
	竞争性适应	● 海信深知今日市场的竞争更为复杂，因此，想要最大限度地获取竞争优势，必须努力将所有激光产业里的竞争对手看作有着共生关系的合作伙伴（X_p） ● 海信尽量接近竞争对手，剖析其竞争优势并热切地希望自己的员工能很好地利用竞争者信息（X_m）

资料来源：笔者整理得出。

（一）复合式营销能力构建过程中的市场洞察

在复合式营销能力构建过程中，市场洞察是指企业通过挖掘、识别和评估市场相关信息，识别现有和潜在价值资源或机会，进而对其市场需求实现深刻的认知理解。在日益变化的国际市场环境下，全球消费也在随时发生变化，消费的个性化、多元化等特征愈加明显，这对企业的国际营销能力提出了更高要求。其中，市场洞察一直是企业生存发展的关键，全方位洞察消费者的习惯，借助信息技术精确定位市场，可以为目标消费者提供个性化的产品及服务。

（1）海尔复合式营销能力构建过程中的市场洞察。海尔在开拓海外市场时，首先会分析东道国多元化的消费倾向及民俗习惯，市场部会组织专门的研发团队深入东道国市场进行调研，对市场消费者的需求有所掌握，并了解东道国市场整体动态。海尔海外子公司的市场及技术人员根据当地市场的需求提出好的产品创意，从而形成技术或产品的概念。海尔对欧洲本土市场进行考察，发现当地消费者的消费习惯，并根据当地消费者特征推出了A+++超节能冷柜、AMT防霉抗菌洗衣机、意式三门冰箱等一系列产品。在开拓孟加拉市场时，海尔设立海尔营销中心，并积极地分析了孟加拉当地顾客由于经常停电、电压不稳的情况，对于冰箱的特殊需求。同样，在印度市场，海尔发现，印度用户的特点是吃蔬菜比较多，对食品保鲜的要求非常高，这导致在冰箱的使用上，印度消费者对冰箱冷藏空间要求更大，并且冷藏存取的时间、取放的次数也明显高于西方的其他国家，于是海尔生产出不弯腰的冰箱。海尔在泰国也针对泰国人的生活方式进行产品设计与生产。

（2）海信复合式营销能力构建过程中的市场洞察。技术创新是企业生存和发展的根本，竞争激烈的白电行业更是如此，而技术创新的基础是对消费者需求的理解和把控。海信能够摸透用户的心思和需求，真正做出满足用户需求的创新技术和产品，这一点值得每个品牌商学习。海信陆续成立多个海外子公司和分支机构，实现营销职能的本土化，并形成全球的销售布局，自主品牌销售额迅速提升。如海信澳大利亚子公司发现，澳大利亚消费者的品牌忠诚度都很低，他们很容易接受新的品牌，但澳大利亚市场对产品的价格相对敏感，所以海信总部决定大力开拓澳大利亚市场，并且以高质中价的营销策略进入澳大利亚市场。通过对南非和非洲市场的了解，海信发现，南非具有良好的基础设施、贸易规范以及很好的经济金融秩序，居民消费水平较高，于是海信通过市场调研设计出许多针对当地需求的产品，如南非女士喜欢在做饭时照镜子，海信就在当地推出黑色镜面冰箱，产品一经推出，便受到当地人喜爱并获得大卖。

（3）传音复合式营销能力构建过程中的市场洞察。传音在非洲市场的成功在于对细分市场的挖掘，基于对非洲市场需求的洞察，开发了高度适合当地市场的产品。传音专门配套手机销售，推出了售后服务品牌Carlcare，目前已经成为非洲最大的用户服务网络。为了避免运营商因呼叫不同的网络收取高额的费用，非洲的消费者有使用多张手机卡的需求，但消费者却消费不起多个手机。于是，传音的双卡双待和四卡四待手机，成功地打开了非洲市场。传音投入重金开发出豪萨语等非洲本土语言输入法，研制出可连续使用21天的超长待机电池（非洲不少地区经常断电）；考虑非洲人能歌善舞、极爱音乐，传音还随机赠送头戴式大耳机等，这些体贴细致的做法成功化解了非洲消费者的痛点。在市场洞察方面，传音在细节设计和服务创新上下功夫，所以很快提升了市场占有率。

（4）天士力复合式营销能力构建过程中的市场洞察。天士力很早便认识到，要成为重构健康的践行者，需有高速的执行力和精准的洞察力。面对复杂多变的国际市场环境，天士力非常注重前瞻布局，出于饮食习惯原因，非洲当地成年人饱受如高血压、高血脂等疾病的困扰，综合这样的调研结果，天士力将目标人群定位为当地的低收入消费者，以改善他们的健康状况为主要市场营销方向。为了体现优势，天士力南非市场的定位为改善健康状况，主要服务低端市场，根据集团发展战略目标，围绕消费者需求，深入洞察消费者需求的转变，打造全场景的品牌营销生态体系。天士力在直销方面不是专家，却在运用上使用得当，为国际化迈出坚实的一步。天士力通过分析不难看出，有网络基础的经销商加盟是非常重要的，关键是要了解这些经销商想要得到什么，最看重什么。天士力通过实践了解到，经销商看重的是公司的专业化程度和实力、制度的优越程度，以及教育体系的完整性。天士力正是抓住这些诉求点进行集中攻克，包括产品线选择、公司地址选择、装修风格、制度设计等，成功地吸引了第一批有基础的经销商加盟，成为日后网络拓展延伸的基础。

（二）复合式营销能力构建过程中的跨文化互动

在复合式营销能力构建过程中，跨文化互动是指跨越不同文化边界与相关利益主体进行交互的一种社会行为，反映了潜在的资源价值来源。在新的文化环境中，中国跨国企业在日常经营中难免会遭遇文化碰撞，而不能很好地理解当地消费特征和市场行为，跨文化问题就会在市场上表现出来，企业通过跨文化互动能识别与调和文化差异，甚至利用它们来获取利益，在市场上获得明显的竞争优势。

（1）海尔复合式营销能力构建过程中的跨文化互动。通过跟海外客户频繁的交流，海尔深刻意识到，想要在印度做好品牌，需要产品当地化，营销活动也要当地化，公司制定战略时需要与外界不断碰撞融合。无论是从宏观战略的角度，还是营销的微观视角，要沿着跨文化互动的方向做营销。在前期，海尔多次走访专业经销商，与当地客户、测试工程师进行交流，得知当地客户对产品功能及使用习惯上有许多偏好，由此仅通过对手机菜单的改进就能博得更多客户的心。如果能搭建当地的团队是最好的，如果不行就找当地的合作伙伴，然后再慢慢渗透到当地的专业渠道。印度体验店以最直观的方式展示了海尔最先进的产品，提供给客户更理想的生活方式。在文化差异背景下，海尔采取一系列交互活动和技术升级策略，尽管海尔产品售价高出当地20%，但市场销量十分可观，成为印度用户提升洗护体验的首选产品。

（2）海信复合式营销能力构建过程中的跨文化互动。海信通过海外子公司，在东道国的营销与销售网络方面，积累了大量的营销管理经验，对于拥有不同文化背景的市场，采用不同的营销人员管理方式与渠道管理方式。在海外，海信电视的消费群体更多地将电视视为生活所需，是精神生活，而不是挂在墙上的装饰品。海信的产品不断完善社交化功能，通过AIoT、智能语音等方式优化社交体验。据海信员工介绍，公司持续建设大数据平台和AI能力，产品已实现千人千面的个性化推荐、AI智能语音社交搜索等功能。在选择渠道商方面，海信选择在战略上相互认同的“门当户对”的合作者。在澳大利亚，海信选定了当地排名前4的主流家电连锁渠道商，使海信增加了价格谈判的筹码，也获得进入主流渠道的机会。与此同时，海信通过赛事营销的方式增强与海外消费者的精神互动。2008年，海信澳大利亚公司获得澳网公开赛体育馆冠名权，并冠名了澳大利亚最高电影节大奖IF Award。海信将澳大利亚赛事营销的成功模式复制到南非、欧洲与俄罗斯，2017年成为欧洲杯的赞助商，2018年成为俄罗斯世界杯赞助商，2022年成为卡塔尔世界杯赞助商，海信通过传递体育精神增加与海外消费者的情感交互，刷新消费者对海信的认知。

（3）传音复合式营销能力构建过程中的跨文化互动。区别于在非洲坚持走国际化、标准化路线的如苹果、三星这些品牌，传音致力于把为非洲人民“私家定制”的个性化做到完美。一般而言，传音就是精准把握非洲市场顾客的消费需求，把手机做到更接非洲地气。正如传音所言，致力于做到"Glocal"，即结合Global（全球化）与Local（本地化），在迎合手机市场的全球大趋势的基础上，有针对性地贴近本土顾客需求。在产品设计方面，传音致力于实现本土化，根据非洲当地人文化的差异点，在跨文化互动方面下足功夫，如鉴于非洲顾客普遍健谈的特点，设计手机时增设双卡双待功能，就连内置的手机音量也尽量做到和其他品牌相比具有差异化；在接听电话、欣赏音乐时，尽量满足非洲顾客普遍喜欢大音量的特点。与此同时，传音在非洲同许多国家培养大量合作伙伴，也带动当地手机相关行业的发展，这也让传音在非洲有更为牢固的发展基础。传音在非洲市场所取得的成绩凝聚了系统内部每个主体的努力。传音自诩为"长跑型企业"，始终坚持与合作伙伴共同成长，逐渐演化成企业"Together，we can/共创·共享"的核心价值观。

（4）天士力复合式营销能力构建过程中的跨文化互动。中西方之间的文化差异，导致中药在国际市场难以推广。天士力为了克服这种文化差异对中药国际化的不利影响，对海外顾客进行大量的、广泛的宣传教育，从而挖掘出大量能够真正了解和认可中医药的顾客。在此基础上，企业在海外进行中医药连锁诊所、药店的布局和建设，让接受过中医药教育的顾客能够进行真正的中医药诊疗体验。正是凭借这一创新的营销模式，天士力在海外培养了大批了解中国中医药文化和中医药理念的现实和潜在顾客，形成了良好的顾客基础。天士力顺势而为，建立海外连锁药店和医疗诊所，通过直销的方式进行产品的销售。与此同时，对海外顾客的大量宣传教育不仅能普及中医药文化和理念，而且能够让顾客更好地对天士力品牌形成良好的认知，从而带动分销渠道的销售增长，与传统的直销销售模式相比，其更加注重文化体验，产品的认同源于对文化的认同，天士力提供的不仅是产品的体验、制度的体验，更加重要的是文化的体验。天力士经常邀请当地经销商到中国参观、学习，将中国的中医药专家派到南非市场做巡讲培训，给当地民众传播健康知识。

（三）复合式营销能力构建过程中的竞争性适应

竞争性适应指的是中国跨国企业使用组合的手段和措施来成功地与全球对手竞争，以适应本土市场需求的状况。竞争性适应不是采用单一的竞争手段，而是将所有方式结合，从而向客户提供优于竞争对手的复合优势。在全球竞争中，中国跨国企业如果仅基于产品创新进行竞争，则没有显著竞争优势，更需要以本土适应为目标，通过组合竞争来吸引大量全球消费者。

（1）海尔复合式营销能力构建过程中的竞争性适应。海尔无论在印度还是其他国家都对自身的属性、与对手的差异点有着清晰的认识，顺着这个思路挖掘在哪些方面能领先于行业的竞争对手，从而找出海尔发展的差异化路径。20世纪80年代，三星在印度市场占据主导地位，灵活性及成本与其他细分产业的竞争对手相比，海尔处于不利地位，因此进入竞争白热化的细分产业不是企业战略发展的方向。如海尔进军印度市场时，发现现有市场冰箱是冷冻在上、冷藏在下，而印度人经常吃素食，冷藏室取用频率较高，海尔开发了不弯腰的冰箱，区别于市面上的其他竞争者，给当地人开创了一种健康的生活方式。

（2）海信复合式营销能力构建过程中的竞争性适应。2003年以后，中国加入WTO，家电行业成为竞争最激烈的行业之一，海信意识到，当前及未来一段时间内，竞争的焦点不仅体现在产品本身及厂家资源上，更重要的是对经销商、零售商、自建网络、直面终端等营销渠道的把握与整合。海信一直斥巨资于自主技术研发、屏幕生产线建设，以及应用创新上，致力于缩小与韩系、日系电视品牌的差距，并对在高端市场的国际品牌竞争中找到定位充满信心。从行业来看，海信的技术更新速度优于竞争对手，技术迭代优势明显，海信电视连续打造了十余个爆款，在市场上推出了多款现象级产品。另外，从市场竞争来看，专注电视制造的海信在市场竞争异常激烈的背景下，坚持选择不跟风、不打低品质价格战，在技术引领和坚守高质量标准上不遗余力。凭借两个“坚持”、两个“不”，海信电视抢占越来越多的市场份额。海信越来越了解当地文化和营销方式与手段，快速的执行能力和创新能力，让这个来自中国的品牌迸发无限的潜能。

（3）传音复合式营销能力构建过程中的竞争性适应。传音是一家中国公司，它在非洲的市场占有率接近50%。近几年，国产手机其他品牌纷纷试水非洲市场，成立了非洲业务部门或在非洲开店。竞争不可避免，传音对此并不担忧，传音认为，市场还有很多空白，能做的事还有很多。在非洲市场，欧美等国际手机品牌因长期以全球化理念进行运作，因而对非洲市场缺乏准确认知，推出的标准化产品难以满足当地用户需求，这对于传音却是难得的发展机遇。相比三星、华为等品牌，传音在资源、技术等各方面没有太大优势，因此采用焦距战略，集中有限资源向某一特定市场提供超出预期的产品和服务。随着非洲地区智能手机市场和销售额的不断增长，各类智能手机在使用过程中的质量和服务问题不断出现。传音发现，如何在产品品质和服务上更注意细节，是本地客户尤其是高端客户选择品牌的重要影响因素。为此传音斥巨资在非洲建立了86个售后服务中心和超过1000个售后维修收集点，只服务不销售，致力于建设一整套完善的客户解决方案。

（4）天士力复合式营销能力构建过程中的竞争性适应。与印度草药不同，中国的中医药是完整的医学体系，在中国政府的支持下，中国的中药企业在研发、生产、销售等环节都得到了较大的发展。通过努力生产更多有国际市场竞争力的产品，同时在中国政府的支持和帮助下，中药文化企业与世界各国加强交流和合作，推进中医药文化的发展。天士力的外派人员经验丰富，产品定价、产品开发、产品推广、市场活动等方面都有比较健全的体系。企业的优势体现非常重要，与其他企业不同，天士力宣传的中医文化是理念，通过文化的推广带动产品的推广。天士力属于集研发、生产、包装、销售于一体的现代化企业，直销只是进入市场的一个手段，正是这一点，天士力获得了差异化的内容。复方丹参滴丸在美国的FDA认证的历程，使得这一优势更加凸显，无论是天士力品牌的价值，还是天士力产品的高质量、高科技内涵，都得到提升，增强了潜在经销商对天士力的认同和对天士力产品的信任。

三、中国跨国企业的国际市场响应性

国际市场响应性被定义为，跨国企业为应对不断变化的市场需求做出快速反应的一种组织能力。市场响应性反映了企业感知、解释和对市场刺激采取行动的效率和有效性（Day，1994；Lee et al.，2009），响应性强的跨国企业能够快速适应不断变化的环境（Rivera-Camino，2012）。对于中国跨国企业而言，文化的边界性与资源的约束性更使其在海外市场的成功很大程度上取决于其是否能对东道国市场需求做出快速响应（Lee and Ruby，2010；Luu，2017）。通过对现有文献与案例企业素材的反复迭代，本书发现，中国跨国企业的国际市场响应性主要包括客户响应性和市场绩效两个方面：客户响应性主要表现为顾客满意度、顾客忠诚度、一体化解决方案有效性等非财务绩效的改善（Li and Atuahene-Gima，2001；Antioco et al.，2008）；市场绩效主要表现为市场占有率、市场盈利状况等财务绩效的增长（Eggert et al.，2014）（见表3.8）。

表3.8　中国跨国企业的国际市场响应性典型证据援引

企业	国际市场响应性	典型案例援引
海尔	客户响应性	● 海尔融入当地市场的过程中发现了“果菜盒要大”“冰箱要上锁”等当地客户需求，这些需求无疑都融入海尔的冰箱改进，最后得到当地客户的认可（H_a） ● 在印度，高分贝铃音成为客户首选，国内标准是96分贝，为了赢得本地客户的心，海尔将铃音标准提高到105分贝，来买手机的客户一听超炫的铃声就喜欢上了它（H_u）
	市场绩效	● 现在在BM市场，海尔占的份额是最大的，而且正在转变用户的使用观念，培养用户的使用观念是长期的过程（H_p） ● 公司现阶段的目标是通过十几年的市场积累，深入挖掘用户与渠道，使产品在印度市场的销售有一个飞跃式的增长（H_m） ● 持续发挥公司优势资源，以差异化服务占据市场份额，在开发市场及提升服务的同时，控制运营成本实现公司平稳运营（H_a）
传音	客户响应性	● 经过多年深耕，TECNO在以尼日利亚为代表的一些非洲客户心中有了较好的知名度和美誉度（C_m） ● 在独立非营利机构“品牌非洲”（Brand Africa）调研统计的“2018—2019年度最受非洲消费者喜爱的品牌”榜单中，传音的TECNO、itel、Infinix三大品牌手机均上榜（C_p）

续表

企业	国际市场响应性	典型案例援引
传音	市场绩效	● 公司旗下不同产品由于进入非洲的时间不同、管理能力不同及资源倾斜不同，竞争力表现也有明显的不同，应针对薄弱环节有针对性地调整集成策略，实现资源间优势联动互补，减少产品间的内部竞争，进一步提高在非洲地区手机行业的占有率（C_m） ● 经过市场拓展，传音在生产制造方面有着多年的积累，强大的供应链管理，以及与一流的方案公司良好的合作关系，使得公司旗下产品在生产速度以及产能上都有优异的表现（C_u）
天士力	客户响应性	● 以直销的模式基于顾客对产品认可的口碑相传，从而使更多人有机会体验产品的疗效，成为这一阶段营销的主要模式（T_m） ● 直销制度设计合理，为了尽快打开市场，与其他直销公司相比，充分让利给经销商，让经销商加入公司的第一年有机会获得小车等物质奖励，极大地吸引经销商的加入；同时在基础制度之上，天士力的制度促销连续不断，奖金兑现及时，树立了良好形象（T_p）
	市场绩效	● 海外业绩由每月几万美元，上升到每月几百万美元，在获得经济利益的同时，为中药进入主流药品市场提供了人脉的基础，为天士力更大的发展做了铺垫（T_a） ● 产品优势源于强大的研发实力，即创新能力。通过建立没有围墙的研究院，与国内外知名大学的合作，天士力产品被赋予了现代中药的美誉，强而有力的研发投入，为天士力产品获得竞争优势的必需（T_f） ● 在南非市场，定位在当地的草根阶层，以直销的营销方式，天士力产品的有效性迅速散布开来（T_p）
海信	客户响应性	● 在整个非洲市场，海信的表现不俗；目前，海信已经将产品出口到安哥拉等十几个国家和地区，并获得当地顾客高度认可（X_a）
	市场绩效	● 海信的营业收入中海外收入占比逐年提升，海信为了推进国际化，在海外进行收购，在海外有自己的品牌运营，包括赞助欧洲杯、世界杯、澳网公开赛等一系列体育营销的模式（X_p） ● 海信电视在全球市场上都拥有着明显的优势，推出了一系列口碑爆棚的产品，并在高端电视市场上站稳了脚跟（X_f） ● BrandZ公布的报告显示，2020年海信在中国出海品牌中排名第七，从这个成绩可以看出，海信成为了海外消费者非常认可的中国家电企业（X_n）

资料来源：笔者整理得出。

（1）海尔的国际市场响应性。在客户响应性上，海尔将研发中心并联、协同运作，通过“合作”构建全球化的创新研发平台，把各区域优势的能力整合，共同为用户提供最优解决方案。在全球用户、研发者的参与下，海尔希望实现的是用户的直接参与和反馈，以便可以在第一时间了解到他们的需求，以及对产品的改进建议，不断以创新性的产品，刷新世界对中国品牌的认知。在进入印度12年后，海尔成为印度消费者信任的中国品牌。在市场绩效上，在海外高端市场创牌的海尔智家，不断发力抢占全球细分领域的市场，进一步扩大品牌优势。数据显示，海尔智家2021年第一季度在印度全品类整体同比增长47%，单3月就取得同比增长110%的好成绩，其中空调、热水器、电视均超3位数增长。海尔在印度市场快速增长，是其深耕用户需求、持续与终端用户进行精准交互和实施本土化战略的结果。在给全球用户带来服务升级体验的同时，海尔通过流动服务站打造创业平台，让海尔服务人员的收入与服务效率和用户评价直接挂钩，不仅提高了用户满意度，还提高了工程师工作的便利性。综合来看，海尔无论在响应用户需求还是在提升市场绩效上，都驶入了“快车道”。

（2）传音的国际市场响应性。传音在非洲冠有“非洲手机之王”的大名，可谓家喻户晓。在国际市场拓展过程中，传音致力于成为全球新兴市场中最具品牌影响力的移动增值服务提供商，并提供本土顾客最喜爱的智能终端产品。在客户响应性上，传音在全球市场上设立了4个工厂，同时，它的售后服务品牌Carlcare在全球拥有服务接触点（含第三方合作网点）2000多个，以及大型售后维修中心7个，致力于提升售后服务的专业性、高效性。传音面向全球新兴市场从事移动通信终端产品研发、制造、销售和服务，更多的是在思考如何能够将合适的理念和技术进行转化，成为本地用户喜爱的智能终端产品和移动增值服务提供商。传音旗下的三大手机品牌，即TECNO、Itel及Infinix均入围《英国商业杂志》2017—2018年度最受非洲消费者喜爱品牌百强榜单。在市场绩效上，2019年，传音控股手机出货量达到1.37亿部，全球市场占有率为8.1%，排名第四；在非洲市场的占有率为52.5%，排名第一；在印度市场的占有率为6.8%，排名第五；在孟加拉国市场的占有率为15.6%，排名第二。非洲市场的高毛利率表明，传音控股的产品在非洲深得消费者喜爱，在非洲、亚洲两大区域整体的毛利率都处于上升状态。

（3）天士力的国际市场响应性。在客户响应性上，由于南非当地对中药成分中如动物类产品有严格的限制，天士力通过适当地将配方进行优化，很快开发出满足当地消费者的产品。天士力在国际上的成功，除了适合的产品，选择了恰当的渠道外，更重要的就是以最短的时间让当地的目标人群接受产品信息和消费产品。中药产品能够在给消费者治疗疾病的同时，更加注重预防疾病，从而提高人们的生活质量。尤其在今天强调整体健康观念下，中药产品能够给人们带来健康生活，选择中药意味着选择了自然，选择了健康的生活方式，这种现代的健康生活观念被越来越多的消费者所接受。在市场绩效上，对于产品线的组合使天士力在南非迅速获得销售业绩。在开拓南非市场近10年的时间，天士力通过这样的产品组合销售，逐渐将枸杞颗粒、当归颗粒等产品扩充至产品线，使天士力的产品更加具有针对性和竞争性，使不能进入网络进行终端销售的部分中药产品，以这种方式实现销售，扩充了产品线。除了在南非市场外，天士力在尼日利亚、马来西亚、印度尼西亚及南非等国家都建立了中医药养生馆，并且都实现新业务板块的快速增长，使该产品销售渠道更加成熟，在保持网络的活跃度的同时刺激会员的消费，实现了销售业绩增长。

（4）海信的国际市场响应性。在客户响应性上，海信在经营方针中，就提出强化用户意识。近年来，海信国外家电产品需求量增长迅速，新建工厂可以提升供应链响应速度和市场竞争力，更快抢占北美市场，并持续辐射中南美地区。无论是在繁华都市，还是在边远乡镇，海信产品随处可见，海信已成为用户信赖的品牌之一。通过赞助包括欧洲杯、世界杯在内的体育赛事，海信进一步提升了知名度。《中国跨国企业海外形象调查报告》显示，海信成功入选“2019中国跨国企业海外形象20强”，这也是海信集团连续第5年入选这一榜单并名列前十，海信南非项目成功入选“中国跨国企业海外形象建设十大优秀案例”。在市场绩效上，2020年，海信集团总营收为1409亿元，海外营收达到548亿元，占比超过了集团总营收的1/3，但海信还有一个更远大的目标，即要朝着2025年3000亿元营业收入的高目标加速奔跑。经过20多年的成长和发展，在南非市场，海信的电视、冰箱市场占有率第一，销售产品线覆盖电视、冰箱、冷柜、手机、空调、洗衣机、小家电等多种产品品类，实现了中国制造向中国创造的转变，在海外市场中的南非、澳大利亚、日本，海信电视的销量也均位列第一。

第三节　结论与讨论

本书通过对海尔、传音、天士力与海信4家中国跨国企业进行案例分析发现，中国跨国企业的文化嵌入活动是在文化异质性驱动下实现的，在此基础上，本书探索了文化嵌入的类型及复合式营销能力构建机制，并系统分析了在文化嵌入与复合式营销能力的共同作用下，中国跨国企业的国际市场响应性的形成路径。

一、中国跨国企业文化嵌入的维度划分

面对多元文化背景与区域环境，文化的边界性使得跨国企业在海外市场的成功运营主要取决于其是否与本土价值观、规范与传统相匹配（Martin，2012）。而对于中国跨国企业而言，其具有明显的文化嵌入特色，文化嵌入是重要的需求信息来源和与供应商、客户和竞争对手等利益相关者的连接方式（Cantwell and Mudambi，2005）。跨国企业的经济、制度和社会文化背景塑造了其技术竞争力和市场地位（Andersson et al.，2007），文化嵌入可以推动本土市场上多主体的资源汇聚过程，促进多元资源的有效复合，从而提升企业的国际市场响应性。通过对4家企业的案例分析，本书将文化嵌入分为内部嵌入与外部嵌入两大类，具体的文化嵌入维度划分如图3.4所示。

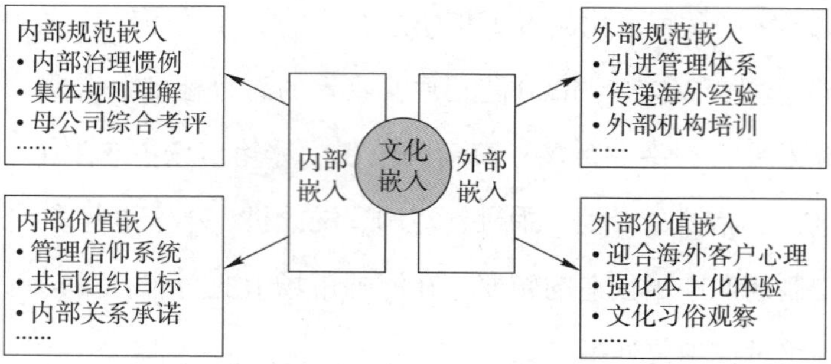

图3.4　中国跨国企业文化嵌入的维度划分

资料来源：笔者整理得出。

第一，内部文化嵌入。内部文化嵌入主要强调跨国组织与母公司规范偏好保持一致性，进而做出组织行为调整的程度，这种一致性调整可以为其从母公司获取资源、知识及技术等提供支持。内部文化嵌入是通过企业对价值、规范及意识形态的共同主张来表达的，这体现在其章程、使命和在市场中的可持续性定位上，它融合了环境和企业、合作和市场的意识形态，诸如价值观、理念问题和意识形态等文化内容，更好地反映了企业的国际化动机，并指导了其经营活动，使得跨国企业的海外运营规则受到共同价值观的约束，可以更好地适应利益共同体的生存与发展需要。当涉及具体的跨文化问题时，内部文化嵌入可以推动企业在节点层次上聚集、综合、抽象和制度化来源不同的文化元素，有助于协商解决问题，并通过网络的价值主张来证明集体决策的合理性，以及内部成员对文化主张的认同。通过案例分析，本书发现，中国跨国企业的内部价值嵌入聚焦对组织内部目标、愿景等隐形内容的关注，通常能够增强组织产生不同绩效的能力，并对理解组织内关系实现强有力的承诺，其主要通过管理信仰系统、共同组织目标与内部关系承诺得以实现。内部规范嵌入集中在组织内部治理规则惯例和文化建设，以及秩序原则的逻辑，通常是基于交易关联形成持续影响企业或其他组织行为者的内部结构机制，主要关注的是组织权威类别和分类系统，体现的是更广泛的内在机制如何塑造组织管理行为，包括形成组织战略和目标的集体理解及其规定个人行动的手段，以及将组织行为者和组织控制系统分类的规则系统，主要通过内部治理惯例、集体规则理解与母公司综合考评得以实现。

第二，外部文化嵌入。外部文化嵌入主要反映了跨国组织适应东道国文化信念与行为规则，进而做出组织行为调整的程度，这种文化嵌入的动机在于获取合法性、拓宽本土知识来源以及开发不同市场机会等，为跨越国家、文化和制度边界转移知识提供重要渠道。外部文化嵌入被视为持续社会关系模式中经济活动的情境化过程，通过嵌入社会结构中，文化要素的具体内容规范影响社会成员及其组成群体的经济行为选择，通过协商一致的决策过程对文化要素进行协商和综合，产生超越文化要素的新解决方案，促进文化要素之间的冲突解决，从而保持文化圈层的稳定性和弹性，有助于形成关系连接和价值创造。外部文化渗透到企业、社会经济生活的多个层面，影响跨国企业的经济理性，同时产生来自社会成员群体和网络的共享行动，并推动企业发展。外部文化嵌入更多的是建立在相互信任的基础上的，参与式治理的网络文化需要全体成员的参与和承诺，更有助于达成广泛的社会认同与共识。通过案例分析本书发现，中国跨国企业的外部价值嵌入在某种程度上散布在信仰、意图和集体生活的各个方面，并更直接地考察了信任、关系和判断力等社会认知方面影响结构的因素，包括微观和宏观层面的意义系统、心理模型和分类过程，以及意识形态、道德情感性和文化逻辑，主要通过迎合海外客户心理、强化本土化体验与文化习俗观察得以实现。外部规范嵌入主要考虑企业所有权、控制模式和原则在国家间的巨大差异，将结构理论和嵌入的本地知识结构联系起来，以解释各个方面更为结构化的商业系统，赋予与更大计划相结合的特定实体和活动集体的意义和价值，其主要通过引进管理体系、传递海外经验与外部机构培训得以实现。

二、中国跨国企业复合式营销能力的构建机制

当文化嵌入扩展至具有独特商业环境的国际市场新领域时，中国跨国企业通过复合式营销能力构建，更能够平衡全球业务与文化嵌入的关系，建立共同的文化价值与规范，以便更好地协调营销战略与组织行为，从而实现在

跨文化环境下企业内外部各职能领域的高效运转。基于过程视角，本书将复合式营销能力构建机制划分为市场洞察、跨文化互动与竞争性适应三个方面（如图3.5所示）。在复合式营销能力构建过程中，市场洞察使中国跨国企业在特定时间内根据信息改变组织和业务流程并提升决策效率，发挥物质资本、人力资本和组织资本在不同阶段调节消费者活动转化为可持续竞争优势的作用，通过复合式营销能力与客户态度、价值观和生活方式的匹配，满足尚未被发现的消费者需求。跨文化互动使中国跨国企业可以在全球范围内，分享其核心文化价值观、思维方式和意识形态，以形成开放心态和营销资源的共享转移，从而更好地实现对文化归属的反思，为复合式营销能力构建多样性来源提供保障。竞争性适应使中国跨国企业具备分解和使用竞争对手的信息能力，以及协同应用各类营销资源制造高性价比产品不断地进行竞争，以便在各类指标上领先于竞争对手，最终在市场洞察、跨文化互动与竞争性适应的动态迭代中实现复合式营销能力的构建。

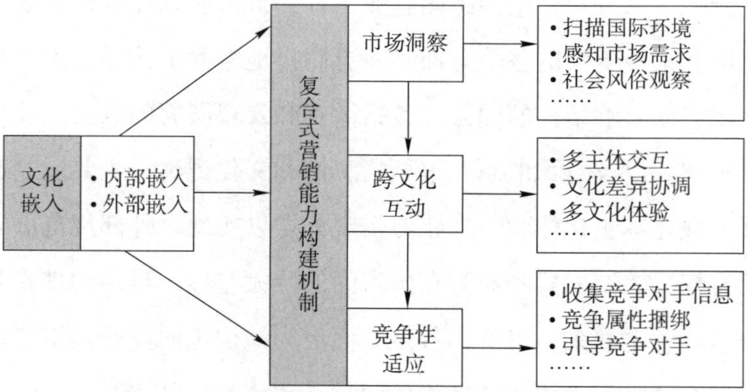

图3.5　中国跨国企业复合式营销能力构建机制

资料来源：笔者整理得出。

第一，市场洞察。市场洞察利用不同来源信息感知并预期市场需求，为满足关系承诺与创造市场需求指明了方向，以便持续感知当前和未来市场的事件和趋势并采取行动（Day，2019；Rajan，2020）。中国跨国企业收集、解释和使用市场信息的过程，比其他企业更系统化并更具有预见性，促进了市场需求的反应性及渠道合作伙伴的角色演变。在对这些信息采取行动之前，企业通过分类、筛选和简化的过程对信息进行解释，可以更准确地预测那些旨在留住或吸引客户、改善渠道关系的行动反应，以便能够及时、连贯地根据信息采取行动（Riefler et al.，2012；Yoo et al.，2019）。跨国企业在经营过程中可能需要不同类别的市场感知过程，其复杂性和频率各不相同，这取决于是使用常规信息，还是对新机会信息的重新检索。通过案例分析，本书发现，在日益变化的国际市场环境下，全球消费也在随时发生变化，消费的个性化、多元化等特征愈加明显，这对企业的营销能力提出了更高要求。企业通过全方位洞察消费者的习惯，借助信息技术精确定位市场，可以为目标消费者提供个性化的产品及服务。中国跨国企业的市场洞察主要通过扫描国际环境、感知市场需求与社会风俗观察得以实现。

第二，跨文化互动。跨文化互动通过影响组织认知和规范过程，在塑造组织营销能力方面起关键作用。成功的合作需要高度目的性，旨在长期维持一种贸易关系（Griffith et al.，2000；Marcus et al.，2019）。企业往往基于跨文化互动过程来调整自己的经营方式，在跨文化互动过程中，企业通过充分理解东道国文化以实现协同作用，有助于利用认知和信息多样性的潜在协同作用，同时避免造成分裂的社会分类压力和过程损失的语言和沟通障碍，从而降低不确定性和随机性（Szkudlarek et al.，2020），使企业更容易与来自不同背景和不同生活经历的顾客沟通，从而开发创造性解决方案。通过案例分析本书发现，在多元文化环境下，当中国跨国企业在日常经营中遭遇文化碰撞而不能很好地理解当地消费特征和市场行为时，企业通过跨文化互动能识别与调和文化差异，甚至利用它们来获取利益，在市场上获得明显的竞争优势。中国跨国企业的跨文化互动主要通过多主体交互、文化差异协调与多文化体验得以实现。

第三，竞争性适应。竞争性适应强调行业竞争强度的重要性，通过寻求在市场上占有一席之地，抵御竞争对手，并通过战略投资、定价策略和信号保持组织平衡（Gnizy，2019）。在这个过程中，跨国企业的营销能力嵌入组织的惯例和实践中，成为企业开发独特的、难以复制的竞争地位的来源（Day and George，2011；Luca and Soo，2016），从而在增加产品定制和更快交付需求之间达到平衡，同时降低成本，以保持在激烈的竞争中处于领先地位。同时，中国跨国企业会定期对竞争对手的产品进行拆解分析与研究，以了解竞争对手成功的原因，并进一步探索问题和缺点，以探索如何更好地执行不同功能的活动。通过案例分析本书发现，竞争性适应不是采用单一的竞争手段，而是将所有方式进行结合使用，从而向客户提供优于竞争对手的复合优势。在全球竞争中，中国跨国企业如果仅基于产品创新进行竞争，则没有显著竞争优势，更需要以本土适应为目标，通过组合竞争吸引大量全球消费者。中国跨国企业的竞争性适应主要通过收集竞争对手信息、竞争属性捆绑与引导竞争对手得以实现。

三、中国跨国企业国际市场响应性的形成机制

对于中国跨国企业而言，国际市场拓展不仅意味着实现规模经济和范围经济，而且可以利用国际扩张作为跳板来获取战略资源，其目的是弥补能力空缺，探索国际市场机会、规避母国制度和市场限制并绕过贸易壁垒，以便能够更好地与全球竞争对手进行竞争（Meyer，2018；Kotabe and Kothari，2016；Rui et al.，2017）。近年来，中国跨国企业投资区位分离程度加大导致的跨文化特色日益显著，加剧了企业国际市场响应性的提升难度，而国际化过程中复合式营销能力的构建正是提升跨国企业国际市场响应性的关键手段。复合式逻辑下营销能力的构建使企业更容易在多元文化情境下形成自己的专有知识，在处理客户关系管理等营销技能方面起到推动作用，有助于企业加快对客户需求的响应速度（Vorhies and Morgan，2005；Chaiy，2015），并作用于市场绩效（Wu and Pangarkar，2010；Kale and Singh，2017）。通过对4家中国跨国企业的案例分析得出，文化异质性驱动企业文化嵌入策略选择，并通过复合式营销能力的构建，在弥合文化差异的过程中促进国际市场响应性的形成。本书基于文化嵌入与复合式营销能力理论，探索中国跨国企业的国际

市场响应性的形成机制，尝试构建“文化嵌入—复合式营销能力构建—国际市场响应性”的理论框架，揭示中国跨国企业国际市场响应性形成的内在逻辑与微观机理（如图3.6所示）。

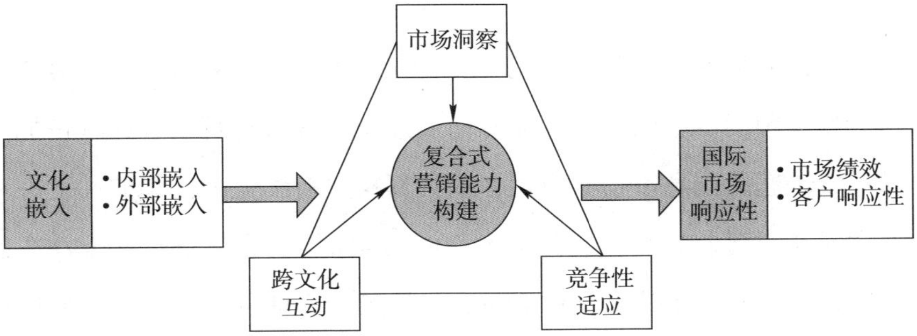

图3.6 中国跨国企业国际市场响应性的形成机制

资料来源：笔者整理得出。

中国跨国企业需要应对各种不同环境下更新组织能力的挑战，导致复杂性加剧，这种复杂性强调了文化嵌入的重要性。中国跨国企业文化嵌入主要是通过规范和价值的嵌入过程来实现的，能够助力企业更好地构建复合式营销能力，同时将企业文化带入东道国的消费文化（Burt et al.，2015），并对多元文化环境的变化实现较高的响应性。具体而言，中国跨国企业国际市场响应性主要集中于客户响应性与市场绩效。①客户响应性。随着环境中各主体间原来稳定的、不可渗透的边界变得越来越模糊与不稳定，中国跨国企业不仅要利用母国与东道国之间制度、文化、适用标准等差异冲突，来创造更多的价值增值，还要应对快速变化的客户需求（Volberda and Karali，2015），并及时做出反应调整，形成与市场环境相匹配的持续性国际竞争优势，这是跨国企业最理想的生存状态（Mu et al.，2015；许晖等，2017；许晖和单宇，2018）。②市场绩效。市场绩效基于成熟的方法，评估企业在国际化市场上的市场份额、市场销量及市场盈利等变量（Victor，2020），反映了成功完成特定任务和实现特定结果的程度，从而促进其在对东道国市场中产生的机会和威胁的反应能力中直接获益，这对企业的成功是必要的。新产品市场进入行为的主要动力是市场绩效，在某种程度上意味着被市场接受的可能性（Allen，

2003)。基于此，中国跨国企业在文化嵌入与复合式营销能力的共同作用下，推动多元文化与营销资源的有机配置，协同作用于其国际市场响应性的形成。

四、案例研究总结与讨论

面对多元文化情境与不同区域环境，在海外市场拓展过程中，客户需求与偏好更难以预测，中国跨国企业如何通过文化嵌入进行复合式营销能力构建，以形成快速的国际市场响应性，成为其构建持续竞争优势的关键。基于此，本章通过对海尔、传音、天士力与海信4家案例企业进行探索性案例分析，得出如下结论：①跨文化情境下，中国跨国企业的文化嵌入主要解构为内部嵌入与外部嵌入，基于规范与价值层面的文化异质性的不同而呈现差异化特征；②在不同文化嵌入策略下，由于文化复杂性与内隐性特征，中国跨国企业主要通过市场洞察、跨文化互动与竞争性适应进行复合式营销能力构建；③动荡环境下，企业的竞争优势会在短期内受到影响，企业需要不断调整自身能力，以响应国际环境的改变，中国跨国企业通过复合式营销能力构建，在弥合文化异质性的过程中实现国际市场响应性。

本章案例研究所得的理论贡献主要表现在以下三个方面：①通过探索性案例研究，深入探讨了跨文化情境下中国跨国企业的文化嵌入表现形式，解释了价值与规范层面的文化异质性与文化嵌入的微观基础，拓展并延伸了Hofstede经典的跨文化分析框架（Hofstede，1980；刘威和肖光恩，2015；Nielsen and Lockwood，2018）；同时，在复合式营销能力构建过程中，考虑文化嵌入的先导作用（Zukin and DiMaggio，1990；Andersson et al.，2014；Cheng and Huang，2020），本书填补了现有文献忽略文化嵌入作为营销能力构建驱动因素的理论缺口，有利于文化嵌入理论的迁移与深化。②本书基于“由外向内”的复合式逻辑，提炼复合式营销能力构建过程中市场洞察、跨文化互动与竞争性适应的重要作用，更加注重在外部环境转换过程中，利用复合优势制定适合的营销战略，重新定义游戏规则（Narasimhan et al.，2006；Wei and Nguyen，2017），并以此提炼复合式营销能力构建的内在机制，丰富并拓展营销领域中有关营销能力的相关研究（Day，2014；Morgan and Vorhies，2018）。③本书从客户响应性与市场绩效方面提炼了国际市场响应性的内容维度，并搭建“文化嵌入—复合式营销能力—国际市场响应性”的理论框架，可以更全面和系统地阐释企业竞争优势的动态变化（许晖等，2017）；通过衡量企业主体在与环境的交互过程中不断修正的行为规则，对其成长环境的变化趋势做出预测（许晖、单宇，2018；Julien and Lisa，2012），进而深化和扩展国际市场响应性的理论研究。同时，通过探索复合式营销能力构建对国际市场响应性的作用路径，从动态、科学的视角，揭示中国跨国企业国际化绩效的提升机制，为后续研究提供整合性的理论分析框架。

第四章
概念模型构建与研究假设发展

本书主要运用定性方法来指导理论建构，在理论和数据反复迭代中发展核心概念的理论维度并凝练可能的关系结构；在此基础上，采用定量研究方法进行数据分析和统计检验，两种方法的有效结合有助于形成对事物或现象的整体判断，以揭示事实背后的理论逻辑和作用机制。本章构建文化嵌入、复合式营销能力构建与国际市场响应性之间作用关系和影响机理的整体概念模型，尝试从理论层面解释变量之间的潜在逻辑和作用机制，推导跨境共享的调节作用，并在整体概念模型中的相关变量之间作用关系具体假设的基础上，进一步挖掘变量关系的内在机理和理论解释。

第一节　概念模型构建及其理论逻辑

一、概念模型的理论逻辑

第二章的文献回顾与第三章的案例分析内容表明，中国跨国企业的海外市场拓展具有文化融合和能力延伸的鲜明特点，其复合式营销能力构建与国际市场响应性实现机制研究具有明显的跨领域交叉研究的特征。通过文献梳理本书发现，现有研究中解释力较强而且与本书研究主题最为匹配的基础理论主要包括跨文化理论、复合基础观和动态营销能力理论。这些理论为探讨本书研究内容提供了不同的分析视角，涵盖了国际市场响应性的驱动因素和文化基础、复合式营销能力的形成，以及营销战略的规划和思路设计。

跨文化理论的研究，为揭示国际市场响应性实现过程中的文化嵌入来源及其对国际市场响应性的影响关系提供了理论依据。在国际商务领域，跨文化管理一直是国内外学者普遍关注而又难以解决的核心问题之一（Szkudlarek et al.，2020）。在跨文化背景下，跨国企业面临更多的机会（如相互学习、知识转移、市场准入）及更大的挑战（如制度波动、文化壁垒、产权保护）。正如邓宁所言，文化是国际商务研究的核心，那些最能识别和调和文化差异，甚至利用它们来获取利益的企业，很可能在市场上获得明显的竞争优势。当企业在文化差异较大的国际市场建立合作关系时，其对某些关系发展活动的反应模式会有所不同（Griffith，2000；Stahl et al.，2021）。理解这些差异对于跨文化的有效管理是很重要的，因为这些差异在决定管理者的经营方向上起着至关重要的作用。许多公司在共同任务环境的驱动下，往往会在不同的文化中构建相似的结构，其中文化嵌入在这些结构的发展过程中起着重要的作用（Neelankavil，2000）。一些研究指出，文化嵌入不仅是对文化价值的利用，而且还涉及文化规范的整合，对于构建中国跨国企业复合式营销能力和提升国际市场响应性尤为重要。

复合基础观理论的研究，强调与客户、供应商和合作伙伴等构建连接关系，并组合各类资源进行复合式营销能力构建，为分析国际市场响应性的形成路径提供了基本分析逻辑。复合基础观是指，企业通过对自身拥有或外部可购买的资源与能力进行创新、整合运用，对多种投资模式、竞争措施和协作网络进行有效复合（Luo and Child，2015；Luo and Bu，2017；周飞等，2018），提供低成本但恰当的技术、快速的市场反应、定制的设计，以及具有成本效益的大规模制造，从而创造独特的竞争优势。复合基础观所揭示的开放式资源整合逻辑，为那些发展中国家中只拥有普通资源的企业提供了一条快速成长的路径（Ramamurti and Hillemann，2018）。复合式营销能力的构建是以适应客户需求为准则，形成基础是企业对不同来源、不同层次、不同结构和内容的资源进行选择、汲取、配置、激活和有机的融合过程（Fang et al.，

2011；Luo and Child，2015），并形成高度性价比、快速响应、深度服务等要素的价值组合（陆亚东和孙金云，2013），使之具有较强的柔性、系统性和价值性（Zott，2003；Fang and Zou，2009），从而在国际市场响应性上形成比较优势。复合基础观的基本论点，将组织的动态演化、资源整合等因素连接起来，为分析中国跨国企业复合式营销能力构建，以及国际市场响应性实现提供了基本分析逻辑。

动态营销能力理论的研究，为从过程视角研究国际市场响应性的演进历程，以及企业复合式营销能力构建与国际市场响应性之间的交互作用奠定理论基础。基于动态能力的研究视角探讨营销能力的形成机制，是现阶段国际营销领域关注的重点（Day，1994；Vorhies，2015；Fang and Zou，2009）。基于动态能力视角提出动态营销能力的目的在于，修正资源基础观视角固有的静态性，尝试探讨在动荡环境下，企业如何通过培育和提升营销动态能力获取持续的、长期的竞争优势（Fang and Zou，2009；许晖等，2011）。国际竞争加剧以及技术更新换代加速，迫切需要跨国企业抓住转瞬即逝的市场机会（Maury，2017；Hernandez and Guill é n，2018），这就要求跨国企业的营销能力构建不仅要具有"外部导向性"，具备形成、传播和反映市场知识的能力（Kohli and Jaworski，1990），帮助跨国企业接收清晰的信号，对快速变化的市场需求做出反应，而且要求企业具有"内部导向性"，在市场趋势和事件还没有发生时，企业就需要预测这些趋势，通过能力形成机制，提前配置国际营销所需的资源（Kull et al.，2016；Henseler，2009）。"外部导向性"和"内部导向性"的双重属性决定了中国跨国企业复合式营销能力构建与国际市场响应性之间的作用关系，是一个复杂的，需要不断试错、不断交互、不断迭代的动态过程。

二、概念模型的构建

基于文献回顾与案例研究的相关内容，在整合跨文化理论、文化嵌入理论、复合基础观和动态营销能力理论的基础上，本书构建文化嵌入、复合式营销能力构建与国际市场响应性之间的作用关系及影响机制模型（如图4.1所示）。模型设计的潜在逻辑是，文化嵌入为复合式营销能力构建提供了前置因素，内外部资源整合促成了复合式营销能力的构建过程，二者共同决定了中国跨国企业的国际市场响应性结果的实现。本书的概念模型是基于“前因—过程—结果”逻辑主线的延伸。出于对情境因素的考量，并根据中国跨国企业在海外市场拓展过程中所面临的实际情况，本书提出跨境共享作为情境因素，进一步探讨其在复合式营销能力构建与国际市场响应性实现过程中的作用机制。

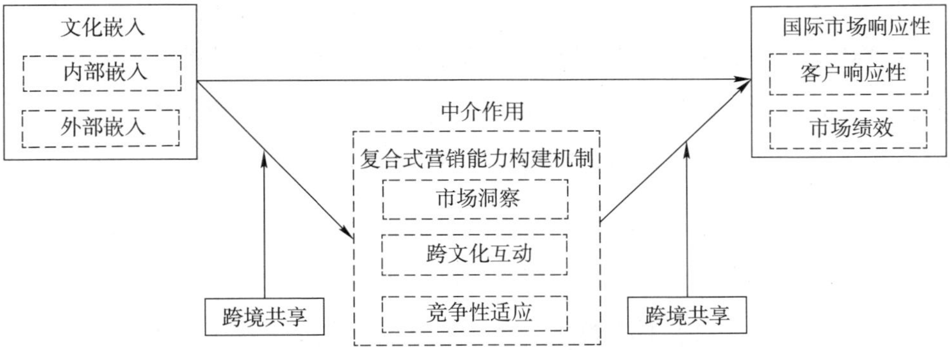

图4.1　文化嵌入、复合式营销能力构建机制与国际市场响应性作用关系概念图

资料来源：笔者整理得出。

（一）文化嵌入前置因素

中国跨国企业的国际市场拓展起源于对文化异质性的认知与识别，而其实现过程则是在跨文化驱动下，依据母国文化的独特性，以及在对东道国市场消费文化认知的基础上实现的文化嵌入。文化嵌入是中国跨国企业复合式营销能力构建的关键前置因素，企业通过文化嵌入获取所需文化资源。中国跨国企业的国际化战略想要在海外市场拓展中发挥作用，需要满足社会结构中某种文化嵌入条件，才可能增强战略的有效性。文化嵌入在复合式营销能力构建中的作用路径包括两个核心部分：一方面，由于不同地区的消费者往往具有不同的价值观和文化风俗，其对事物的感知方式和消费偏好不同，不同国家之间的文化差异往往导致消费者的价值判断标准及消费习惯的不同。

文化嵌入通过物质、资源和信息的交换，可以达到企业与东道国客户之间的理解、认知和互惠（Barni et al.，2020）。另一方面，通过将子公司嵌入母国文化和政策中，子公司的运营规则会受到共同价值观的约束（Huang and Gao，2020），通过降低文化差异带来的国际营销活动中的不确定性，从而减轻国际营销的资源负担，更好地适应利益共同体的生存与发展需要，针对不同文化特性研发的产品才能够获得目标国顾客的青睐。

（二）复合式营销能力的构建机制

复合式营销能力构建是连接文化嵌入与中国跨国企业国际市场响应性的内在逻辑和作用路径。营销能力作为营销战略理论研究中的一个重要方面，研究者普遍认为，获取高绩效的关键取决于企业在关键职能领域能力的提升，营销能力对于企业生存与发展至关重要。近20年来，营销学者围绕营销能力的内涵、维度及驱动因素等相关内容进行了系统分析和深入探讨（Day，2011；Tan and Sousa，2015；Tartaglione and Formisano，2018），营销能力已成为营销战略理论和企业实践最重要的议题之一。近些年来，随着环境动荡的不断加剧、市场竞争不断增强，以及企业营销实践问题的不断涌现，中国跨国企业国际营销能力被赋予了更高的要求。与传统的营销能力相比，复合式营销能力更加强调以国际市场机会识别为导向对“竞争属性”（如质量、价格、速度、设计、服务等）进行有机集成，为那些发展中国家中只拥有普通资源的企业提供一条战略提升的路径。根据营销能力领域的相关研究和案例企业的质性数据，基于过程视角，本书将复合式营销能力构建划分为市场洞察、跨文化互动和竞争性适应三个过程。由于不同类型的资源分布于企业不同的营销职能之中，进行跨职能的复合式营销能力构建决定企业能否获得显著的国际市场响应性。

（三）国际市场响应性的实现

国际营销领域对国际市场响应性的研究尚处于探索阶段，现有研究中，学者主要聚焦于以往过于单一的静态财务绩效指标，衡量中国跨国企业的国际化绩效，尚未将企业发展动力等因素纳入考核体系，无法更全面和系统地阐释企业的竞争优势。随着国际市场环境不确定性的增加，顾客需求和偏好变得难以预测（Tortoriello et al.，2015），与发达经济体跨国企业相比，中国跨国企业进入国际市场更具前瞻性、冒险性和创新性（吴晓波等，2013），中国跨国企业营销战略焦点也呈现动态变迁的特征。因此，中国跨国企业的国际市场响应性在内容构成、属性和开发过程上呈现较大差异性。对于中国跨国企业来说，其在复合式逻辑下的国际市场适应性，会映射出更加多元的特征反应，涵盖动态与静态相结合的特点，不仅体现在提高应对环境变化的反应性方面，还体现在快速适应多变的客户需求并创造更多的价值增值方面（Volberda and Karali，2015）。为了更具针对性地探索中国跨国企业如何实现国际市场响应性，本书基于相关文献和第三章案例研究的结论，将国际市场响应性划分为市场绩效与客户响应性两个维度。一方面，已有研究发现，中国跨国企业的国际市场拓展具有明显的复合式特征（Luo，2015），复合式逻辑下营销能力的构建能影响企业的市场反应速度，并反映于市场绩效（Wu and Pangarkar，2010；Kale and Singh，2017）。另一方面，国际市场响应性反映的解决客户问题的方式不仅以有形产品的形式存在，而且在处理客户关系管理等营销技能方面也起到了推动作用，加快了对客户需求的响应速度（Vorhies and Morgan，2005；Chaiy，2015），还有助于中国跨国企业在国际化过程中与客户的关系，从产品交易导向朝价值共创导向转变（Hsieh et al.，2013）。

（四）跨境共享情境因素

随着中国跨国企业参与国际合作、出海投资频频受阻，新冠肺炎疫情更刺激逆全球化思潮从幕后走向台前，这给中国跨国企业的国际市场拓展带来极大不确定性影响。跨境共享作为新兴国际贸易模式发展迅猛，对拓宽新型国际贸易渠道、发展新兴国际贸易伙伴等产生巨大影响，成为“逆全球化”思潮下重塑价值链的重要方式，让跨国企业间的协作有了新路径。跨境共享中，直接影响跨国企业经营活动的是长期交往中所形成的关系网络。如果跨境共享情境中注入共同遵守的共享信念和价值观，那么这种价值系统就会对复合式营销能力构建及国际市场响应性产生影响。一方面，跨境共享情境下，全球开放市场与信息技术的发展不仅利于有形资产流动（如标准化技术、机器和设备、关键部件和材料），而且有助于无形知识、信息、专门知识和人才的流动（余航等，2018），在客观上推动共享资源的快速匹配。这种资源可获得性促使越来越多的跨国企业愿意共享其技术、品牌、分销渠道和其他重要资产（Comino et al.，2007），这突出了企业整合所需资源及开发外部机会的营销能力。另一方面，跨境共享以信息技术的全面应用为基本技术支撑，有助于适应宏观市场环境与政策环境的变化（Moon et al.，2011），促使企业家摆脱传统管理认知的思维束缚，着眼于理念的突破和管理技术的革新，同时明确企业客户管理体系的构建思路，更好地实现对产品品质和个性化服务的本土需求响应（杨晓荣、杜荣，2021）。

第二节　研究假设发展

一、中国跨国企业文化嵌入与国际市场响应性

针对跨文化背景下中国跨国企业的国际化拓展，文化嵌入通常是指依照共同的理解和意义形成组织活动、结构和过程的方式（Fligstein，1996），其强调价值观、传统习俗、地域与产业氛围等社会文化因素的影响，个体或组织为适应所处社会文化环境进而调整自身行为的状态（Zukin and DiMaggio，1990；Uzzi，1996），对组织内与组织间的人际关系、协同共享甚至战略决策等产生重要影响（Meyer and Rowan，1997；周建波，2012）。从文化嵌入的角度来看，跨国企业的商务活动是嵌套在经济和社会关系模式中的，这种关系存在于网络边界内并跨越网络边界。现有研究从更广泛的网络结构和模式、权力依赖，以及社会交换的内容与过程等方面出发，分析了文化嵌入的重要性（Baron and Pfeffer，1994；Burt，1997；Gulati，1998；Cenamor et al.，

2019）。目前研究存在两种文化观点，一种是从抽象的整体考虑，将文化概念化为国家层面的价值观，体现在信仰、意图和集体生活的各个方面；另一种是以规则和图式认知机制交叉的系统逻辑，提供了约束行为的规范和惯例，构成了可以用于战略使用的资源。在很大程度上，全球化被认为是一种融入当地结构的过程，由价值观和规范等形成的文化差异保证了国际多元化（Joynt and Warner，1985），使企业更加重视在国际市场拓展过程中社会结构与组织形式、结构和活动之间的联系（Stern and Barley，1996）。通过文化嵌入获取异质性文化是中国跨国企业弥补信息缺失，突破跨文化障碍的必然选择，企业与内、外部环境之间的文化流动共享也是跨国企业实现快速国际市场响应的内在诉求。

国际市场响应性是指跨国企业对国际市场需求变化带来的机遇和挑战做出反应的程度，它是企业积极主动与外界环境互动的结果（Garrett et al.，2009）。具体来说，中国跨国企业文化嵌入对国际市场响应性的影响主要表现在两个方面：①内部文化嵌入主要强调跨国组织与母公司规范偏好保持一致性，进而做出组织行为调整的程度（Pu and Soh，2018），关注的是权威类别和分类系统中体现的更广泛的认知——如何塑造组织和管理行为（Walsh，1995），主要包括形成组织战略和目标的集体理解，规定个人行动的手段和目的概念的意识形态，以及将组织行为者和组织控制系统分类的规则系统。②外部文化嵌入主要反映了跨国组织适应东道国文化信念与行为规则，进而做出组织行为调整的程度（Oehmichen and Puck，2016），外部文化嵌入使有紧密联结的网络伙伴更愿意进行专有知识和内隐知识的交换与分享（Supphellen et al.，2016；Huang and Gao，2020），也可以帮助企业从嵌入性的文化协同创新中获取潜在收益（Chumg and Huang，2021）。总之，通过不同维度区分的文化嵌入，中国跨国企业可以加深对海外市场的了解准确把握海外市场，进而提升海外市场绩效与本土客户需求的快速响应能力。

综上所述，本书提出以下假设：

假设1：中国跨国企业文化嵌入对国际市场响应性具有显著的正向影响。

假设1a：中国跨国企业内部文化嵌入正向影响其客户响应性。

假设1b：中国跨国企业内部文化嵌入正向影响其市场绩效。

假设1c：中国跨国企业外部文化嵌入正向影响其客户响应性。

假设1d：中国跨国企业外部文化嵌入正向影响其市场绩效。

二、中国跨国企业文化嵌入与复合式营销能力构建

复合基础观强调资源构建的内生性和外生性相结合，即企业通过模仿式创新（Luo et al.，2011）、标杆企业定点超越等内生方式获得有机成长，同时注重通过外部购买、企业并购、合作共享等外生性的途径实现快速超越（Ang et al.，2015），而不必拘泥于企业自身缓慢的或渐进的内部积累。在此基础上提出的复合式营销能力，其资源整合内容与能力配置方式更具独特性（Oehmichen et al.，2017），复合式营销能力根据企业战略及经营需要对不同来源、层次、结构和内容的资源进行有机融合，以实现最优化复合式提供与复合式竞争组合（Ramamurti and Hillemann，2018），具有较强的柔性、系统性和价值性（Yi，2015）。

随着中国跨国企业投资区位分离程度的加大，跨文化特征日益凸显，因此构建复合式营销能力亟须通过文化嵌入获取当地合作伙伴的默会知识并实现有效运用（Gomez-Mejia and Palich，1997；Kogut and Singh，1988）。跨国企业对当地文化和市场的默会知识为国际市场拓展提供了独特的竞争优势（Leonard-Barton，1995），是满足当地市场需求的关键要素。随着合作伙伴之间文化距离的加大，企业获取的当地隐性知识的价值也会增加（Dyer and Singh，1998；Teece et al.，1997），这就为中国跨国企业构建复合式营销能力提供了文化基础。复合式营销能力是一种难以模仿的资源组合，包括组织间关系的有效协调。具体而言，文化嵌入对复合式营销能力构建影响主要体现在两个方面：一方面，外部文化嵌入有助于企业认识到每个国家环境的独特文化特点，以促进制定个性化战略（Kostova and Roth，2003），促进中国跨国企业发展的全球一致性；另一方面，内部文化嵌入可以在跨国企业各

部门内建立一套共享的价值观和使命感（Nohria and Ghoshal，1994；Kostova，1999），通过协调、整合和重新配置内部和外部资产，匹配全球市场中产生的机会（Eisenhardt and Martin，2000），文化嵌入所形成的广泛和强大的人际关系有助于为复合式营销能力的构建降低信息不对称性。总体而言，复合式营销能力构建来源于企业利用其内部和外部资产提高其在全球关系中的竞争优势，文化嵌入有利于提升企业协调组织间活动的反应速度，以构建灵活的复合式营销能力来应对复杂多变的国际形势。

因此，本书提出以下假设：

假设2：中国跨国企业文化嵌入对复合式营销能力的构建具有显著正向影响。

另外，文化嵌入面临着文化异质性所带来的机遇与挑战，在加深组织对文化的获得和理解的同时，也不可避免地增加复杂动态和模糊情境中的协调损耗，因此，中国跨国企业在不同情境下的文化嵌入侧重点会有所不同，内部文化嵌入与外部文化嵌入对复合式营销能力构建的作用也存在较大差异。

内部嵌入与复合式营销能力构建过程中的市场洞察。市场洞察指的是企业基于商业生态系统中收集的信息，预测市场未来演变和发现新兴机会的能力（Teece，2007）。市场洞察植根于对市场发展的深度认知，主要是基于对信息的扫描、过滤、评估和解读等组织信息加工活动产生（Mu and Di Benedetto，2012）。其中，内部文化嵌入是影响跨国企业市场洞察的一种有效机制，因为它提供了统一的组织规范和价值观（Homburg et al.，2007），使中国跨国企业能够迅速排除冗余选择，从而为市场洞察提供独特的切入点。当跨国企业接触到新的市场资源并洞察到新的文化创意时（Luo，2000），需要企业抓住并重新配置所有的可得资源（Teece，2007），而这些资源都涉及内部文化嵌入。已有研究将营销职能的影响力归因于在企业内部建立和创造市场导向文化的能力（Gebhardt et al.，2006；Verhoef and Leeflang，2009），其提供了获取丰富的以文化为基础的资源途径，有助于为中国跨国企业市场需求洞察提供快速和灵活的内部响应能力。文化异质性的增加不断挑战企业现有的惯例，并促使其修改其惯例以适应当地的变化。共享价值观和核心知识的内部文化嵌入行为有助于规模经济和惯例更新（Conner，1991），为中国跨国企业展开深度的市场洞察奠定内部基础。

基于此，本书提出以下假设：

假设2a：中国跨国企业内部文化嵌入正向影响复合式营销能力构建过程中的市场洞察。

外部嵌入与复合式营销能力构建过程中的市场洞察。市场洞察是国际市场扩张决策的基础（Teece，2014），企业启动国际化业务的最初动机是通过扫描形成的（Day，2011），而对外部文化因素进行有效的扫描是对客户需求、合作伙伴和竞争对手的动向，以及市场演变进行市场洞察的重要起点；对这些市场需求和事件的感知、洞察和响应最终会影响企业的适应性。因而市场洞察除了受到内部文化嵌入的影响外，还需要利用外部文化嵌入识别变化的客户需求、技术发展和其他的市场机会，以重新配置跨国企业需要编排的资产，调整和重组有形资产和无形资产（Feiler and Teece，2014）。为了洞察甚至创造与文化异质性相关的国际市场机会（Almeida and Phene，2004；Song et al.，2011），中国跨国企业不断扫描和搜索相关信息，这种扫描和搜索活动反映在企业外部文化嵌入活动中，以掌握全球市场环境。而产生深刻洞察的市场信息主要源于与客户的互动、与商业伙伴的网络联系，以及对市场信号的敏感性（Mu and Benedetto，2012）。外部文化嵌入不仅为企业提供互补的技能、资源和能力，还为企业提供广泛的信息，为了进一步抓住机会（Zollo and Winter，2002），中国跨国企业进行有意识的学习，使其能够解码外部知识，从而促进市场洞察力的提升。

假设2b：中国跨国企业外部文化嵌入正向影响复合式营销能力构建过程中的市场洞察。

内部嵌入与复合式营销能力构建过程中的跨文化互动。跨文化互动是指跨越不同文化边界与相关利益主体进行交互的一种社会行为，反映潜在的资源价值来源。现有研究强调了营销能力构建中跨文化互动的重要性，特别是在跨越文化障碍共享资源时，跨文化互动可以帮助跨国企业更好地适应独特的环境（Harzing，2002）。由于地理、文化和制度的差异，中国跨国企业的跨文化互动更需要通过内部文化嵌入克服文化异质性带来的障碍。文化等隐性要素嵌入在组织内部，具有黏性和不易转移性，它们具有对规范的共同理解（Kogut and Zander，1992）。内部文化嵌入有助于企业构建隐性内部联系，促进更有效的文化转移（Liang et al.，1995），共享的价值观、规范和行为模式促进了信任的产生，同时化解了互动关系中潜在的冲突（Sitkin and Roth，1993；Lewicki and Wiethoff，2000），使得企业更系统化地搜索现有资源并将其重新组合成高阶的营销能力（Zellmer-Bruhn and Gibson，2006）。中国跨国企业的相关研究表明，内部嵌入往往会导致人际网络的创建和单位间更广泛的交流（Ghoshal et al.，1994；Jensen and Szulanski，2007），复合式营销能力构建所必需的单元间相互作用的增强反过来可能会增强焦点单元识别、获取和吸收单元的能力。因此，内部文化嵌入程度越深，越有助于复合式营销能力构建过程中的跨文化互动。

假设2c：中国跨国企业内部文化嵌入正向影响复合式营销能力构建过程中的跨文化互动。

外部文化嵌入与复合式营销能力构建过程中的跨文化互动。与发达经济体跨国企业相比，中国跨国企业面临更大的文化和制度异质性，使得其市场风险加剧（Jones and Coviello，2005）。这些异质性文化通常嵌入外部环境中，因此，为了在国际市场上取得卓越的绩效，跨国企业亟须通过外部文化嵌入进行跨文化互动满足海外客户的独特需求（Dhanaraj and Beamish，2003；Ruzzier et al.，2006）。现有文献指出，外部文化嵌入对于获取构建营销能力的关键资源是至关重要的，由于中国跨国企业的资源有限，资源的杠杆作用会促进能力的提升（Makadok，2001），企业需要积极采取从外部环境和企业间的网络中获取、吸收、协调和整合资源等活动（Ethiraj et al.，2005；Sirmon et al.，2007）。通过外部文化嵌入搭建的关系是促进跨文化互动的一种方式，有助于以独特的方式将网络关系组合在一起，使企业能够不断丰富现有的关系储备，并改进其互动方式（Schreyogg and Kliesch-Eberl，2007；Le and Kroll，2017）。在这种情况下，东道国经营环境、文化、制度与市场规范不同于母国，使中国跨国企业获取信息变得更为困难，本土的跨文化互动可以使企业迅速获取并吸收相关信息，有助于中国跨国企业依靠直觉发现与不同文化背景相关联的潜在创意。此外，外部嵌入不受传统规范的约束，更有助于企业激发创意灵感，以助推中国跨国企业的复合式营销能力的构建。

假设2d：中国跨国企业外部文化嵌入正向影响复合式营销能力构建过程中的跨文化互动。

内部文化嵌入与复合式营销能力构建过程中的竞争性适应。竞争性适应是指，企业使用组合的手段和措施成功地与全球对手进行竞争以适应本土市场需求的状况。竞争性适应不是采用单一的竞争手段，而是将所有方式结合进行使用，从而向客户提供优于竞争对手的复合优势（Zahra et al.，2005）。在全球竞争中，中国跨国企业如果仅基于产品创新进行竞争，则没有显著竞争优势，更需要以本土适应为目标，通过组合竞争来吸引大量全球消费者。面临本土竞争压力的跨国企业可能会受到总部过度参与的影响（Verbeke and Kano，2016），如标准化流程之类的集成机制可能会对企业应对本土竞争压力产生重要影响。内部文化嵌入则有助于增加企业的国际化经验，使管理者更好地感知、掌握和转化内部知识（Kogut and Zander，1993；Teece，2007），并进一步促进企业感知变化的需求，使企业比竞争对手更快地满足市场需求（Takeuchi et al.，2005）。中国跨国企业为确保在竞争决策过程中纳入多样化的管理视角，需要在内部文化嵌入中使用多种灵活的控制和协调机制，形成共同的愿景和目标，以激励共同开发和共享知识。内部文化嵌入作为企业在面对不同竞争变化的环境时保持内部一致性的途径，使得中国跨国企业能够随着时间的推移应对竞争压力的变化，有助于其构建以竞争属性有机组合为特征的复合式营销能力。

假设2e：中国跨国企业内部文化嵌入正向影响复合式营销能力构建过程中的竞争性适应。

外部文化嵌入与复合式营销能力构建过程中的竞争性适应。跨国企业文化嵌入在不同的环境下，地理分散性使其需要面对不断变化和多样化的外部竞争压力，这需要其具备快速的本土响应性（Meyer and Narula，2011），以满足独特的市场特征和客户需求。为了应对这些竞争压力，中国跨国企业通常更需要进行外部文化嵌入以形成竞争适应性，这成为企业开发独特的、难以复制的竞争优势来源（Day and George，2011；Luca and Soo，2016），从而在增加产品定制和更快交付需求之间取得平衡，同时降低成本，以保持在激烈的竞争中处于领先地位。受多重约束的限制，许多中国跨国企业大量投资于外部文化嵌入这类跨界活动，开发技术和其他专有知识，一方面，跨越国家与组织边界整合资源，开发和利用企业在多个环境中的特有优势（Rugman et al.，2011），如利用与地理位置、本地网络和与本地业务方式相关联的专有资产协同效应实现最优独特性。另一方面，中国跨国企业通常根据本土化战略和企业资源实力的相对评估进行外部文化嵌入，摆脱传统的等级制度，转向由不同利益相关者组成的竞合网络，使企业能够分散经营成本，建立规模经济（Cicekli，2011），以降低成本和提高效率，这使组织具有竞争性适应，并促进其在全球范围内的组织学习，以构建在竞争环境中发展的复合式营销能力。

假设2f：中国跨国企业外部文化嵌入正向影响复合式营销能力构建过程中的竞争性适应。

三、中国跨国企业复合式营销能力构建与国际市场响应性

营销能力被广泛认为是稳定的集体惯例和资源模式，能够使企业将投入转化为卓越的价值主张（Zollo and Winter，2002；Day，2011），并提供潜在的竞争优势来源（Vorhies and Morgan，2003），而潜在价值能否实现取决于企业营销能力开发模式的效率，虽然拥有资源很重要，但营销能力可以将资源转化为优于竞争者的产品或服务（Makadok，2001；Heimeriks et al.，2012），这就直接决定了跨国企业能否在全球市场中保持快速的市场响应性。随着中国跨国企业在国际市场从价值链低端向价值链高端的迁移，企业通过构建复

合式营销能力创造和传递客户价值至关重要。以中国为代表的新兴经济体跨国企业往往发源于高度不成熟的市场（Boisot and Meyer，2010；Wang et al.，2016），且由于国际化起步较晚，其尚未开发出无区位束缚（non-location-bound）的企业特殊优势，进而更需发挥复合式营销能力快速响应、高性价比、客户深度洞察等竞争属性进行有机捆绑。复合式营销能力涉及更为复杂的程序和技能，更强调以国际市场机会识别为导向，对“竞争属性”进行有机集成（Luo and Child，2015），以寻求跨越传统跨国企业在市场运营初期以渐进的方式满足客户需求的跳板（Al-Aali and Teece，2014；Luo and Tung，2018；Lundan and Li，2019）。因此，在构建复合式营销能力的过程中，中国跨国企业能够通过增强和转换特质资源，对产品和市场的变化做出快速反应，确保企业国际市场响应性的实现。

因此，本书提出以下假设：

假设3：中国跨国企业复合式营销能力构建对国际市场响应性具有显著的正向影响。

此外，随着国际市场拓展的不断深入，中国跨国企业的复合式营销能力构建呈现差异化的特征，为了进一步验证中国跨国企业复合式营销能力构建与国际市场响应性之间的关系，本书分别检验复合式营销能力构建过程中市场洞察、跨文化互动与竞争性适应对国际市场响应性的作用关系。

市场洞察有助于企业将市场潜在信息显性化，并以此作为行动的跳板（Weick et al.，2005），获取不同市场环境下对产品或服务有不同偏好的异质客户群体（Hoenen and Kostova，2015；Luo and Park，2001；Siqueira et al.，2015）。市场洞察对于国际市场响应性的影响主要集中在两个方面：一方面，市场洞察涉及整合不同海外市场的客户偏好，并根据跨国企业规模与客户偏好异质性配置资源，灵活地修改其现有的惯例或资源基础，以应对不断变化的当地需求（Wan，2005；Du and Kamakura，2012）。作为复合式营销能力构建的初始条件，市场洞察能够将不确定性下的海外市场运营转变为结构化的风险分析过程，避免潜在的损失。全球需求异质性的增加，迫使中国跨国企业必须深刻洞察变化，在理解不同的市场需求中做出策略调整。此外，增加的异质需求为企业洞察提供了充足的学习机会；多样化知识的潜在组合可以在企业洞察中表现出推拉效应（Priem et al.，2012；Ye et al.，2012），有助于中国跨国企业对市场机会保持高度警觉，并映射市场趋势的轨迹，捕获客户的现有和潜在需求，并领先于竞争对手提升客户响应性。另一方面，市场洞察反映了组织了解客户、竞争对手和更广泛的市场环境的优势（Day，1994），从重复试验中学习、发展和改进（Zahra and George，2002）。企业市场洞察和重新配置的频率越高，市场绩效就越容易得到改善（George，2005）。在全球市场的激烈竞争中，市场洞察的时机和节奏尤为关键，同时具有挑战性（Augier and Teece，2009）。跨国企业的营销能力要求其在全球范围内持续感知和捕获变化和需求，并迅速采取行动（Pitelis and Teece，2010）。市场洞察使中国跨国企业能够有意识地改变其运作以响应外部环境变化，提出更高层次和常规化的活动，致力于开发、更新、适应和重新配置基础资源以获取价值，并作用于国际市场绩效。

基于此，本书提出如下假设：

假设3a：中国跨国企业的市场洞察正向影响其客户响应性。

假设3b：中国跨国企业的市场洞察正向影响其市场绩效。

跨文化互动是企业更新现有实践并避免组织僵化的有效方式，可以提供更广泛的外部连接与内部学习机会（Zellmer-Bruhn and Gibson，2006）。国际市场响应性的影响主要集中在两个方面：一方面，跨文化互动强调与客户等利益相关主体建立密切关系（Park et al.，2010），其对发现和适应不断变化的市场至关重要（Vorhies et al.，2011），是中国跨国企业创造和维持客户期望的渠道，可以通过跨文化互动，影响顾客对企业产品和服务的满意度与忠诚度，将客户心理、情感和行为都与企业联系在一起（Yim et al.，2008），这种相互依赖使企业克服外来者劣势与来源国劣势进行沟通和响应客户需求（Zaheer，1995），在客户关系中发挥杠杆作用（Johnson et al.，2004），并加强其产品和服务的能力，可以在整个投资组合中创造更高的客户价值（Vijande et al.，

2005），在市场竞争中提升客户响应性；另一方面，中国跨国企业国际化运营需要面临多元文化环境障碍与外来者劣势挑战。跨文化互动能够提供来自外部联系的丰富知识背景，降低文化差异带来的国际营销活动的不确定性，以减轻国际营销的资源负担，有助于克服本国和东道国之间的文化和市场差异，从而提高产品或服务的响应性，帮助企业获得重要和可靠的市场信息，特别是客户情报信息的收集（Jaworski and Kohli，1993）。凭借卓越的营销能力，企业能够有效地利用从业务关系中获得的信息，快速识别市场趋势，有效地营销产品（Rindfleisch and Moorman，2003），促进知识转移和技术获取（Li et al.，2008）。跨文化互动能力较强的中国跨国企业，能够将新知识和技术与现有知识相结合，促进产品创新（Prabhu et al.，2005）。内部技术能力与通过业务联系获得的外部知识相结合，会产生协同效应（Zhou and Wu，2010），从跨文化互动中获得的关键信息或合作机会最终作用于市场绩效的提升。

基于此，本书提出如下假设：

假设3c：中国跨国企业的跨文化互动正向影响其客户响应性。

假设3d：中国跨国企业的跨文化互动正向影响其市场绩效。

竞争性适应强调以国际市场机会识别为导向，对竞争属性进行有机集成，使中国跨国企业具备分解和使用关于竞争对手信息的能力。竞争性适应对于国际市场响应性的影响主要集中在两个方面：一方面，竞争性适应反映了企业与特定利益群体联系的组织能力（Danneels，2008），即推动中国跨国企业与客户、竞争对手等主体建立有利的关系，维护已建立的客户基础，并利用市场知识创造优于竞争对手的优势（Spanos and Lioukas，2001）。竞争性适应能够帮助企业追求利基战略，在高度专精化的客户群中获得专有知识，有助于企业改进技术流程，对特有客户资源的占有、整合和配置使企业能够合理地设置竞争壁垒，这种竞争壁垒为企业保持客户响应性提供便利（Dierickx and Cool，1989；Krasnikov and Jayachandran，2008）。另一方面，竞争性适应反映竞争格局可预测性的程度（Auh and Menguc，2005），使企业避免失去其资源优势（Sirmon et al.，2010）。中国跨国企业面对激烈的竞争时，需要培养竞争性适应的能力，以重新配置企业资源实现组织的灵活性、及时反应和学习（Pitelis and Teece，2010），并助推企业创造新颖的价值方式。不易获得或不易模仿的资源是可持续竞争优势的潜在基础，中国跨国企业的复合式营销能力提供更高程度的不可模仿性，其隐性和嵌入式的性质，加大了竞争对手模仿的难度。因此，竞争性适应可以为企业建立维持竞争优势的稳固机制，促进企业取得卓越的国际市场绩效。

基于此，本书提出如下假设：

假设3e：中国跨国企业的竞争性适应正向影响其客户响应性。

假设3f：中国跨国企业的竞争性适应正向影响其市场绩效。

由上述内容可知，复合式营销能力构建在文化嵌入和国际市场响应性之间的作用机制中起中介效应，即中国跨国企业通过文化嵌入获取多元化资源对其国际市场响应性产生影响。同时，文化嵌入对复合式营销能力的构建产生积极的影响。复合式营销能力构建过程中的市场洞察、跨文化互动与竞争性适应也会影响企业的国际市场响应性中的客户响应性与市场绩效。可见，复合式营销能力对文化嵌入和国际市场响应性之间的关系起传递作用并充当中介角色，对国际市场响应性产生中介影响。

基于此，本书提出以下假设：

假设4：中国跨国企业复合式营销能力的构建在文化嵌入与国际市场响应性之间具有中介作用。

假设4a：复合式营销能力的构建在内部文化嵌入与客户响应性之间具有中介作用。

假设4b：复合式营销能力的构建在内部文化嵌入与市场绩效之间具有中介作用。

假设4c：复合式营销能力的构建在外部文化嵌入与客户响应性之间具有中介作用。

假设4d：复合式营销能力的构建在外部文化嵌入与市场绩效之间具有中介作用。

四、跨境共享对文化嵌入与复合式营销能力构建的调节作用

跨境共享是指跨国企业获取全球资源以进一步整合其现有运营、通过企业内所有单位共享和利用这些资源，以及将这些资源内化和升级以创造自身竞争优势的有效程度（Luo and Bu，2018）。中国跨国企业在各类外国伙伴关系的数量和多样性方面具有优势，通过这些跨文化伙伴关系，可以获得各种资源、知识和资本（Kale and Perlmutter，2000）。跨国企业与海外多种不同类型的外部组织各种形式的关系连接发挥不同的作用，共同促成了多样化的文化网络、学习机会和共享关键资源的机会，为企业构建海外立足点提供了一种比传统企业更快、更有效的机制，以获取关键资源和能力（McDermott and Corredoira，2010；Sun et al.，2010；Zhou et al.，2007）；企业利用强大的连接技能弥补其相对较弱的交易能力，并弥补外来者和新来者劣势。与外国企业利益相关者的文化嵌入有助于缓解企业外部不确定性和交易成本，有助于中国跨国企业获得构建复合式营销能力所需的大量信息和本地投资运营所需的新资源。因此，本书认为，跨境共享对中国跨国企业文化嵌入与复合式营销能力之间的作用关系产生影响。

基于此，本书提出如下假设：

假设5：跨境共享对文化嵌入与复合式营销能力构建有调节作用。

由于文化嵌入涉及内部嵌入与外部嵌入两个不同维度，中国跨国企业文化嵌入对复合式营销能力构建的作用关系也不尽相同。因此，本书认为，跨境共享对于不同维度的文化嵌入策略与复合式营销能力之间作用关系的影响也存在较大差异性。

跨境共享对内部文化嵌入与复合式营销能力关系的影响。跨境共享本质上是一种技术、制度与组织进行创新组合的新兴业态，适用于具有生命体特征的复杂研究对象，更易于系统剖析跨境共享影响企业发展的信息和要素，从早期公司治理、技术与文化、基本制度等要素，衍生包括商业模式、管理模式、资源支持系统和组织架构等在内的复杂结构（揭筱纹、涂发亮，2011），其打破了文化距离、要素流向和权属关系等传统形态的局限，扩展分

工与合作秩序，促进了资源匹配的精准度与效度（向国成等，2017）。一方面，跨境共享通过内部嵌入反映来自其他部门和内部部门的非营销员工对组织营销能力的贡献程度（Krohmer et al.，2002；Bendoly et al.，2012）。成员在共享的过程中，通过内部文化嵌入会碰撞出更多元化的信息，这些都有利于企业创造力和洞察力的提升（Shin and Zhou，2007；蒿坡等，2014）。另一方面，跨境共享会提高多元化信息在组织内部的交换程度，有助于成员之间形成跨文化互动的组织氛围（Gong，2013），确保更高水平的前沿产品开发和竞争性适应。因此，本书认为，跨境共享程度较高会提升内部文化嵌入对复合式营销能力构建的影响。

基于此，本书提出以下假设：

假设5a：跨境共享正向调节内部文化嵌入与市场洞察之间的关系。

假设5b：跨境共享正向调节内部文化嵌入与跨文化互动之间的关系。

假设5c：跨境共享正向调节内部文化嵌入与竞争性适应之间的关系。

跨境共享对外部文化嵌入与复合式营销能力构建关系的影响。跨境共享在复合式营销能力的发展和培养方面发挥着关键作用，因为它可以通过外部手段获取和提升文化知识和信息能力（Lavie，2006），并将这些分散的跨文化信息整合成有凝聚力的惯例进行市场洞察。一方面，在国际市场拓展中，企业利用跨境共享配置其营销能力，将权利转移给渠道成员以应对短期利润预期的挑战（Webster et al.，2005）。跨境共享有助于企业通过跨文化互动获得其他营销职能和合作伙伴的资源，并更有效地集中在有限的核心能力中。另一方面，这种配置的复杂性可能会增加竞争对手的模仿难度（Dierickx and Cool，1989）。营销能力跨越组织边界配置可能会在不同程度上影响企业营销职能的影响力（Andersen et al.，2013）。中国跨国企业可以通过跨境共享利用合作伙伴的资源和能力创造价值。在日益开放的市场环境中，跨境共享变得越来越重要，因为提供复杂的客户解决方案需要管理许多合作伙伴之间复杂的交互及知识和资源的交换（Mu，2014）。跨境共享可以帮助企业协调网络合作伙伴的能力和资源，为企业提供获取更深层次和多元化的专业技能、市场和客户知识以创造客户价值。这背后的逻辑是，价值合作伙伴整合其资源和能力来进行产品创新和客户体验创造（Mu，2013）。协调和利用不同参与者的资源和能力，公司能够创造性地将不同合作伙伴的资源和能力进行组合或捆绑，也就能为复合式营销能力的构建奠定更为广泛的资源基础。

基于此，本书提出以下假设：

假设5d：跨境共享正向调节外部文化嵌入与市场洞察之间的关系。

假设5e：跨境共享正向调节外部文化嵌入与跨文化互动之间的关系。

假设5f：跨境共享正向调节外部文化嵌入与竞争性适应之间的关系。

五、跨境共享对复合式营销能力构建与国际市场响应性的调节作用

跨境共享的概念普遍地适用于新兴经济体跨国企业或处于国际竞争环境中的中小型企业（Yiu et al.，2007）。共享概念可追溯至个体及组织的分享行为，也可以指向一般意义上的社会化合作（Aakhus and Bzdak，2012）。目前共享的概念和内涵已被拓展，如共享的核心主体，不但包括"闲置资源"，还包含"非闲置产能和资产"，并形成独具中国特色的资源利用模式。跨境共享主要侧重于全球开放性资源的高效率协同与匹配，主张国际市场参与者的竞争与合作、创新与创造，强调单位内部与单位间的深度协作（Rahman et al.，2020）。在开放互联的全球市场中，中国跨国企业正在进行前所未有的加速国际化。中国跨国企业具有许多独特的优势，如从跨境共享过程中发展而来的复合式营销能力。并不是所有企业都拥有情报搜集、组合全球开放资源、连接国外伙伴关系和创造离岸市场竞争优势的能力，其需要在内外部互动过程中同时规划、启动、改进和协调多种竞合模式（田颖等，2021），并通过跨境投资、竞争和伙伴关系的组合实现协同效应，使企业能降低交易成本和增加相关多元化业务的国际化优势（Humphrey and Schmitz，2002；Demirel and Ulu，2020）。中国跨国企业通过向全球参与者学习和互动，可以成功地利用跨境共享构建复合式营销能力。当今的全球市场已经被技术、联系和协作所改变，这为中国跨国企业创造了更多的开放资源和开放机会，从而在一个日

益关联和共同发展的商业生态系统中进行竞争。全球价值链活动的改进，可以实现有效资源分配和协调运营活动以便更有效地响应市场需求。因此，本书认为，跨境共享会影响复合式营销能力构建与国际市场响应性之间的关系。

基于此，本书提出以下假设：

假设6：跨境共享对复合式营销能力的构建与国际市场响应性具有调节作用。

此外，由于资源禀赋和文化制度的差异，中国跨国企业的跨境共享效应通常更为复杂，其影响也存在于多个方面。因此，本书认为，跨境共享对复合式营销能力构建过程中的市场洞察、跨文化互动与竞争性适应的影响也不尽相同。

跨境共享对市场洞察与国际市场响应性关系的影响。正如前文所述，市场洞察在复合式营销能力构建过程中的起点作用至关重要，其使企业能够在市场上传递和创造差异化的客户价值，降低营销职能的可替代性，这是因为企业可能越来越依赖营销能力来指导关键目标的实现和资源部署（Falasca et al.，2017）。跨境共享增强了市场洞察的影响力，一方面，促使企业家摆脱传统认知的思维束缚（Humphrey and Schmitz，2002；杨晓荣、杜荣，2021），着眼于理念的突破和技术的革新，同时明确中国跨国企业客户管理体系的构建思路，以便更好地响应对产品品质和个性化服务的客户需求。另一方面，跨境共享能灵活地弥补企业协调不足问题（Demirel and Ulu，2020），使中国跨国企业不再局限于自身组织的边界，可以通过寻找合作伙伴并利用他们的高级技能，促使企业从更广阔的视角加强对市场的洞察，以专注于其核心竞争力，最终作用于中国跨国企业市场绩效的提升。因此，本书认为，跨境共享程度较高会对中国跨国企业市场洞察与国际市场响应性之间的关系产生积极的影响。

基于此，本书提出以下假设：

假设6a：跨境共享正向调节市场洞察与客户响应性之间的关系。

假设6b：跨境共享正向调节市场洞察与市场绩效之间的关系。

跨境共享对跨文化互动与国际市场响应性关系的影响。跨文化互动会带来更大的灵活性（Carson，2007；Krasnikov and Jayachandran，2008），能够使中国跨国企业获得更多的市场知识和能力，使企业更快地抓住新的市场机会，并做出快速响应。跨境共享以盈利为目标，连接多方主体，具有网络协同性特征（Leandro and Neffa，2012），跨文化互动与国际市场响应性关系的权变影响主要体现在两个方面：一方面，市场信息较为分散时，跨境共享可以降低交换成本与市场摩擦，提高多方参与者的匹配效率（Lee et al.，2012），通过共享价值理念传递，吸引更广泛主体参与企业发展，提高企业信息处理能力，从而促进企业从全球众多外国合作伙伴那里学习，实现低成本创新，培育具有成长潜力产销互惠的新型生态（Juscius and Jonikas，2013）。另一方面，企业通过与众多的外国组织互动合作获得知识、学习经验和关键资源，其丰富的资源组合在其差异化的文化网络中移动，为新兴市场跨国企业创造更多价值与市场绩效（Ghoshal and Bartlett，1990；Rugman and Verbeke，2003；Rahman et al.，2020）。因此，跨境共享程度较高会增强中国跨国企业跨文化互动与国际市场响应性之间的关系。

基于此，本书提出以下假设：

假设6c：跨境共享正向调节跨文化互动与客户响应性之间的关系。

假设6d：跨境共享正向调节跨文化互动与市场绩效之间的关系。

跨境共享对竞争性适应与国际市场响应性关系的影响。竞争性适应可以将竞争对手的信息深入到中国跨国企业海外市场拓展中，增强复合式营销能力构建的作用。跨境共享通常包括协调沟通和整合不同来源的知识和见解，对竞争性适应与国际市场响应性关系的影响主要体现在两个方面：一方面，竞争性适应能够使员工更好地确定竞争趋势（Reinartz et al.，2004），进而更好地解释和预测竞争对手行为，将竞争对手的知识和见解整合并嵌入新产品开发过程中，理解提升客户响应性需要对标更好的产品设计和开发。另一方面，跨境共享通过增加信息沟通频率和信息转移数量（Harvey，2014），有助于化解职能之间的冲突与不信任，整合汇集不同职能的资源和技能，职能间协作能够增强沟通和集成新的见解，可以让不同来源的见解在新产品开发过程中得以传播和集成，从而促进员工承诺和资源配置的灵活性（Troy et al., 2008），并最终作用于中国跨国企业市场绩效的提升。因此，跨境共享程度较高会增强中国跨国企业竞争性适应对国际市场响应性的作用关系。

基于此，本书提出以下假设：

假设6e：跨境共享正向调节竞争性适应与客户响应性之间的关系。

假设6f：跨境共享正向调节竞争性适应与市场绩效之间的关系。

基于上述理论分析，本书进一步明确了文化嵌入、复合式营销能力构建与国际市场响应性的作用关系概念框架（如图4.2所示）。同时，本书对上文提炼的假设关系进行汇总（如表4.1所示）。

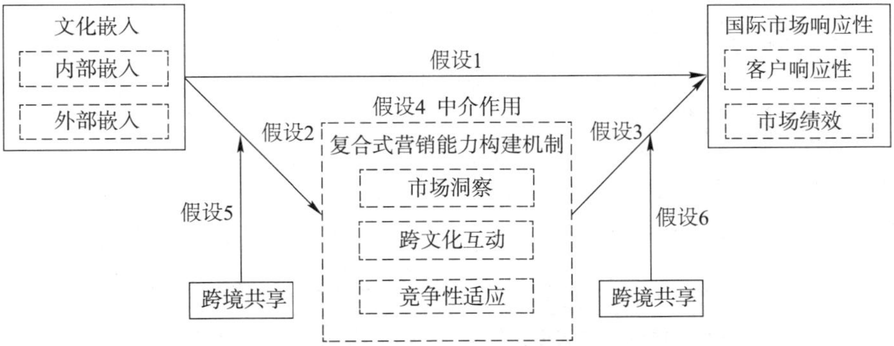

图4.2　文化嵌入、复合式营销能力构建与国际市场响应性作用关系框架

资料来源：笔者整理得出。

表4.1　本书研究假设汇总

作用路径	假设内容
文化嵌入—国际市场响应性	假设1：中国跨国企业文化嵌入对国际市场响应性具有显著的正向影响
	假设1a：中国跨国企业内部文化嵌入正向影响其客户响应性
	假设1b：中国跨国企业内部文化嵌入正向影响其市场绩效
	假设1c：中国跨国企业外部文化嵌入正向影响其客户响应性
	假设1d：中国跨国企业外部文化嵌入正向影响其市场绩效
文化嵌入—复合式营销能力构建	假设2：中国跨国企业文化嵌入对复合式营销能力的构建具有显著的正向影响
	假设2a：中国跨国企业内部文化嵌入正向影响复合式营销能力构建过程中的市场洞察
	假设2b：中国跨国企业外部文化嵌入正向影响复合式营销能力构建过程中的市场洞察

续表

作用路径	假设内容
文化嵌入—复合式营销能力构建	假设2c：中国跨国企业内部文化嵌入正向影响复合式营销能力构建过程中的跨文化互动
	假设2d：中国跨国企业外部文化嵌入正向影响复合式营销能力构建过程中的跨文化互动
	假设2e：中国跨国企业内部文化嵌入正向影响复合式营销能力构建过程中的竞争性适应
	假设2f：中国跨国企业外部文化嵌入正向影响复合式营销能力构建过程中的竞争性适应
复合式营销能力构建—国际市场响应性	假设3：中国跨国企业复合式营销能力构建对国际市场响应性具有显著的正向影响
	假设3a：中国跨国企业的市场洞察正向影响其客户响应性
	假设3b：中国跨国企业的市场洞察正向影响其市场绩效
	假设3c：中国跨国企业的跨文化互动正向影响其客户响应性
	假设3d：中国跨国企业的跨文化互动正向影响其市场绩效
	假设3e：中国跨国企业的竞争性适应正向影响其客户响应性
	假设3f：中国跨国企业的竞争性适应正向影响其市场绩效
复合式营销能力构建的中介作用	假设4：中国跨国企业复合式营销能力的构建在文化嵌入与国际市场响应性之间具有中介作用
	假设4a：复合式营销能力的构建在内部文化嵌入与客户响应性之间具有中介作用
	假设4b：复合式营销能力的构建在内部文化嵌入与市场绩效之间具有中介作用
	假设4c：复合式营销能力的构建在外部文化嵌入与客户响应性之间具有中介作用
	假设4d：复合式营销能力的构建在外部文化嵌入与市场绩效之间具有中介作用
跨境共享对文化嵌入与复合式营销能力构建的调节作用	假设5：跨境共享对文化嵌入与复合式营销能力构建具有调节作用
	假设5a：跨境共享正向调节内部文化嵌入与市场洞察之间的关系
	假设5b：跨境共享正向调节内部文化嵌入与跨文化互动之间的关系
	假设5c：跨境共享正向调节内部文化嵌入与竞争性适应之间的关系
	假设5d：跨境共享正向调节外部文化嵌入与市场洞察之间的关系
	假设5e：跨境共享正向调节外部文化嵌入与跨文化互动之间的关系
	假设5f：跨境共享正向调节外部文化嵌入与竞争性适应之间的关系
跨境共享对复合式营销能力构建与国际市场响应性的调节作用	假设6：跨境共享对复合式营销能力的构建与国际市场响应性具有调节作用
	假设6a：跨境共享正向调节市场洞察与客户响应性之间的关系
	假设6b：跨境共享正向调节市场洞察与市场绩效之间的关系
	假设6c：跨境共享正向调节跨文化互动与客户响应性之间的关系
	假设6d：跨境共享正向调节跨文化互动与市场绩效之间的关系
	假设6e：跨境共享正向调节竞争性适应与客户响应性之间的关系
	假设6f：跨境共享正向调节竞争性适应与市场绩效之间的关系

资料来源：笔者整理得出。

第五章
研究设计与小样本测试

调研问卷的设计可以直接影响统计分析结果，因而保障其科学性与严谨性至关重要。针对本书所确立的研究问题与整体研究模型，本章将根据涉及的文化嵌入、复合式营销能力构建、国际市场响应性与跨境共享等核心变量进行问卷设计与小样本测试，以便净化量表，并最终确立正确的问卷。本章具体安排如下：首先，结合相关文献与案例研究的分析结果，对核心变量进行操作化定义并构建变量的维度结构；其次，依据变量及其相关维度，与领域专家及研究团队成员反复讨论，设计初始调研问卷；最后，通过预调研收集小样本数据，通过探索性因子分析修正和净化初始调研问卷，进而确立最终的正式调研问卷。

第一节　问卷设计

依据Bradburn 等（1992）、罗胜强和姜嬿（2014）所建议的调查问卷设计方法，本部分内容将遵循以下四个流程进行问卷开发：首先，梳理文化嵌入、复合式营销能力构建、国际市场响应性与跨境共享等相关研究文献，借鉴分析其中研究信度较高的成熟量表；其次，基于本书的研究模型和案例研究结论，对现有量表进行适当调整与修正，进而形成初始变量测项；再次，与4家中国跨国企业的管理者就变量涉及题项的表述方式和措辞进行讨论，使问卷题项更便于理解，在此基础上形成初始调查问卷；最后，依托笔者所在研究团队的关系网络，进行预调研和小样本测试，净化初始问卷的题项并确立最终问卷。本书涉及的问卷内容主要有两个部分：第一部分为受访对象及所在企业的基本信息；第二部分为关键变量的李克特（Likert）7点式计分量表，其中，数字1至7表示的含义及其程度逐步过渡和递进。问卷的样本企业主要为中国跨国企业，受访对象以匿名方式对中国跨国企业文化嵌入、复合式营销能力构建、国际市场响应性与跨境共享等相关活动行为进行评判，受访对象依据客观情况填写其所涉及的企业背景信息和基本特征。

一、文化嵌入的测量

文化嵌入强调价值观、传统习俗、地域与产业氛围等社会文化因素的影响，个体或组织为适应所处社会文化环境进而调整自身行为的状态（Granovetter，1985；Zukin and DiMaggio，1990）。本书借鉴Zukin 和 DiMaggio（1990）、Cheng 和 Huang（2020）的研究，将文化嵌入维度划分为内部嵌入与外部嵌入，并根据Oehmichen 和 Puck（2016）、Pu 和 Soh（2018）等所使用的内部嵌入、外部嵌入测量量表，结合第三章案例研究的结论，从内部嵌入和外部嵌入2个维度、8个问项测量文化嵌入。变量、相关指标维度与测项如表5.1所示。

表5.1　文化嵌入的测量条目汇总

变量	维度	编号	测量问项
文化嵌入	内部嵌入	CE1	我们会以母国文化为基准调整管理流程
		CE 2	我们会对母国管理文化进行反思与转化
		CE 3	我们能够协调好拥有不同文化背景的员工
		CE 4	我们通过关注母国战略变化，不断调整计划行动
	外部嵌入	CE 5	我们对东道国的法律和经济体系很了解
		CE 6	我们对东道国的文化信仰和价值观很了解
		CE 7	我们能有效地经营与具有不同文化背景的商务伙伴的关系
		CE 8	我们能够与具有不同文化背景的商务伙伴进行有效的沟通

资料来源：笔者整理得出。

二、复合式营销能力构建的测量

中国跨国企业国际营销能力构建具有明显的复合式特征，由此提出的复合式营销能力，是指企业核心能力较弱但具备较快的整合速度、更高的生产效率，以及更优的产品性价比，使其能够利用在母国市场积累的独特资源禀赋对客户需求展开深刻洞察的营销能力。本书从Luo等（2018）的复合基础观内涵、Day（2011）“由外向内”营销能力的双重视角出发，结合第三章案例研究的结论，将复合式营销能力构建划分为市场洞察、跨文化互动与竞争性适应三个维度。具体而言：市场洞察是指企业为挖掘、识别和评估市场中所蕴藏的现有和潜在价值资源或机会，而对其进行的深刻认知理解程度（Said et al.，2015）；跨文化互动是指具有多元文化背景的利益相关者为获得情感、个性化需求、自我创造及自我实现等需求，在产品或服务生产过程中进行的涉入性资源投入行为（Liu et al.，2018）；竞争性适应是指企业能够感知并把握当前或潜在市场机遇，及时做出反应调整，形成优于竞争者的持续性竞争优势（Mu et al.，2015）。根据Fang和Zou（2009）、Day（2014）、许晖等（2011）对营销动态能力的研究，Riefler等（2012）、Erevelles等（2016）、Schweitzer等（2019）对市场洞察的研究，Lingham等（2009）、Gertsen和Derberg（2011）对跨文化互动的研究，以及Cusumano等（2008）、Baumann等（2019）、Andrew等（2020）对竞争性适应的研究，本章制定出包含12个问项的测量量表，量表具体问项见表5.2。

表5.2　复合式营销能力的测量条目汇总

变量	维度	编号	测量问项
复合式营销能力	市场洞察	CC 1	我们通过多种渠道持续感知现有顾客和竞争者的变化
		CC 2	我们比竞争者更快地感知到市场上已经出现的变化
		CC 3	我们擅于快速地从市场变化中识别有用信息
		CC 4	我们充分利用既有的市场信息获取手段
	跨文化互动	CC 5	我们通常与不同文化背景下的顾客共同设计产品流程
		CC 6	我们尝试为不同文化背景的顾客提供差异化服务
		CC 7	我们能够识别不同文化背景下的顾客需求，并快速做出响应

续表

变量	维度	编号	测量问项
复合式营销能力	跨文化互动	CC 8	我们有正式的系统，根据文化差异来与顾客开展不同的交流
	竞争性适应	CC 9	我们经常收集、整合有关竞争者产品或战略的信息
		CC 10	我们能够系统地收集并分析潜在竞争者活动的信息
		CC 11	我们的管理者经常与企业员工分享当前或潜在竞争者的信息
		CC 12	我们对当前或潜在竞争者的优势和劣势的认识非常深入

资料来源：笔者整理得出。

三、国际市场响应性的测量

国际市场响应性是指跨国企业对国际市场需求变化带来的机遇和挑战做出反应的程度，它是企业积极主动与外界环境互动的结果（Garrett et al., 2009）。本书在Jaworski 等（1993）、Davis 等（2009）、Eggers 和 Park（2018）所提出的市场响应性量表的基础上，经过设计、修订，最终得到本书的预调研量表，共包含2个维度、7条问项，具体问项见表5.3。

表5.3　市场响应性的测量条目汇总

变量	维度	编号	测量问项
国际市场响应性	客户响应性	MR 1	相比主要竞争对手，我们知道如何能够让客户对我们更满意
		MR 2	相比主要竞争对手，我们知道怎样能帮助客户变得更好
		MR 3	相比主要竞争对手，我们知道如何更好地为客户创造价值
		MR 4	相比主要竞争对手，我们知道如何与客户建立信任关系
	市场绩效	MR 5	相比主要竞争对手，我们实现了更高的市场份额
		MR 6	相比主要竞争对手，我们的销售增长率更高
		MR 7	相比主要竞争对手，我们的资产收益率更高

资料来源：笔者整理得出。

四、跨境共享的测量

跨境共享是指跨国企业在获取全球资源以进一步整合其现有运营、通过企业内所有单位共享、利用这些资源以及将这些资源内化和升级，以创造自身竞争优势的有效程度（Luo and Bu，2018）。本书借鉴Martinez 和 Jarillo（1989）、Lsu（2014）、Luo 和 Bu（2018）的研究，开发出跨境共享量表，共4条测量问项，具体问项见表5.4。

表5.4 跨境共享的测量条目汇总

变量	编号	测量问项
跨境共享	CS 1	我们与国际市场上的主要利益相关者经常共享信息
	CS 2	我们与国际市场上的主要利益相关者在合作过程中风险共担
	CS 3	我们与国际市场上的主要利益相关者在合作过程中利益共享
	CS 4	我们建立了全面的信息管理系统来支持全球业务

资料来源：笔者整理得出。

第二节 小样本测试

为了进一步对本书所涉及的变量及初始问卷设计进行小样本检验，本书研究团队依托国家自然科学基金面上项目，从2019年3月开始在北京、天津、山东、杭州、青岛等地发放问卷共115份，收集中国跨国企业的样本数据。经过筛选和初步统计回收的有效问卷共计101份，回收率为88%。本书使用小范围收集的样本对初始问卷及其题项进行小样本测试，根据测试结果对初始问卷进行修正，以便进行正式的大规模问卷调研。

一、预测试检验标准

鉴于本书涉及文化嵌入、复合式营销能力构建、国际市场响应性与跨境共享等变量测量量表中的多个条目，且测量问项主要来自外文文献，因此初步完成问卷开发后，本书运用SPSS软件，通过信度分析和探索性因子分析对初始问卷进行检测和修正，形成本书的正式调研问卷。根据Zaichowsky（1985）、Bagozzi 等（1988）和高海霞（2004）的观点，本书运用以下四项指标：①修正问项总相关系数（CITC）大于0.5；②KMO大于0.6；③Cronbach'α大于0.7；④因子载荷大于0.5。通过使用以上指标的比对，本书对各变量的测量量表进行修订与净化，以便得到正式调研问卷。

二、量表测试检验

（一）文化嵌入量表的净化与探索性因子分析

在初始量表中，本书的文化嵌入包括内部嵌入与外部嵌入两个维度，测量问项共8个，本书分别就外部嵌入与内部嵌入量表的信度与效度进行检验。

1. 内部嵌入的净化与探索性因子分析

从表5.5对内部嵌入量表的CITC和Cronbach'α系数分析结果可以发现，内部嵌入整体量表的Cronbach'α值为0.762，高于0.700的标准水平；内部嵌入的前3个题项（CE1、CE2、CE3）的CITC值为0.520~0.707，数值达到大于0.500的标准水平；内部嵌入的第4个题项CE4"我们通过关注母国战略变化，不断调整计划行动"的CITC值为0.376，低于0.500的标准水平。导致CE4的CITC值过小的原因可能是：中国跨国企业在拓展海外市场的过程中，对母国战略的变化关注相对较少，其更倾向于通过了解东道国市场环境变化调整行为。根据量表净化原则，CITC值小于0.500，应予以剔除，若删除该题项，内部嵌入量表的整体信度将提升到0.806，因此本书将题项CE4删除。

表5.5　内部嵌入量表的CITC和信度分析

测试条目	CITC	删除该条目后Cronbach'α值	量表总体Cronbach'α值
CE1	0.520	0.728	0.762
CE2	0.707	0.629	
CE3	0.676	0.642	
CE4	0.376	0.806	

注：N=101。

资料来源：笔者整理得出。

从表5.6对内部嵌入量表的KMO值和Bartlett's球形检验分析结果可以发现，内部嵌入的KMO值为0.695，数值达到大于0.600的标准水平；Bartlett's球形检验卡方值的显著性水平为0.000，数值达到小于0.050的标准水平，这表明内部嵌入经过净化后的研究量表可以进一步开展因子分析。

表5.6　内部嵌入量表的KMO值和Bartlett's球形检验

Kaiser-Meyer-Olkin取样适当性		0.695
Bartlett's球形检验	卡方	100.163
	自由度	3
	显著性	0.000

注：N=101。
资料来源：笔者整理得出。

从表5.7对内部嵌入量表的探索性因子分析结果可以发现，内部嵌入的3个题项的因子载荷为0.815~0.884，数值达到大于0.700的标准水平；特征值为2.168，累计方差解释率为72.26%，达到高于50%的理想水平；组成信度（CR）为0.887，数值达到大于0.600的标准水平；平均方差萃取率（AVE）为0.723，数值达到大于0.500的标准水平。基于以上对内部嵌入的信度和效度检验，本书最终形成该变量的正式量表。

表5.7　内部嵌入量表的探索性因子分析结果

变量	条目	因子载荷	CR	AVE
内部嵌入	CE1	0.884	0.887	0.723
	CE2	0.850		
	CE3	0.815		
特征值	2.168			
累计方差解释率	72.26%			

注：N=101。
资料来源：笔者整理得出。

2. 外部嵌入的净化与探索性因子分析

从表5.8对外部嵌入量表的CITC和Cronbach'α系数分析结果可以发现，外部嵌入整体量表的Cronbach'α系数为0.885，数值达到大于0.700的标准水平；外部嵌入的4个题项（CE5、CE6、CE7、CE8）的CITC值为0.584~0.833，数值达到大于0.500的标准水平。

表5.8　外部嵌入量表的CITC和信度分析

测试条目	CITC	删除该条目后Cronbach'α值	量表总体Cronbach'α值
CE5	0.833	0.825	0.885
CE6	0.828	0.826	
CE7	0.790	0.842	
CE8	0.584	0.913	

注：N=101。

资料来源：笔者整理得出。

从表5.9对外部嵌入量表的KMO值和Bartlett's球形检验分析结果可以发现，外部嵌入的KMO值为0.769，数值达到大于0.600的标准水平；Bartlett's球形检验卡方值的显著性水平为0.000，数值达到小于0.500的标准水平，这表明外部嵌入经过净化后的研究量表可以进一步展开因子分析。

表5.9　外部嵌入量表的KMO值和Bartlett's球形检验

Kaiser-Meyer-Olkin取样适当性		0.769
Bartlett's球形检验	卡方	272.258
	自由度	6
	显著性	0.000

注：N=101。

资料来源：笔者整理得出。

从表5.10对外部嵌入量表的探索性因子分析结果可以发现，外部嵌入的4个题项的因子载荷为0.736~0.915，数值达到大于0.700的标准水平；特征值为2.995，累计方差解释率为74.868%，达到高于50%的理想水平；组成信度（CR）为0.922，数值达到大于0.600的标准水平；平均方差萃取率（AVE）为0.749，数值达到大于0.500的标准水平。基于以上对外部嵌入的信度和效度检验，本书最终形成该变量的正式量表。

表 5.10 外部嵌入量表的探索性因子分析结果

变量	条目	因子载荷	CR	AVE
外部嵌入	CE5	0.915	0.922	0.749
	CE6	0.910		
	CE7	0.888		
	CE8	0.736		
特征值	2.995			
累计方差解释率	74.868%			

注：N=101。

资料来源：笔者整理得出。

（二）复合式营销能力构建量表的净化与探索性因子分析

在初始量表中，本书的复合式营销能力包括市场洞察、跨文化互动与竞争性适应三个维度，测量问项共计12个，本书分别就市场洞察、跨文化互动与竞争性适应量表的信度与效度进行检验。

1. 市场洞察的净化与探索性因子分析

从表5.11对市场洞察量表的CITC和Cronbach'α系数分析结果可以发现，市场洞察整体量表的Cronbach'α值为0.780，达到高于0.700的标准水平；市场洞察的前3个题项（CC1、CC2、CC3）的CITC值为0.598~0.756，数值达到大于0.500的标准水平；但市场洞察的第4个题项CC4“我们充分利用既有的市场信息获取手段”的CITC值为0.372，低于0.500的标准水平，导致CC4的CITC值过小的原因可能是：中国跨国企业在拓展海外市场的过程中，对既有信息的利用相对较少，更倾向于获取新的信息以对市场变化进行及时反馈。根据量表净化原则，CITC值小于0.500，应予以剔除，若删除该题项后市场洞察量表的整体信度将提升到0.829，因此本书将题项CC4删除。

表 5.11 市场洞察量表的CITC和信度分析

测试条目	CITC	删除该条目后Cronbach'α值	量表总体Cronbach'α值
CC1	0.598	0.703	0.780
CC2	0.756	0.613	
CC3	0.608	0.693	

续表

测试条目	CITC	删除该条目后Cronbach'α值	量表总体Cronbach'α值
CC4	0.372	0.829	0.780

注：N=101。
资料来源：笔者整理得出。

从表5.12对市场洞察量表的KMO值和Bartlett's球形检验分析结果可以发现，市场洞察的KMO值为0.670，数值达到大于0.600的标准水平；Bartlett's球形检验卡方值的显著性水平为0.000，数值达到小于0.050的标准水平，这表明市场洞察经过净化后的研究量表可以进一步开展因子分析。

表5.12　市场洞察量表的KMO值和Bartlett's球形检验

Kaiser-Meyer-Olkin取样适当性		0.670
Bartlett's球形检验	卡方	125.784
	自由度	3
	显著性	0.000

注：N=101。
资料来源：笔者整理得出。

从表5.13对市场洞察量表的探索性因子分析结果可以发现，市场洞察的3个题项的因子载荷为0.806~0.916，数值达到大于0.700的标准水平；特征值为2.247，累计方差解释率为74.884%，达到高于50%的理想水平；组成信度（CR）为0.899，数值达到大于0.600的标准水平；平均方差萃取率（AVE）为0.749，数值达到大于0.500的标准水平。基于以上对市场洞察的信度和效度检验，本书最终形成该变量的正式量表。

表5.13　市场洞察量表的探索性因子分析结果

变量	条目	因子载荷	CR	AVE
市场洞察	CC1	0.870	0.899	0.749
	CC2	0.916		
	CC3	0.806		
特征值	2.247			

续表

变量	条目	因子载荷	CR	AVE
累计方差解释率	74.884%			

注：N=101。

资料来源：笔者整理得出。

2. 跨文化互动的净化与探索性因子分析

从表5.14对跨文化互动量表的CITC和Cronbach’α系数分析结果可以发现，跨文化互动整体量表的Cronbach’α值为0.804，达到高于0.700的标准水平；跨文化互动的后3个题项（CC6、CC7、CC8）的CITC值为0.709~0.773，数值达到大于0.500的标准水平；但跨文化互动的第1个题项CC5“我们通常与不同文化背景下的顾客共同设计产品流程”的CITC值为0.340，低于0.500的标准水平。导致CC5的CITC值过小的原因可能是：与不同文化背景下的顾客共同设计产品流程成本较高，中国跨国企业更倾向于为客户提供定制化的产品或服务。根据量表净化原则，CITC值小于0.500，应予以剔除，若删除该题项后内部嵌入量表的整体信度将会提升到0.873，因此本书将题项CC5删除。

表5.14 跨文化互动量表的CITC和信度分析

测试条目	CITC	删除该条目后Cronbach’α值	量表总体Cronbach’α值
CC5	0.340	0.873	0.804
CC6	0.709	0.712	
CC7	0.710	0.712	
CC8	0.773	0.691	

注：N=101。

资料来源：笔者整理得出。

从表5.15对跨文化互动量表的KMO值和Bartlett’s球形检验分析结果可以发现，跨文化互动的KMO值为0.743，数值达到大于0.600的标准水平；Bartlett’s球形检验卡方值的显著性水平为0.000，数值达到小于0.050的标准水平，这表明跨文化互动经过净化后的研究量表可以进一步开展因子分析。

表5.15 跨文化互动量表的KMO值和Bartlett's球形检验

Kaiser-Meyer-Olkin取样适当性		0.743
Bartlett's球形检验	卡方	152.764
	自由度	3
	显著性	0.000

注：N=101。

资料来源：笔者整理得出。

从表5.16对跨文化互动量表的探索性因子分析结果可以发现，跨文化互动3个题项的因子载荷为0.894~0.900，数值达到大于0.700的标准水平；特征值为2.408，累计方差解释率为80.258%，达到高于50%的理想水平；组成信度（CR）为0.924，数值达到大于0.600的标准水平；平均方差萃取率（AVE）为0.803，数值达到大于0.500的标准水平。基于以上对跨文化互动的信度和效度检验，本书最终形成该变量的正式量表。

表5.16 跨文化互动量表的探索性因子分析结果

变量	条目	因子载荷	CR	AVE
跨文化互动	CC6	0.900	0.924	0.803
	CC7	0.894		
	CC8	0.894		
特征值	2.408			
累计方差解释率	80.258%			

注：N=101。

资料来源：笔者整理得出。

3. 竞争性适应的净化与探索性因子分析

从表5.17对竞争性适应量表的CITC和Cronbach'α系数分析结果可以发现，竞争性适应整体量表的Cronbach'α系数为0.898，数值达到大于0.700的标准水平；竞争性适应的4个题项（CC9、CC10、CC11、CC12）的CITC值为0.742~0.835，数值达到大于0.500的标准水平。

表5.17 竞争性适应量表的CITC和信度分析

测试条目	CITC	删除该条目后Cronbach'α值	量表总体Cronbach'α值
CC9	0.746	0.873	0.898
CC10	0.835	0.841	
CC11	0.742	0.879	
CC12	0.763	0.867	

注：N=101。

资料来源：笔者整理得出。

从表5.18对竞争性适应量表的KMO值和Bartlett's球形检验分析结果可以发现，竞争性适应的KMO值为0.818，数值达到大于0.600的标准水平；Bartlett's球形检验卡方值的显著性水平为0.000，数值达到小于0.500的标准水平，这表明竞争性适应经过净化后的研究量表可以进一步展开因子分析。

表5.18 竞争性适应量表的KMO值和Bartlett's球形检验

Kaiser-Meyer-Olkin取样适当性		0.818
Bartlett's球形检验	卡方	245.388
	自由度	6
	显著性	0.000

注：N=101。

资料来源：笔者整理得出。

从表5.19对竞争性适应量表的探索性因子分析结果可以发现，竞争性适应的4个题项的因子载荷为0.855~0.915，数值达到大于0.700的标准水平；特征值为3.064，累计方差解释率为76.603%，达到高于50%的理想水平；组成信度（CR）为0.929，数值达到大于0.600的标准水平；平均方差萃取率（AVE）为0.766，数值达到大于0.500的标准水平。基于以上对竞争性适应的信度和效度检验，本书最终形成该变量的正式量表。

表5.19 竞争性适应量表的探索性因子分析结果

变量	条目	因子载荷	CR	AVE
竞争性适应	CC9	0.915	0.929	0.766
	CC10	0.867		
	CC11	0.862		
	CC12	0.855		

续表

变量	条目	因子载荷	CR	AVE
特征值	3.064			
累计方差解释率	76.603%			

注：N=101。

资料来源：笔者整理得出。

（三）国际市场响应性量表的净化与探索性因子分析

在初始量表中，国际市场响应性包括客户响应性与市场绩效两个维度，测量问项共有7个，本书分别就客户响应性与市场绩效量表的信度与效度进行检验。

1. 客户响应性量表的净化与探索性因子分析

从表5.20对客户响应性量表的CITC和Cronbach'α系数分析结果可以发现，客户响应性整体量表的Cronbach'α系数为0.849，数值达到大于0.700的标准水平；客户响应性的4个题项（MR1、MR2、MR3、MR4）的CITC值为0.587~0.793，数值达到大于0.500的标准水平。

表5.20　客户响应性量表的CITC和信度分析

测试条目	CITC	删除该条目后Cronbach'α值	量表总体Cronbach'α值
MR1	0.587	0.850	0.849
MR2	0.645	0.821	
MR3	0.723	0.787	0.849
MR4	0.793	0.758	

注：N=101。

资料来源：笔者整理得出。

从表5.21对客户响应性量表的KMO值和Bartlett's球形检验分析结果可以发现，客户响应性的KMO值为0.767，数值达到大于0.600的标准水平；Bartlett's球形检验卡方值的显著性水平为0.000，数值达到小于0.500的标准水平，这表明客户响应性经过净化后的研究量表可以进一步展开因子分析。

表5.21　客户响应性量表的KMO值和Bartlett's球形检验

Kaiser-Meyer-Olkin取样适当性		0.767
Bartlett's球形检验	卡方	183.592
	自由度	6
	显著性	0.000

注：N=101。

资料来源：笔者整理得出。

从表5.22对客户响应性量表的探索性因子分析结果可以发现，客户响应性4个题项的因子载荷为0.751~0.903，数值达到大于0.700的标准水平；特征值为2.762，累计方差解释率为69.045%，达到高于50%的理想水平；组成信度（CR）为0.899，数值达到大于0.600的标准水平；平均方差萃取率（AVE）为0.690，数值达到大于0.500的标准水平。基于以上对客户响应性的信度和效度检验，本书最终形成该变量的正式量表。

表5.22　客户响应性量表的探索性因子分析结果

变量	条目	因子载荷	CR	AVE
客户响应性	MR1	0.903	0.899	0.690
	MR2	0.861		
	MR3	0.800		
	MR4	0.751		
特征值	2.762			
累计方差解释率	69.045%			

注：N=101。

资料来源：笔者整理得出。

2. 市场绩效量表的净化与探索性因子分析

从表5.23对市场绩效量表的CITC和Cronbach'α系数分析结果可以发现，市场绩效整体量表的Cronbach'α系数为0.859，数值达到大于0.700的标准水平；市场绩效的3个题项（MR5、MR6、MR7）的CITC值为0.716~0.750，数值达到大于0.500的标准水平。

表5.23　市场绩效量表的CITC和信度分析

测试条目	CITC	删除该条目后Cronbach'α值	量表总体Cronbach'α值
MR5	0.716	0.819	0.859
MR6	0.750	0.778	
MR7	0.731	0.797	

注：N=101。

资料来源：笔者整理得出。

从表5.24对市场绩效量表的KMO值和Bartlett's球形检验分析结果可以发现，市场绩效的KMO值为0.734，数值达到大于0.600的标准水平；Bartlett's球形检验卡方值的显著性水平为0.000，数值达到小于0.500的标准水平，这表明市场绩效经过净化后的研究量表可以进一步展开因子分析。

表5.24　市场绩效量表的KMO值和Bartlett's球形检验

Kaiser-Meyer-Olkin取样适当性		0.734
Bartlett's球形检验	卡方	133.706
	自由度	3
	显著性	0.000

注：N=101。

资料来源：笔者整理得出。

从表5.25对市场绩效量表的探索性因子分析结果可以发现，市场绩效的3个题项的因子载荷为0.873~0.893，数值达到大于0.700的标准水平；特征值为2.341，累计方差解释率为78.027%，达到高于50%的理想水平；组成信度（CR）为0.914，数值达到大于0.600的标准水平；平均方差萃取率（AVE）为0.780，数值达到大于0.500的标准水平。基于以上对市场绩效的信度和效度检验，本书最终形成该变量的正式量表。

表5.25　市场绩效量表的探索性因子分析结果

变量	条目	因子载荷	CR	AVE
市场绩效	MR5	0.893	0.914	0.780
	MR6	0.884		
	MR7	0.873		

续表

变量	条目	因子载荷	CR	AVE
特征值	2.341			
累计方差解释率	78.027%			

注：N=101。

资料来源：笔者整理得出。

（四）跨境共享量表的净化与探索性因子分析

从表5.26对跨境共享量表的CITC和Cronbach'α系数分析结果可以发现，跨境共享整体量表的Cronbach'α系数为0.836，数值达到大于0.700的标准水平；跨境共享的4个题项（CS1、CS2、CS3、CS4）的CITC值为0.631~0.696，数值达到大于0.500的标准水平。

表5.26 跨境共享量表的CITC和信度分析

测试条目	CITC	删除该条目后Cronbach'α值	量表总体Cronbach'α值
CS1	0.682	0.785	0.836
CS2	0.631	0.807	
CS3	0.696	0.778	
CS4	0.660	0.796	

注：N=101。

资料来源：笔者整理得出。

从表5.27对跨境共享量表的KMO值和Bartlett's球形检验分析结果可以发现，跨境共享的KMO值为0.790，数值达到大于0.600的标准水平；Bartlett's球形检验卡方值的显著性水平为0.000，数值达到小于0.500的标准水平，这表明跨境共享经过净化后的研究量表可以进一步展开因子分析。

表5.27 跨境共享量表的KMO值和Bartlett's球形检验

Kaiser-Meyer-Olkin取样适当性		0.790
Bartlett's球形检验	卡方	151.351
	自由度	6
	显著性	0.000

注：N=101。

资料来源：笔者整理得出。

从表5.28对跨境共享量表的探索性因子分析结果可以发现，跨境共享的4个题项的因子载荷为0.794~0.837，数值达到大于0.700的标准水平；特征值为2.684，累计方差解释率为67.096%，达到高于50%的理想水平；组成信度（CR）为0.891，数值达到大于0.600的标准水平；平均方差萃取率（AVE）为0.671，数值达到大于0.500的标准水平。基于以上对跨境共享的信度和效度检验，本书最终形成该变量的正式量表。

表5.28　跨境共享量表的探索性因子分析结果

<table>
<tr><th>变量</th><th>条目</th><th>因子载荷</th><th>CR</th><th>AVE</th></tr>
<tr><td rowspan="4">跨境共享</td><td>CS1</td><td>0.831</td><td rowspan="4">0.891</td><td rowspan="4">0.671</td></tr>
<tr><td>CS2</td><td>0.794</td></tr>
<tr><td>CS3</td><td>0.837</td></tr>
<tr><td>CS4</td><td>0.814</td></tr>
<tr><td>特征值</td><td colspan="4">2.684</td></tr>
<tr><td>累计方差解释率</td><td colspan="4">67.096%</td></tr>
</table>

注：N=101。

资料来源：笔者整理得出。

三、正式问卷的确定

通过预调研和小样本测试，根据小样本预测试结果，本章对文化嵌入、复合式营销能力构建、市场响应性与跨境共享的初始问卷涉及的问项进行了净化。同时，经过笔者向本领域的专家征求建议，并与所在研究团队的成员反复讨论，校正细分维度和相关题项，对部分题项的措辞和表述进行调整，最终确立测项条目（如表5.29所示），并以此形成正式问卷。

表5.29　本书正式调查问卷中研究变量的测项条目汇总

变量	问项	问项内容
内部文化嵌入	内部文化嵌入1	我们会以母国文化为基准调整管理流程
	内部文化嵌入2	我们会对母国管理文化进行反思与转化
	内部文化嵌入3	我们能够协调好拥有不同文化背景的员工

续表

变量	问项	问项内容
外部文化嵌入	外部文化嵌入1	我们对东道国的法律和经济体系很了解
	外部文化嵌入2	我们对东道国的文化信仰和价值观很了解
	外部文化嵌入3	我们能有效地经营与具有不同文化背景的商务伙伴的关系
	外部文化嵌入4	我们能够与具有不同文化背景的商务伙伴进行有效的沟通
市场洞察	市场洞察1	我们通过多种渠道持续感知现有顾客和竞争者的变化
	市场洞察2	我们比竞争者更快地感知到市场上已经出现的变化
	市场洞察3	我们擅于快速地从市场变化中识别有用信息
跨文化互动	跨文化互动1	我们尝试为不同文化背景的顾客提供差异化服务
	跨文化互动2	我们能够识别不同文化背景下的顾客需求，并快速做出响应
	跨文化互动3	我们有正式的系统，根据文化差异来与顾客开展不同的交流
竞争性适应	竞争性适应1	我们经常收集、整合有关竞争者产品或战略的信息
	竞争性适应2	我们能够系统地收集并分析潜在竞争者活动的信息
	竞争性适应3	我们的管理者经常与企业员工分享当前或潜在竞争者的信息
	竞争性适应4	我们对当前或潜在竞争者的优势和劣势的认识非常深入
客户响应性	客户响应性1	相比主要竞争对手，我们知道如何能够让客户对我们更满意
	客户响应性2	相比主要竞争对手，我们知道怎样能帮助客户变得更好
	客户响应性3	相比主要竞争对手，我们知道如何更好地为客户创造价值
	客户响应性4	相比主要竞争对手，我们知道如何与客户建立信任关系
市场绩效	市场绩效1	相比主要竞争对手，我们实现了更高的市场份额
	市场绩效2	相比主要竞争对手，我们的销售增长率更高
	市场绩效3	相比主要竞争对手，我们的资产收益率更高
跨境共享	跨境共享1	我们与国际市场上的主要利益相关者经常共享信息
	跨境共享2	我们与国际市场上的主要利益相关者在合作过程中风险共担
	跨境共享3	我们与国际市场上的主要利益相关者在合作过程中利益共享
	跨境共享4	我们建立了全面的信息管理系统来支持全球业务

资料来源：笔者整理得出。

第六章
研究数据与实证分析

在第五章确定的变量测量问项与正式问卷的基础上，本章将进一步扩大问卷收集范围并进行大样本检验，着力调研中国跨国企业的文化嵌入、复合式营销能力构建、国际市场响应性与跨境共享等内容。具体而言：首先，本章就调研数据的收集过程及问卷的描述性统计分析进行相关说明；其次，运用验证性因子分析方法，对收集到的问卷数据进行检验，并对本书涉及的变量进行信度与效度评估；最后，利用SPSS与AMOS等软件分析工具，对假设模型中各变量的关系进行检验，得出的分析结果为本书后续研究结论奠定基础。

第一节　研究数据的收集与特征描述

一、数据收集

为了尽可能地降低误差，确保数据和研究结果的准确性，本书对调研问卷及数据处理等环节进行了有效把控。在样本选定时，充分考虑本书聚焦于中国跨国企业的国际市场拓展现象，因此本章以从事国际化经营业务的中国跨国企业为研究对象。本次调研主要是依托国家自然科学基金委面上项目的资助，作为该项目的主要参与者，本书以中国跨国企业作为研究对象，是对该项目研究的持续性探索，也具备数据获取便利性的优势。

本书样本企业选择的具体界定标准为：①企业从事国际化经营活动1年

以上；②企业所有权为中国境内的法人或机构，总部位于中国大陆境内；③企业国际销售额占总销售额的10%以上。调研对象被确定为在被调研企业工作3年以上的高层管理人员或相关部门的中层管理人员，这主要是考虑本书的研究问题涉及中国跨国企业国际营销能力与营销战略的整体海外市场的运营情况，中高层管理人员对企业的各方面经营情况更熟悉，可以做出较准确、全面的回答。

鉴于问卷调研的可行性并聚焦于本书的研究问题，本书在抽样时主要根据《中国对外直接投资统计公报》中我国对外直接投资的流量和存量的相关信息，选择了北京、天津、山东、江苏、浙江等对外直接投资活跃且竞争力较强的省份；本书所选取的问卷发放区域集中在环渤海、长三角和珠三角等经济发达且企业创新能力较强的地区，能够较好地代表中国跨国企业现状，也有效避免了由于不同地理区域经济发展水平差异可能导致的干扰。

本书采用多种途径进行问卷的发放与回收，包括实地走访、E-mail发放、委托协作机构和朋友代为发放等方式。2019年5月到2020年12月，本书实际发放问卷共596份，回收497份，有效问卷为315份，有效回收率为52.85%，达到问卷调查的基础要求。调查样本企业的地区分布如表6.1所示。

表6.1　调查样本企业的地区分布

所属地区	问卷数量（份）	百分比（%）
天津	62	19.68
山东	55	17.46
北京	46	14.60
河北	32	10.16
辽宁	30	9.52
浙江	32	10.16
江苏	22	6.98
广东	25	7.94
其他	11	3.50
合计	315	100.00

资料来源：笔者整理得出。

二、大样本统计描述

（一）企业特征描述

本书对回收的315份有效问卷进行了统计分析，样本基本特征的描述性统计分析见表6.2。具体而言：①国有企业和民营企业的占比分别为34.92%和50.48%，能够有效代表主要的企业产权形式；②员工人数以500~1500人的企业居多，占比为37.78%；③年销售额多在5000万~1亿元以下，占比为34.60%，说明我国缺乏大型跨国企业，以中小型跨国企业为主；④产业类型以制造业为主，占比为53.97%，说明中国制造依然是国际出口的主要趋势；⑤企业经营年限在25年以上，占比为30.48%，而国际化年限10年以下的企业占比为68.57%，说明我国企业的国际化起步较晚。

表6.2 正式调研样本企业特征描述统计

特征	类别	样本数量	百分比（%）
企业性质	国有企业	110	34.92
	民营企业	159	50.48
	其他企业	46	14.60
员工人数	＜500人	102	32.38
	500~1500人	119	37.78
	＞1500人	94	29.84
年销售额	＜5000万元	57	18.10
	5000万~1亿元	109	34.60
	1亿~5亿元	99	31.43
	＞5亿元	50	15.87
产业类型	制造业	170	53.97
	服务业	145	46.03
企业经营年限	≤10年	110	34.92
	11~25年	109	34.60
	＞25年	96	30.48
国际化年限	<5年	109	34.60
	5~10年	107	33.97
	>10年	99	31.43

资料来源：笔者整理得出。

（二）研究变量的统计描述

针对收集的问卷数据，本书对文化嵌入、复合式营销能力构建、国际市场响应性与跨境共享等变量的测量题项的均值、偏度、峰度值和标准差进行描述性统计分析（如表6.3所示）。

表6.3　研究变量测量题项的描述性统计分析结果

构念	变量	题项	均值	标准差	峰度	偏度	变量/维度均值	
文化嵌入	内部嵌入	内部嵌入1	5.035	1.369	−0.607	0.210	4.943	4.689
		内部嵌入2	4.911	1.327	−0.530	−0.042		
		内部嵌入3	4.882	1.364	−0.593	0.076		
	外部嵌入	外部嵌入1	4.324	1.518	−0.138	−0.488	4.435	
		外部嵌入2	4.186	1.493	−0.211	−0.455		
		外部嵌入3	4.388	1.452	−0.330	−0.527		
		外部嵌入4	4.837	1.296	−0.361	−0.174		
复合式营销能力构建	市场洞察	市场洞察1	5.619	1.307	−1.145	1.561	5.443	5.108
		市场洞察2	5.279	1.251	−0.512	0.053		
		市场洞察3	5.435	1.316	−0.968	0.881		
	跨文化互动	跨文化互动1	5.435	1.316	−0.968	0.881	4.967	
		跨文化互动2	4.812	1.487	−0.643	−0.084		
		跨文化互动3	4.662	1.387	−0.470	−0.161		
	竞争性适应	竞争性适应1	5.206	1.501	−0.680	−0.226	4.913	
		竞争性适应2	4.908	1.426	−0.580	0.087		
		竞争性适应3	4.638	1.569	−0.462	−0.484		
		竞争性适应4	4.889	1.397	−0.604	0.022		
国际市场响应性	客户响应性	客户响应性1	5.058	1.424	−0.493	−0.326	5.058	4.936
		客户响应性2	5.116	1.307	−0.660	0.503		
		客户响应性3	5.045	1.276	−0.489	−0.027		
		客户响应性4	4.997	1.306	−0.477	−0.217		
	市场绩效	市场绩效1	4.839	1.535	−0.408	−0.593	4.813	
		市场绩效2	4.804	1.376	−0.338	−0.434		
		市场绩效3	4.797	1.448	−0.463	−0.082		
跨境共享		跨境共享1	5.022	1.489	−0.434	−0.386	4.817	
		跨境共享2	4.901	1.392	−0.566	−0.005		
		跨境共享3	4.876	1.406	−0.362	−0.112		
		跨境共享4	4.468	1.515	−0.397	−0.447		

资料来源：笔者整理得出。

从表6.3中可以看出，文化嵌入中，内部嵌入与外部嵌入两个维度的差异相对较小；在复合式营销能力构建过程中市场洞察、跨文化互动、竞争性适应的维度差异较大，其中市场洞察的维度得分最高，说明相较于跨文化互动、竞争性适应而言，市场洞察更重要，需要进一步验证；国际市场响应性中，客户响应性与市场绩效两个维度的得分差异相对较小。同时，从表6.3中可以看出，对数据进行正态性检验时，一般认为，当偏度绝对值小于3.000，峰度绝对值小于10.000时，可以认为其基本符合正态分布。由表6.3可以看出，本书的数据偏度小于2.000，峰度小于2.000，因此可以进行下一步分析。

第二节　数据质量评估

本节将使用SPSS和AMOS数据分析软件，首先对数据的信度进行评估，然后分析数据的效度。

一、数据信度评估

本书通过Cronbach'α系数对收集的调查数据进行内部一致性信度检验，具体测度值如表6.4所示。相关的数据分析结果表明，文化嵌入、复合式营销能力构建、国际市场响应性与跨境共享的Cronbach'α均超过0.700的水平，这说明问卷调查获取的数据符合内部一致性标准，满足进一步进行假设关系统计检验的要求。

表6.4　各变量及其维度信度检验汇总

变量及维度		题项条目	Cronbach 'α值	
文化嵌入	内部嵌入	内部嵌入1、内部嵌入2、内部嵌入3	0.851	0.857
	外部嵌入	外部嵌入1、外部嵌入2、外部嵌入3、外部嵌入4	0.896	
复合式营销能力构建	市场洞察	市场洞察1、市场洞察2、市场洞察3	0.816	0.892
	跨文化互动	跨文化互动1、跨文化互动2、跨文化互动3	0.703	
	竞争性适应	竞争性适应1、竞争性适应2、竞争性适应3、竞争性适应4	0.867	

续表

变量及维度		题项条目	Cronbach 'α值	
国际市场响应性	客户响应性	客户响应性1、客户响应性2、客户响应性3、客户响应性4	0.852	0.906
	市场绩效	市场绩效1、市场绩效2、市场绩效3	0.842	
跨境共享		跨境共享1、跨境共享2、跨境共享3、跨境共享4	0.851	

注：N=315。

资料来源：笔者整理得出。

二、数据效度评估

本书使用验证性因子分析法（CFA）对变量数据的结构效度进行测量，并对各变量的组合信度（CR）进行测量，对各变量的平均方差萃取率（AVE）进行测量，以此对模型的效度进行检测。其中，因子载荷量应大于0.500，CR（组合信度）值应达到0.700以上，AVE（平均方差萃取率）数值应达到0.500以上。

（一）收敛效度评估

1. 文化嵌入的收敛效度评估

通过对文化嵌入开展验证性因子分析，本书得到文化嵌入构念两个维度所包含的7个条目的因子载荷、参数显著性估计、组成信度和平均方差萃取率，具体内容如表6.5所示。其中，内部嵌入的因子载荷量为0.859~0.900，均大于0.500；组成信度（CR）为0.910，大于0.600；平均方差萃取率（AVE）为0.771，大于0.500。外部嵌入的因子载荷量为0.740~0.917，均大于0.500；组成信度（CR）为0.927，大于0.600；平均方差萃取率（AVE）为0.762，大于0.500。这表明文化嵌入两个维度内部嵌入与外部嵌入量表符合要求，具有收敛效度。

表6.5　文化嵌入的收敛效度评估分析结果

变量	题项	参数显著性估计				因子载荷量	组成信度	收敛效度
		Unstd.	S.E.	t-value	P	Std.	CR	AVE
内部嵌入	内部嵌入1	1.000				0.875	0.910	0.771
	内部嵌入2	1.121	0.081	13.807	***	0.900		
	内部嵌入3	1.057	0.078	13.530	***	0.859		

续表

变量	题项	参数显著性估计				因子载荷量	组成信度	收敛效度
		Unstd.	S.E.	t-value	P	Std.	CR	AVE
外部嵌入	外部嵌入1	1.000				0.917	0.927	0.762
	外部嵌入2	0.998	0.041	24.405	***	0.916		
	外部嵌入3	0.912	0.042	21.741	***	0.906		
	外部嵌入4	0.577	0.047	12.233	***	0.740		

注：N=315；*** 表示 $p<0.001$ 的水平上具有统计显著性。

资料来源：笔者整理。

2. 复合式营销能力构建的收敛效度评估

通过对复合式营销能力构建开展验证性因子分析，本书得到复合式营销能力构建3个维度所包含的10个条目的因子载荷、参数显著性估计、组成信度和平均方差萃取率，具体内容如表6.6所示。其中，市场洞察的因子载荷量为0.810~0.903，均大于0.500；组成信度（CR）为0.892，大于0.600；平均方差萃取率（AVE）为0.734，大于0.500。跨文化互动的因子载荷量为0.682~0.853，均大于0.500；组成信度（CR）为0.834，大于0.600；平均方差萃取率（AVE）为0.628，大于0.500。竞争性适应的因子载荷量为0.828~0.883，均大于0.500；组成信度（CR）为0.911，大于0.600；平均方差萃取率（AVE）为0.718，大于0.500。这表明复合式营销能力构建3个维度，即市场洞察、跨文化互动与竞争性适应量表符合要求，具有收敛效度。

表6.6 复合式营销能力构建的收敛效度评估分析结果

变量	题项	参数显著性估计				因子载荷量	组成信度	收敛效度
		Unstd.	S.E.	t-value	P	Std.	CR	AVE
市场洞察	市场洞察1	1.000				0.854	0.892	0.734
	市场洞察2	1.178	0.098	11.993	***	0.903		
	市场洞察3	0.885	0.078	11.358	***	0.810		
跨文化互动	跨文化互动1	1.000				0.682	0.834	0.628
	跨文化互动2	2.008	0.318	6.310	***	0.853		
	跨文化互动3	1.648	0.242	6.825	***	0.832		

续表

变量	题项	参数显著性估计				因子载荷量	组成信度	收敛效度
		Unstd.	S.E.	t-value	P	Std.	CR	AVE
竞争性适应	竞争性适应1	1.000				0.842	0.911	0.718
	竞争性适应2	1.036	0.066	15.777	***	0.883		
	竞争性适应3	0.977	0.072	13.561	***	0.828		
	竞争性适应4	0.879	0.064	13.711	***	0.836		

注：N=315；*** 表示p<0.001的水平上具有统计显著性。

资料来源：笔者整理得出。

3. 国际市场响应性的收敛效度评估

通过对国际市场响应性开展验证性因子分析，本书得到国际市场响应性构念2个维度所包含的7个条目的因子载荷、参数显著性估计、组成信度和平均方差萃取率，具体内容如表6.7所示。其中，客户响应性的因子载荷量为0.768~0.885，均大于0.500；组成信度（CR）为0.902，大于0.600；平均方差萃取率（AVE）为0.697，大于0.500。市场绩效的因子载荷量为0.846~0.904，均大于0.500；组成信度（CR）为0.907，大于0.600；平均方差萃取率（AVE）为0.764，大于0.500。这表明国际市场响应性2个维度客户响应性与市场绩效量表符合要求，具有收敛效度。

表6.7　国际市场响应性的收敛效度评估分析结果

变量	题项	参数显著性估计				因子载荷量	组成信度	收敛效度
		Unstd.	S.E.	t-value	P	Std.	CR	AVE
客户响应性	客户响应性1	1.000				0.768	0.902	0.697
	客户响应性2	1.048	0.102	10.291	***	0.821		
	客户响应性3	1.207	0.105	11.506	***	0.861		
	客户响应性4	1.317	0.112	11.771	***	0.885		
市场绩效	市场绩效1	1.000				0.846	0.907	0.764
	市场绩效2	1.100	0.084	13.048	***	0.904		
	市场绩效3	1.020	0.079	12.897	***	0.871		

注：N=315；*** 表示p<0.001的水平上具有统计显著性。

资料来源：笔者整理得出。

4. 跨境共享的收敛效度评估

通过对跨境共享开展验证性因子分析，本书得到跨境共享所包含的4个条目的因子载荷、参数显著性估计、组成信度和平均方差萃取率，具体内容如表6.8所示。其中，跨境共享的因子载荷量为0.813~0.848，均大于0.500；组成信度（CR）为0.900，大于0.600；平均方差萃取率（AVE）为0.692，大于0.500。这表明跨境共享量表符合要求，具有收敛效度。

表6.8 跨境共享的收敛效度评估分析结果

变量	题项	参数显著性估计				因子载荷量	组成信度	收敛效度
		Unstd.	S.E.	t-value	P	Std.	CR	AVE
跨境共享	跨境共享1	1.000				0.844	0.900	0.692
	跨境共享2	1.095	0.074	14.836	***	0.813		
	跨境共享3	0.978	0.071	13.742	***	0.848		
	跨境共享4	0.671	0.080	8.77	***	0.823		

注：N=315；*** 表示 $p<0.001$ 的水平上具有统计显著性。

资料来源：笔者整理得出。

（二）区别效度

本书区别效度的检验标准为各变量之间的相关系数需要小于对应AVE的平方根（Fornell and Larcker，1981）。本书对文化嵌入、复合式营销能力构建、国际市场响应性与跨境共享各变量之间的区别效度进行了分析。从表6.9中可以看出，文化嵌入、复合式营销能力构建、国际市场响应性与跨境共享的AVE值平方根均大于该变量与其他各变量之间的相关系数，因此各测量变量之间具有较好的区别效度。

表6.9 整体模型中变量的区别效度分析结果

变量	AVE	1	2	3	4	5	6	7	8
1 跨境共享	0.692	0.832							
2 市场绩效	0.764	0.425	0.874						
3 客户响应性	0.697	0.464	0.812	0.835					
4 竞争性适应	0.718	0.327	0.354	0.357	0.847				

续表

变量	AVE	1	2	3	4	5	6	7	8
5 跨文化互动	0.628	0.337	0.389	0.402	0.580	0.792			
6 市场洞察	0.734	0.333	0.405	0.451	0.556	0.650	0.857		
7 外部嵌入	0.762	0.440	0.582	0.554	0.515	0.502	0.363	0.873	
8 内部嵌入	0.771	0.424	0.356	0.383	0.330	0.459	0.295	0.417	0.878

注：N=315。

资料来源：笔者整理得出。

第三节　实证分析

本节对本书第四章所提出的研究假设进行实证分析检验，并在此基础上对假设关系进行汇总。

一、研究模型分析

（一）相关性分析

1. 整体模型中变量间相关性分析

为准确检验文化嵌入、复合式营销能力构建、国际市场响应性与跨境共享两两变量间的关系，本书对收集的样本总体数据进行Pearson相关性分析（如表6.10所示）。具体结果如下：①中国跨国企业文化嵌入的内部嵌入与客户响应性（β=0.383，P<0.01）、市场绩效（β=0.356，P<0.01）具有显著的正相关关系；中国跨国企业文化嵌入的外部嵌入与客户响应性（β=0.554，P<0.01）、市场绩效（β=0.582，P<0.01）具有显著的正相关关系，假设1得到初步验证。②中国跨国企业文化嵌入的内部嵌入与市场洞察（β=0.295，P<0.01）、跨文化互动（β=0.459，P<0.01）与竞争性适应（β=0.330，P<0.01）具有显著的正相关关系；中国跨国企业文化嵌入的外部嵌入与市场洞察（β=0.363，P<0.01）、跨文化互动（β=0.502，P<0.01）与竞争性适应（β=0.515，

$P<0.01$）具有显著的正相关关系，假设2得到初步验证。③中国跨国企业复合式营销能力构建过程中的市场洞察与客户响应性（$\beta=0.451$，$P<0.01$）、市场绩效（$\beta=0.405$，$P<0.01$）具有显著的正相关关系；中国跨国企业复合式营销能力构建过程中的跨文化互动与客户响应性（$\beta=0.402$，$P<0.01$）、市场绩效（$\beta=0.389$，$P<0.01$）具有显著的正相关关系；中国跨国企业复合式营销能力构建过程中的竞争性适应与客户响应性（$\beta=0.357$，$P<0.01$）、市场绩效（$\beta=0.354$，$P<0.01$）具有显著的正相关关系，假设3得到初步验证。

表6.10　整体模型中变量间相关性系数

变量	1	2	3	4	5	6	7	8	9	10	11
1 企业规模	1										
2 成立时间	0.551**	1									
3 国际化年限	−0.016	0.111	1								
4 内部文化嵌入	0.056	−0.059	−0.106	1							
5 外部文化嵌入	−0.033	−0.025	−0.161**	0.417**	1						
6 市场洞察	0.114	0.020	−0.091	0.295**	0.363**	1					
7 跨文化互动	0.083	−0.015	−0.178**	0.459**	0.502**	0.650**	1				
8 竞争性适应	0.061	−0.075	−0.209**	0.330**	0.515**	0.556**	0.580**	1			
9 客户响应性	0.028	0.017	−0.179**	0.383**	0.554**	0.451**	0.402**	0.357**	1		
10 市场绩效	0.132	−0.001	−0.214**	0.356**	0.582**	0.405**	0.389**	0.354**	0.812**	1	
11 跨境共享	−0.029	0.038	−0.113*	0.424**	0.440**	0.333**	0.337**	0.327**	0.464**	0.425**	1

注：N=315；** 表示 $p<0.01$，* 表示 $p<0.05$（双尾检验）的水平上具有统计显著性。

资料来源：笔者整理得出。

2. 各变量间的相关性分析

为进一步对各变量的关系进行检验，本书利用AMOS 26.0分析工具分析中国跨国企业文化嵌入、复合式营销能力构建、国际市场响应性与跨境共享之间的关系。良好的模型配适度是结构方程分析的必要条件，因此本书参照Thomopson（2004）、Byrne（2010）的方法，先针对测量模型进行验证性因子分析，继而采用结构方程模型进行分析，配适度越高，代表模型矩阵与样本矩阵越临近。因而，基于Jackson（2009）、Schreiber（2008）的研究，本

书选择 χ^2 检定、χ^2 与自由度的比值（CMIN/DF）、比较配适度指标（CFI）、配适度指标（GFI）、调整后的配适度指标（AGFI）和平均近似误差均方根（RMSEA）评估模型配适度。

（1）文化嵌入—国际市场响应性的相关性分析

本书首先对文化嵌入与国际市场响应性的关系模型进行验证性拟合度检验，具体内容如表6.11所示。统计分析结果表明，该模型的配适度达到良好拟合。具体而言，文化嵌入—客户响应性（模型1）的配适度评估数据为 χ^2/df=2.036，CFI=0.979，GFI=0.955，AGFI=0.928，RMSEA=0.057；文化嵌入—市场绩效（模型2）的配适度评估数据为 χ^2/df=1.357，CFI=0.994，GFI=0.973，AGFI=0.953，RMSEA=0.034。通过模型拟合指标与评估标准比对

表6.11　文化嵌入—国际市场响应性结构方程模型的拟合指标一览表

拟合指数	χ^2	df	χ^2/ df	CFI	GFI	AGFI	RMSEA
良好拟合	—	—	（0，2]	>0.95	>0.95	>0.90	<0.05
可以接受	—	—	（2，3]	>0.90	>0.90	>0.85	<0.08
模型1	83.487	41	2.036	0.979	0.955	0.928	0.057
模型2	43.439	32	1.357	0.994	0.973	0.953	0.034

注：N=315。

资料来源：笔者整理得出。

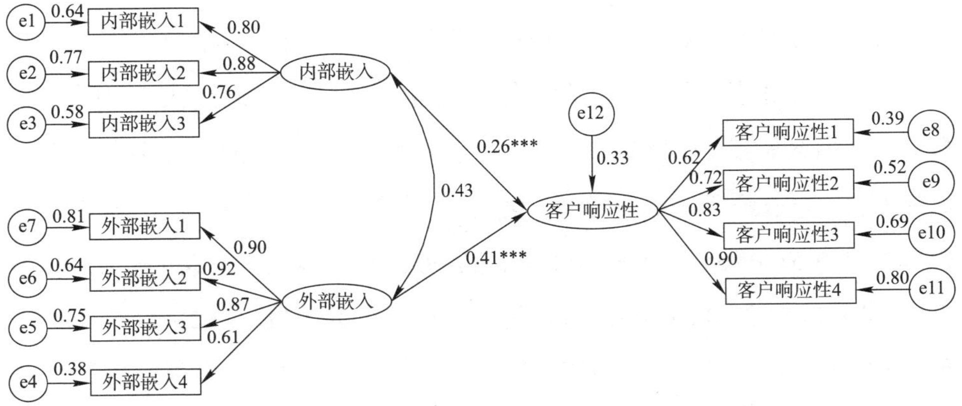

图6.1　文化嵌入—客户响应性结构方程模型（模型1）

注：***表示P＜0.001的水平上具有统计显著性。

可知，该模型可以被接受。在此基础上，本书对于文化嵌入与市场响应性具体维度的相关性进行了检验（如图6.1和图6.2所示）。具体而言：①中国跨国企业内部文化嵌入对客户响应性的作用关系显著（β=0.26，P<0.001），假设1a得到验证性支持；②中国跨国企业内部文化嵌入对市场绩效具有显著的正向影响（β=0.21，P<0.001），假设1b得到验证性支持；③中国跨国企业外部文化嵌入对客户响应性具有显著的正向影响（β=0.41，P<0.001），假设1c得到验证性支持；④中国跨国企业外部文化嵌入对市场绩效具有显著的正向影响（β=0.50，P<0.001），假设1d得到验证性支持。

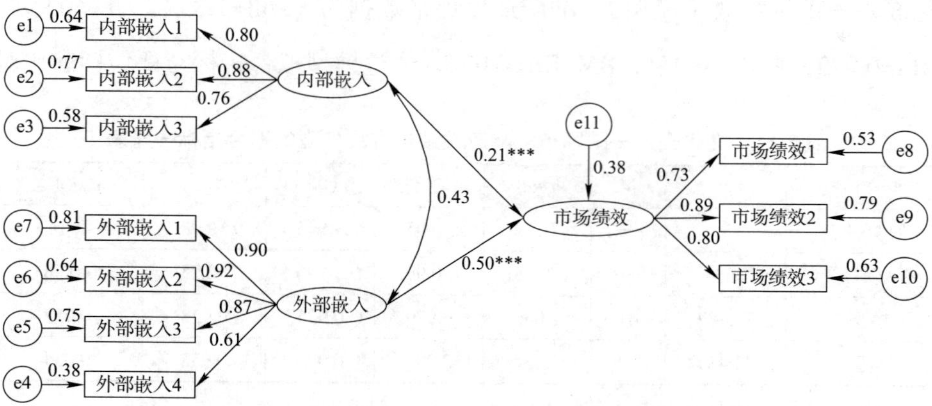

图6.2　文化嵌入—市场绩效结构方程模型（模型2）

注：***表示P＜0.001的水平上具有统计显著性。

（2）文化嵌入—复合式营销能力构建的相关性分析

本书对文化嵌入与复合式营销能力构建的关系模型进行验证性拟合度检验，具体内容如表6.12所示。统计分析结果表明，该模型的配适度可以接受。具体而言，文化嵌入—市场洞察（模型3）的配适度评估数据为 χ^2/df=1.695，CFI=0.987，GFI=0.965，AGFI=0.941，RMSEA=0.047；文化嵌入—跨文化互动（模型4）的配适度评估数据为 χ^2/df=2.024，CFI=0.980，GFI=0.962，AGFI=0.934，RMSEA=0.057；文化嵌入—竞争性适应（模型5）的配适度评估数据为 χ^2/df=1.913，CFI=0.982，GFI=0.952，AGFI=0.923，RMSEA=0.054。通过模型拟合指标与评估标准比对可知，该模型可以被接受。在此基础上，本书对于文化嵌入与复合式营销能力构建具体维度的相关性进行了检验（如图6.3、图6.4和图6.5所示）。具体而言：①中国跨国企业内部文化嵌入对市场洞察的作用关系显著（β=0.24，P<0.001），假设2a得到验证性支持；②中国跨国企业内部文化嵌入对跨文化互动具有显著的正向影响（β=0.41，P<0.001），假设2b得到验证性支持；③中国跨国企业内部文化嵌入对竞争性适应具有显著的正向影响（β=0.17，P<0.001），假设2c得到验证性支持；④中国跨国企业外部文化嵌入对市场洞察具有显著的正向影响（β=0.36，P<0.001），假设2d得到验证性支持；⑤中国跨国企业外部文化嵌入对跨文化互动具有显著的正向影响（β=0.46，P<0.001），假设2e得到验证性支持；⑥中国跨国企业外部文化嵌入对竞争性适应具有显著的正向影响（β=0.54，P<0.001），假设2f得到验证性支持。

表6.12　文化嵌入—复合式营销能力构建结构方程模型的拟合指标一览表

拟合指数	χ^2	df	χ^2/ df	CFI	GFI	AGFI	RMSEA
良好拟合	—	—	（0，2]	>0.95	>0.95	>0.90	<0.05
可以接受	—	—	（2，3]	>0.90	>0.90	>0.85	<0.08
模型3	54.255	32	1.695	0.987	0.965	0.941	0.047
模型4	64.765	32	2.024	0.980	0.962	0.934	0.057
模型5	78.543	41	1.913	0.982	0.952	0.923	0.054

注：N=315。

资料来源：笔者整理得出。

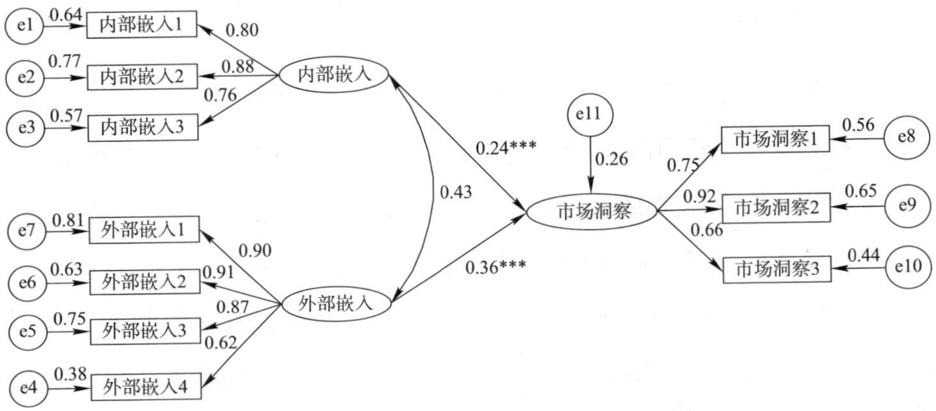

图6.3　文化嵌入—市场洞察结构方程模型（模型3）

注：*** 表示P＜0.001的水平上具有统计显著性。

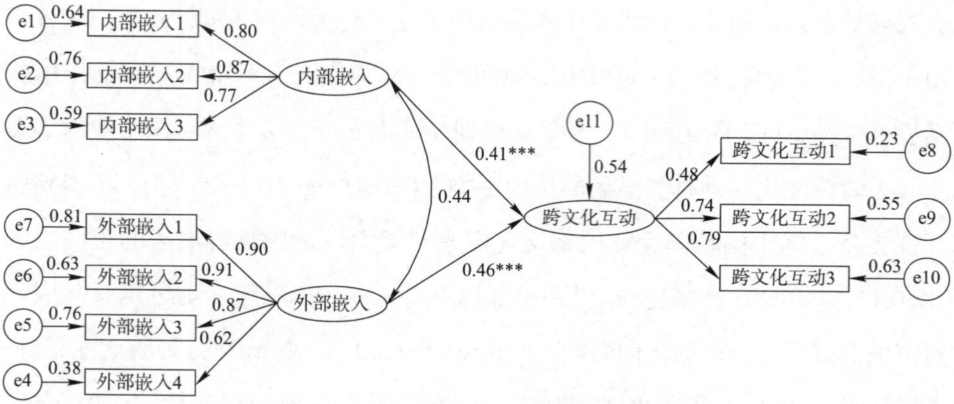

图6.4　文化嵌入—跨文化互动结构方程模型（模型4）

注：*** 表示P＜0.001的水平上具有统计显著性。

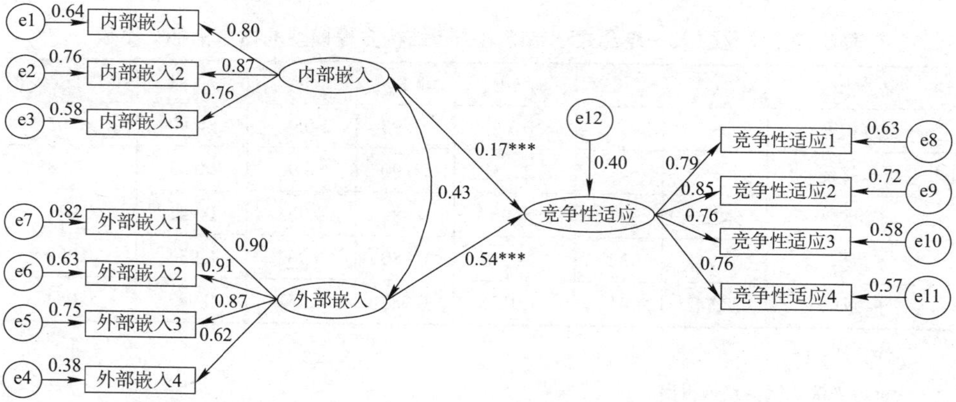

图6.5　文化嵌入—竞争性适应结构方程模型（模型5）

注：*** 表示P＜0.001的水平上具有统计显著性。

（3）复合式营销能力构建—国际市场响应性的相关性分析

本书对复合式营销能力构建与国际市场响应性的关系模型进行验证性拟合度检验，具体内容如表6.13所示。具体而言，复合式营销能力构建—客户响应性（模型6）的配适度评估数据为 χ^2/df=2.091，CFI=0.962，GFI=0.935，AGFI=0.905，RMSEA=0.060，统计分析结果表明，该模型的配适度可以接受；复合式营销能力构建—市场绩效（模型7）的配适度评估数据为 χ^2/df=1.592，CFI=0.981，GFI=0.954，AGFI=0.930，RMSEA=0.044。通过模型拟合指标与评估标准比对可知，该模型良好拟合。在此基础上，本书对于复合式营销能力构建与国际市场响应性具体维度的相关性进行了检验（如图6.6和图6.7所示）。具体而言：①中国跨国企业市场洞察对客户响应性的作用关系显著（β=0.43，P<0.001），假设3a得到验证性支持；②中国跨国企业市场洞察对市场绩效具有显著的正向影响（β=0.23，P<0.001），假设3b得到验证性支持；③中国跨国企业跨文化互动对客户响应性具有显著的正向影响（β=0.26，

表6.13 复合式营销能力构建—国际市场响应性结构方程模型的拟合指标一览表

拟合指数	χ2	df	χ^2/df	CFI	GFI	AGFI	RMSEA
良好拟合	—	—	（0，2]	>0.95	>0.95	>0.90	<0.05
可以接受	—	—	（2，3]	>0.90	>0.90	>0.85	<0.08
模型6	150.535	72	2.091	0.962	0.935	0.905	0.060
模型7	95.493	60	1.592	0.981	0.954	0.930	0.044

注：N=315。

资料来源：笔者整理得出。

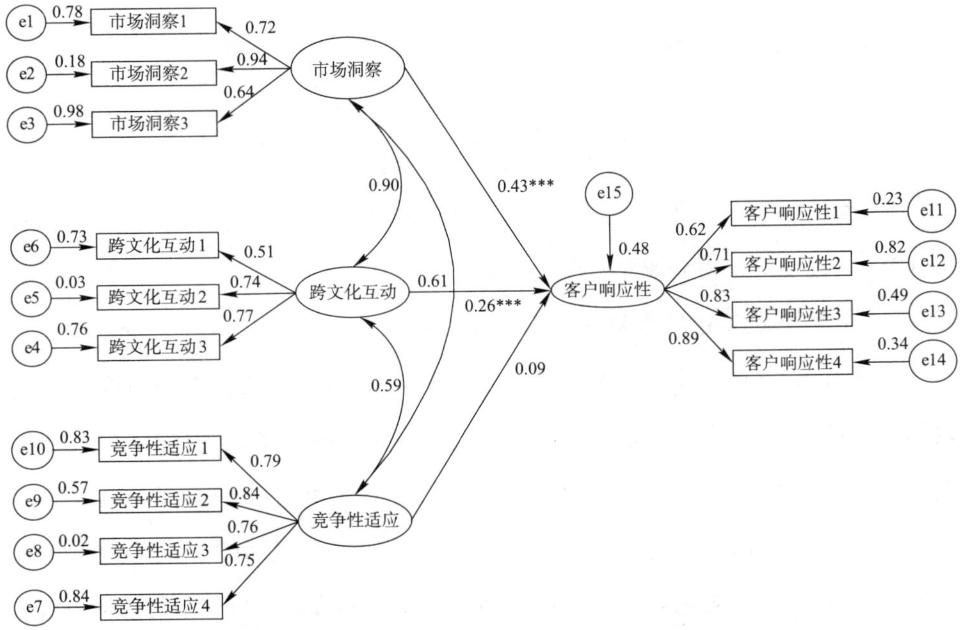

图6.6 复合式营销能力构建—客户响应性结构方程模型（模型6）

注：***表示P＜0.001的水平上具有统计显著性。

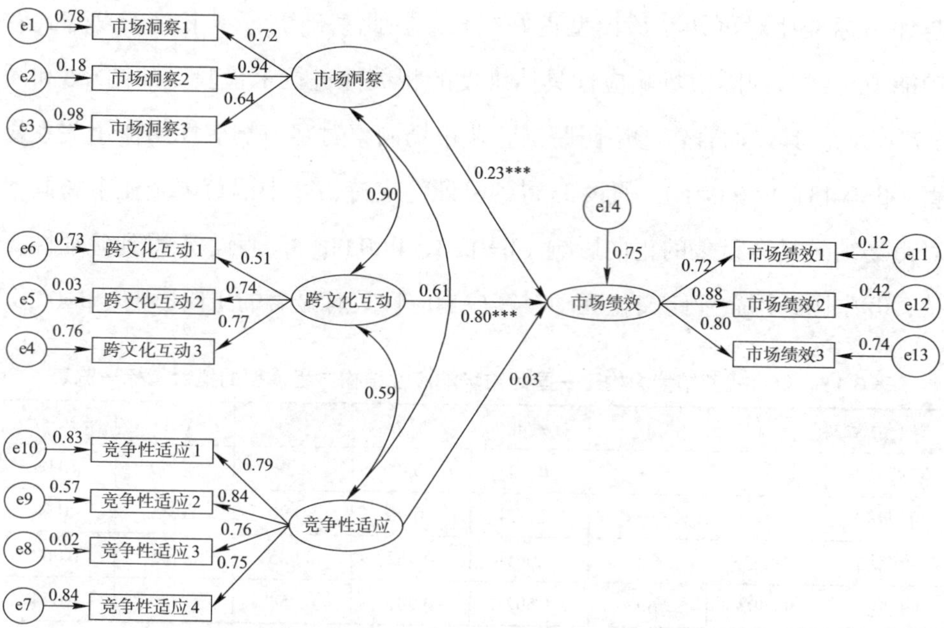

图6.7　复合式营销能力构建—市场绩效结构方程模型（模型7）

注：*** 表示P＜0.001的水平上具有统计显著性。

P<0.001），假设3c得到验证性支持；④中国跨国企业跨文化互动对市场绩效具有显著的正向影响（β=0.80，P<0.001），假设3d得到验证性支持；⑤中国跨国企业竞争性适应对客户响应性无显著影响（β=0.09，P>0.05），假设3e未得到验证性支持；⑥中国跨国企业竞争性适应对市场绩效无显著影响（β=0.03，P>0.05），假设3f未得到验证性支持。

（二）复合式营销能力构建的中介作用分析

参考Baron和Kenny（1986）关于中介效应的检验方法，本书检验复合式营销能力构建各维度对文化嵌入与国际市场响应性的关系是否具有中介作用，具体而言：①检验文化嵌入与国际市场响应性各维度之间是否存在显著相关关系。②检验文化嵌入与复合式营销能力构建各维度之间的关系是否存在显著相关关系。③在文化嵌入与国际市场响应性之间加入中介变量之后，如果文化嵌入与国际市场响应性各维度之间的相关系数明显降低，但二者之间仍然显著相关，则复合式营销能力构建起着部分中介作用；若二者之间不再具有显著的相关关系，则复合式营销能力构建起着完全中介作用。本书采用三步骤检验方法，检验复合式营销能力构建在文化嵌入对市场响应性（包括各个维度）的影响过程中是否具有中介作用。

1. 复合式营销能力构建对内部文化嵌入与客户响应性的中介效应检验

根据数据分析结果，本书发现，加入市场洞察后，内部文化嵌入与客户响应性之间的标准化相关系数从0.383下降到0.343，但二者之间的关系仍然显著（P<0.05），这说明市场洞察在内部文化嵌入与客户响应性之间具有部分中介作用。加入跨文化互动后，内部文化嵌入与客户响应性之间的标准化相关系数从0.383下降到0.351，但二者之间的关系仍然显著（P<0.05），这说明跨文化互动在内部文化嵌入与客户响应性之间具有部分中介作用。竞争性适应与客户响应性之间的关系并不显著（P＞0.05），这说明竞争性适应的中介效应不显著。因此，假设4a得到部分支持。具体结果如图6.8、图6.9、图6.10所示。

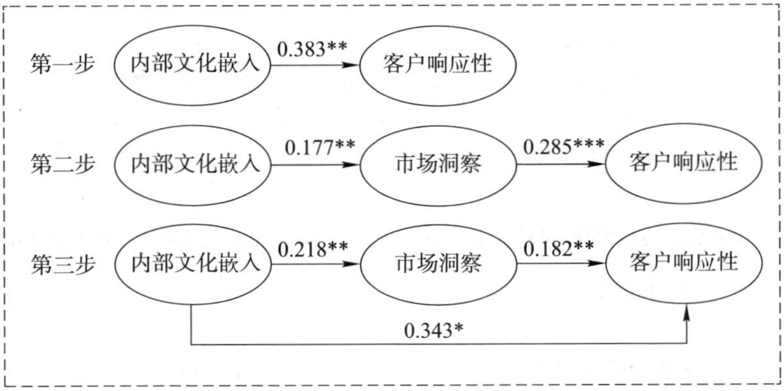

图6.8　复合式营销能力构建过程中市场洞察对内部文化嵌入与客户响应性中介效应分析

注：* 表示P＜0.05的水平上具有统计显著性，** 表示P＜0.01的水平上具有统计显著性，*** 表示P＜0.001的水平上具有统计显著性。

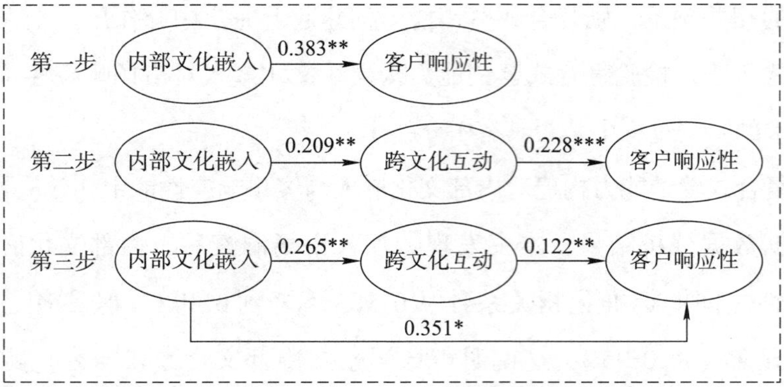

图6.9　复合式营销能力构建过程中跨文化互动对内部文化嵌入与客户响应性中介效应分析

注：* 表示 P＜0.05 的水平上具有统计显著性，** 表示 P＜0.01 的水平上具有统计显著性，*** 表示 P＜0.001 的水平上具有统计显著性。

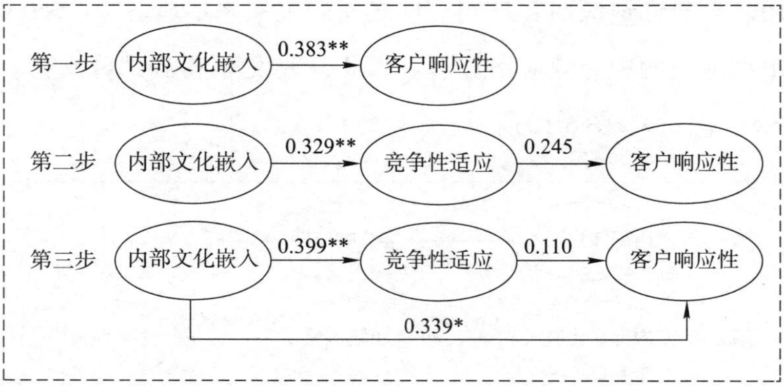

图6.10　复合式营销能力构建过程中竞争性适应对内部文化嵌入与客户响应性中介效应分析

注：* 表示 P＜0.05 的水平上具有统计显著性，** 表示 P＜0.01 的水平上具有统计显著性。

2. 复合式营销能力构建对内部文化嵌入与市场绩效的中介效应检验

根据数据分析结果，本书发现，加入市场洞察后，内部文化嵌入与市场绩效之间的标准化相关系数从0.356下降到0.350，但二者之间的关系仍然显著（P<0.01），这说明市场洞察在内部文化嵌入与市场绩效之间具有部分中介作用。加入跨文化互动后，内部文化嵌入与市场绩效之间的标准化相关系数从0.356下降到0.349，但二者之间的关系仍然显著（P<0.01），这说明跨文化互动在内部文化嵌入与市场绩效之间具有部分中介作用。由于竞争性适应与

市场绩效之间的关系并不显著（P＞0.05），竞争性适应的中介效应不显著。因此，假设4b得到部分支持。具体结果如图6.11、图6.12、图6.13所示。

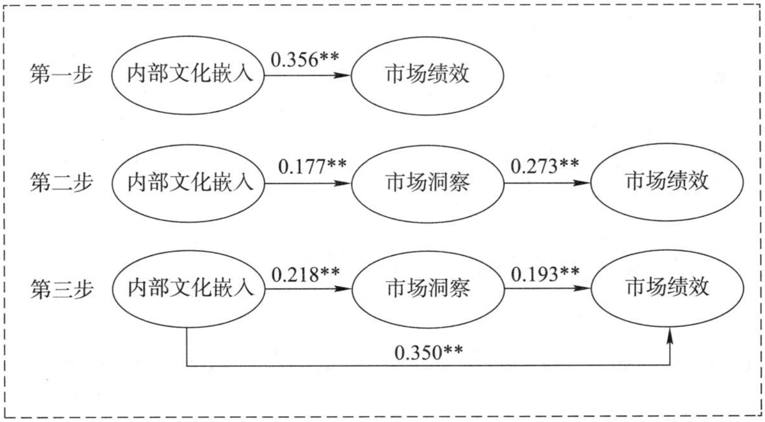

图6.11　复合式营销能力构建过程中市场洞察对内部文化嵌入与市场绩效中介效应分析

注：** 表示P＜0.01的水平上具有统计显著性。

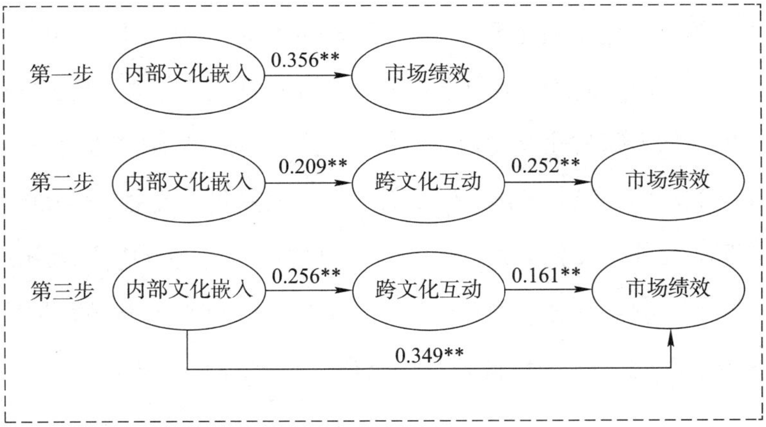

图6.12　复合式营销能力构建过程中跨文化互动对内部文化嵌入与市场绩效中介效应分析

注：** 表示P＜0.01的水平上具有统计显著性。

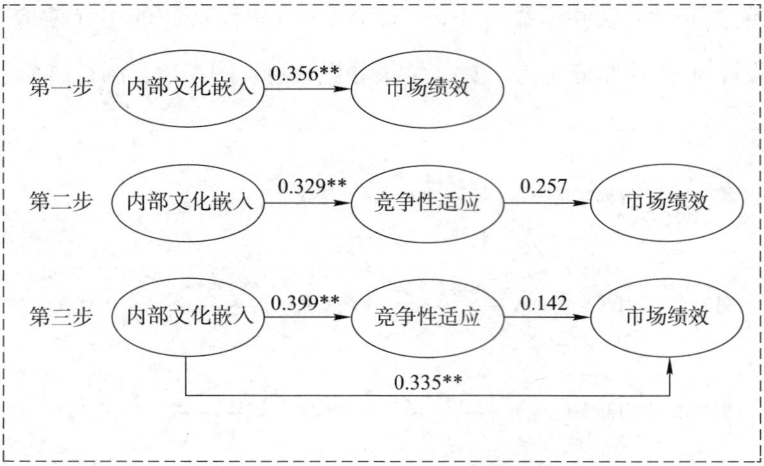

图6.13　复合式营销能力构建过程中竞争性适应对内部文化嵌入与市场绩效中介效应分析

注：** 表示P＜0.01的水平上具有统计显著性。

3. 复合式营销能力构建对外部文化嵌入与客户响应性的中介效应检验

根据数据分析结果，本书发现，加入市场洞察后，外部文化嵌入与客户响应性之间的标准化相关系数从0.554下降到0.486，但二者之间的关系仍然显著（P<0.01），这说明市场洞察在外部文化嵌入与客户响应性之间具有部分中介作用。加入跨文化互动后，外部文化嵌入与客户响应性之间的标准化相关系数从0.554下降到0.516，但二者之间的关系仍然显著（P<0.01），这说明跨文化互动在外部文化嵌入与客户响应性之间具有部分中介作用。由于竞争性适应与客户响应性之间的关系并不显著（P＞0.05），竞争性适应的中介效应不显著。因此，假设4c得到部分支持。具体结果如图6.14、图6.15、图6.16所示。

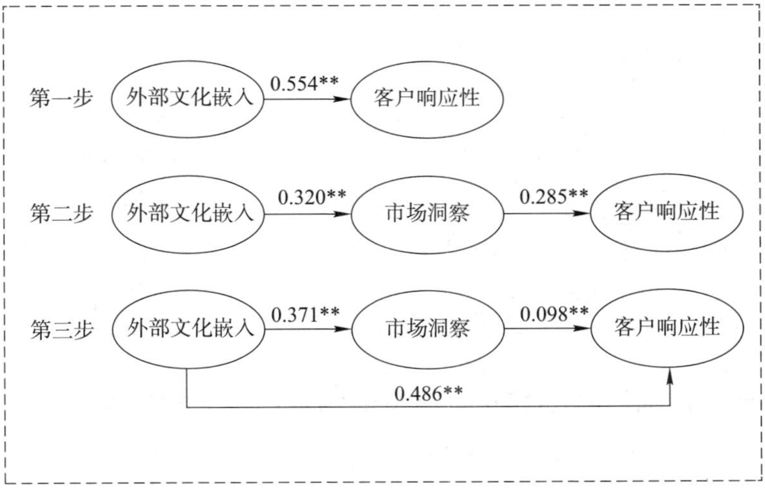

图6.14　复合式营销能力构建过程中市场洞察对外部文化嵌入与客户响应性中介效应分析

注：**表示P＜0.01的水平上具有统计显著性。

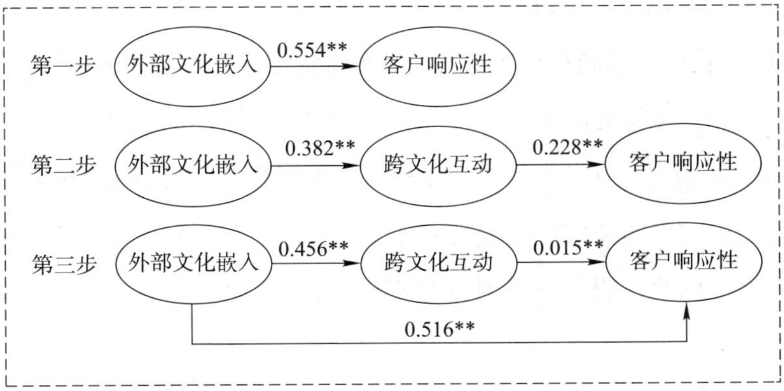

图6.15　复合式营销能力构建过程中跨文化互动对外部文化嵌入与客户响应性中介效应分析

注：**表示P＜0.01的水平上具有统计显著性。

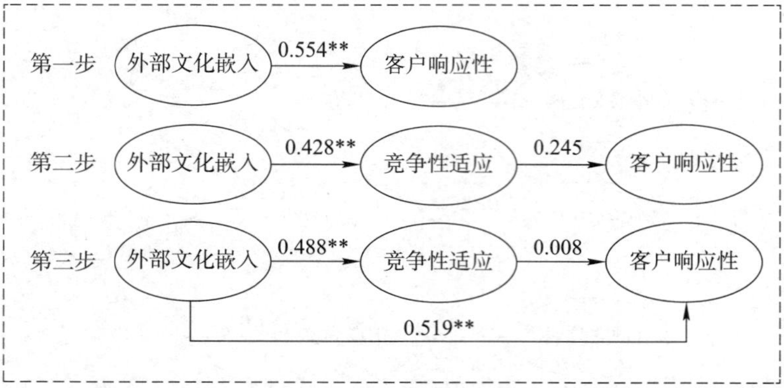

图6.16　复合式营销能力构建过程中竞争性适应对外部文化嵌入与客户响应性中介效应分析

注：** 表示P＜0.01的水平上具有统计显著性。

4. 复合式营销能力构建对外部文化嵌入与市场绩效中介效应检验

根据数据分析结果，本书发现，加入市场洞察后，外部文化嵌入与市场绩效之间的标准化相关系数从0.582下降到0.570，但二者之间的关系仍然显著（P<0.01），这说明市场洞察在外部嵌入与市场绩效之间具有部分中介作用。加入跨文化互动后，外部文化嵌入与市场绩效之间的标准化相关系数从0.582上升到0.589，这说明跨文化互动在外部文化嵌入与市场绩效之间不具有中介作用。由于竞争性适应与市场绩效之间的关系并不显著（P＞0.05），竞争性适应的中介效应不显著。因此，假设4d得到部分支持。具体结果如图6.17、图6.18图6.19所示。

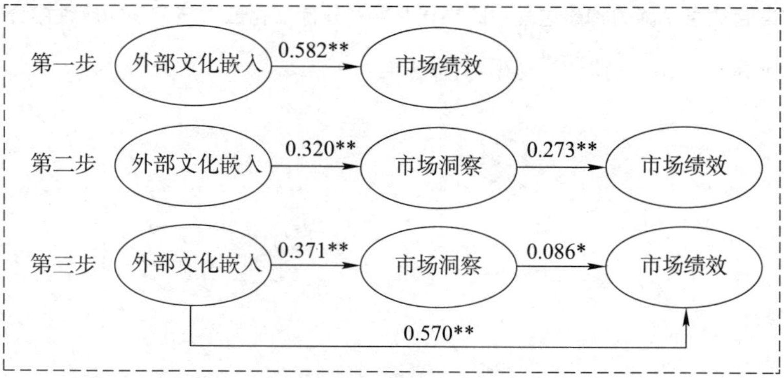

图6.17　复合式营销能力构建过程中市场洞察对外部文化嵌入与市场绩效中介效应分析

注：* 表示P＜0.05的水平上具有统计显著性，** 表示P＜0.01的水平上具有统计显著性。

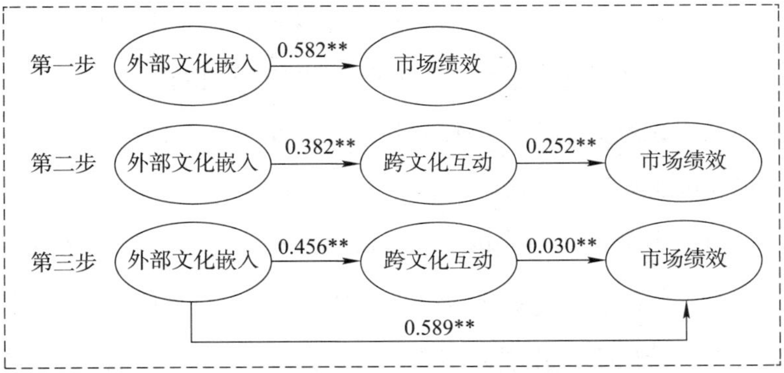

图6.18　复合式营销能力构建过程中跨文化互动对外部文化嵌入与市场绩效中介效应分析

注：** 表示 P < 0.01 的水平上具有统计显著性。

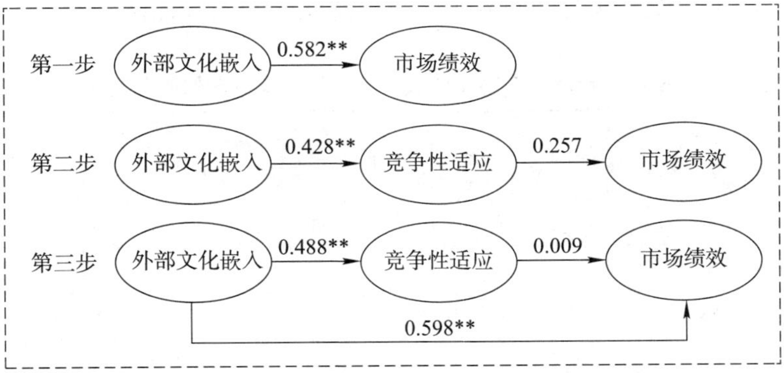

图6.19　复合式营销能力构建过程中竞争性适应对外部文化嵌入与市场绩效中介效应分析

注：** 表示 P < 0.01 的水平上具有统计显著性。

（三）跨境共享的调节作用分析

本书采取阶层式的调节回归分析方法对跨境共享调节效应进行检验，为了降低中介效应模型分析过程中的多重共线性的影响，本书参照 Cohen 等（2003）的研究，将文化嵌入、跨境共享和复合式营销能力构建的所有变量进行标准化处理，再把调节效应所涉及的自变量、因变量与乘积交互项纳入分析模型，以检验各变量间的关系。

1. 跨境共享对文化嵌入与复合式营销能力构建的调节效应检验

（1）跨境共享对文化嵌入与市场洞察的调节效应检验。在跨境共享对于文化嵌入与市场洞察之间调节作用过程中，本书使用阶层式的调节回归分析方法。具体而言：①控制效应检验，将企业规模、企业成立时间、国际化年限三个控制变量放入模型中进行回归分析；②主效应检验，将内部文化嵌入、外部文化嵌入、跨境共享三个解释变量放入模型中进行回归分析；③调节效应检验，将变量的乘积交互项内部文化嵌入 × 跨境共享、外部文化嵌入 × 跨境共享放入模型中进行回归分析。表6.14的分析结果显示，跨境共享与内部文化嵌入的乘积交互项对市场洞察的作用关系显著（β=2.422，P＜0.001），因此，跨境共享对于内部文化嵌入与市场洞察之间关系有显著的调节作用，假设5a得到验证性支持；跨境共享与外部文化嵌入的乘积交互项对市场洞察的作用并不显著（β=–0.895，P＞0.05）。因此，跨境共享对于外部文化嵌入与市场洞察的关系没有显著的调节作用，假设5d未得到验证性支持。

表6.14　跨境共享对文化嵌入与市场洞察关系的调节效应

因变量	因变量：市场洞察					
	步骤1：控制变量		步骤2：主效应		步骤3：调节效应	
	β	*t*	*β*	*t*	*β*	*t*
控制变量						
企业规模	0.026	0.343	0.045	0.672	0.016	0.241
企业成立时间	0.010	0.128	0.017	0.250	0.036	0.550
国际化年限	–0.082	–1.093	–0.047	–0.701	–0.049	–0.765
解释变量						
内部文化嵌入	—	—	0.311	1.978	–0.883	–2.453*
外部文化嵌入	—	—	0.386	5.270***	1.006	2.454*
跨境共享	—	—	–0.135	–0.847	–0.961	–2.787**
交互项						
内部文化嵌入 × 跨境共享	—	—	—	—	2.422	3.647***
外部文化嵌入 × 跨境共享	—	—	—	—	–0.895	–1.491
R^2	0.10		0.239		0.295	
调整后 R^2	0.007		0.213		0.262	
F	0.425		9.052***		8.957***	

注：N=315；*表示在P<0.05的水平上具有统计显著性，**表示在P<0.01的水平上具有统计显著性，***表示在P<0.001的水平上具有统计显著性。

资料来源：笔者整理得出。

（2）跨境共享对文化嵌入与跨文化互动的调节效应检验。在跨境共享对于文化嵌入与跨文化互动之间调节作用过程中，本书使用阶层式的调节回归分析方法。据表6.15的分析结果可知，跨境共享与内部文化嵌入的乘积交互项对跨文化互动的作用关系不显著（β=0.831，P＞0.05），因此，跨境共享对内部文化嵌入与跨文化互动的关系没有显著的调节作用，假设5b未得到验证性支持。跨境共享与外部文化嵌入的乘积交互项对跨文化互动的作用关系不显著（β=0.618，P>0.05），因此，跨境共享对外部文化嵌入与跨文化互动的关系没有显著的调节作用，假设5e未能得到验证性支持。

表6.15 跨境共享对文化嵌入与跨文化互动关系的调节效应

因变量	因变量：跨文化互动					
	步骤1：控制变量		步骤2：主效应		步骤3：调节效应	
	β	*t*	*β*	*t*	*β*	*t*
控制变量						
企业性质	0.034	0.452	0.060	1.116	0.058	1.080
企业成立时间	0.051	0.683	0.064	1.166	0.071	1.302
国际化年限	–0.117	–1.566	–0.067	–1.243	–0.071	–1.339
解释变量						
内部嵌入	—	—	0.447	3.499**	0.022	0.074
外部嵌入	—	—	0.526	8.848***	0.122	0.361
跨境共享	—	—	–0.149	–1.150	–0.888	–3.128**
交互项						
内部文化嵌入 × 跨境共享	—	—	—	—	0.831	1.521
外部文化嵌入 × 跨境共享	—	—	—	—	0.618	1.253
R^2	0.018		0.499		0.523	
调整后 R^2	0.006		0.482		0.501	
F	1.501		28.740***		23.442***	

注：N=315；*表示在P<0.05的水平上具有统计显著性，**表示在P<0.01的水平上具有统计显著性，***表示在P<0.001的水平上具有统计显著性。

资料来源：笔者整理得出。

（3）跨境共享对文化嵌入与竞争性适应的调节效应检验。在跨境共享对于文化嵌入与竞争性适应之间调节作用过程中，本书使用阶层式的调节回归分析方法。据表6.16的分析结果可知，跨境共享与内部文化嵌入的乘积交互项对竞争性适应的作用关系显著（β=1.234，P＜0.05），因此，跨境共享对于内部文化嵌入与竞争性适应的关系有显著的调节作用，假设5c得到验证性支持。跨境共享与外部文化嵌入的乘积交互项对竞争性适应的作用关系显著（β=2.904，P＜0.001），因此，跨境共享对于外部文化嵌入与竞争性适应的关系有显著的调节作用，假设5f得到验证性支持。

表6.16　跨境共享对文化嵌入与竞争性适应关系的调节效应

因变量	因变量：竞争性适应					
	步骤1：控制变量		步骤2：主效应		步骤3：调节效应	
	β	*t*	*β*	*t*	*β*	*t*
控制变量						
企业性质	0.032	0.427	0.051	0.789	0.086	1.413
企业成立时间	−0.009	−0.120	−0.045	−0.679	−0.055	−0.894
国际化年限	−0.162	−2.175*	−0.131	−2.026*	−0.137	−2.281*
解释变量						
内部文化嵌入	—	—	0.082	0.539	0.486	1.454
外部文化嵌入	—	—	0.484	6.839***	1.465	3.846***
跨境共享	—	—	0.140	0.911	0.645	2.011*
交互项						
内部文化嵌入 × 跨境共享	—	—	—	—	1.234	2.000*
外部文化嵌入 × 跨境共享	—	—	—	—	2.904	5.208***
R^2	0.027		0.291		0.392	
调整后R^2	0.010		0.267		0.363	
F	1.622		11.852***		13.758***	

注：N=315；*表示在P<0.05的水平上具有统计显著性，**表示在P<0.01的水平上具有统计显著性，***表示在P<0.001的水平上具有统计显著性。

资料来源：笔者整理得出。

2. 跨境共享对复合式营销能力构建与国际市场响应性的调节效应检验

（1）跨境共享对复合式营销能力构建与客户响应性的调节效应检验。在跨境共享对于复合式营销能力构建与客户响应性之间调节作用过程中，本书使用阶层式的调节回归分析方法。据表6.17的分析结果可知，跨境共享与市场洞察的乘积交互项对客户响应性的作用关系不显著（β=–0.045，P>0.05），因此，跨境共享对于市场洞察与客户响应性的关系没有显著的调节作用，假设6a未得到验证性支持。跨境共享与跨文化互动的乘积交互项对客户响应性的作用关系不显著（β=–1.031，P>0.05），因此，跨境共享对于跨文化互动与客户响应性关系没有显著的调节作用，假设6c未得到验证性支持。跨境共享与竞争性适应的乘积交互项对客户响应性的作用关系显著（β=2.295，P<0.001），因此，跨境共享对于竞争性适应与客户响应性关系有显著的调节作用，假设6e得到验证性支持。

表6.17　跨境共享对复合式营销能力构建与客户响应性关系的调节效应

因变量	因变量：客户响应性					
	步骤1：控制变量		步骤2：主效应		步骤3：调节效应	
	β	*t*	*β*	*t*	*β*	*t*
控制变量						
企业性质	–0.067	–0.905	–0.084	–1.334	–0.064	–1.042
企业成立时间	0.083	1.112	0.072	1.146	0.090	1.477
国际化年限	–0.134	–1.800	–0.071	–1.119	–0.060	–0.973
解释变量						
市场洞察	—	—	0.302	3.710***	0.336	0.698
跨文化互动	—	—	0.204	2.237*	0.730	1.494
竞争性适应	—	—	0.073	0.969	–1.408	–3.585***
跨境共享	—	—	0.101	1.421	–0.575	–1.083
交互项						
市场洞察 × 跨境共享	—	—	—	—	–0.045	–0.048
跨文化互动 × 跨境共享	—	—	—	—	–1.031	–1.134
竞争性适应 × 跨境共享	—	—	—	—	2.295	3.810***
R^2	0.030		0.329		0.386	
调整后 R^2	0.013		0.302		0.349	
F	1.807		12.061***		10.616***	

注：N=315；*表示在P<0.05的水平上具有统计显著性，**表示在P<0.01的水平上具有统计显著性，***表示在P<0.001的水平上具有统计显著性。

资料来源：笔者整理得出。

（2）跨境共享对复合式营销能力构建与市场绩效的调节效应检验。在跨境共享对于复合式营销能力构建与市场绩效之间调节作用过程中，本书使用阶层式的调节回归分析方法。据表6.18的分析结果可知，跨境共享与市场洞察的乘积交互项对市场绩效的作用关系不显著（β=0.174，P>0.05），因此，跨境共享对于市场洞察与市场绩效关系没有显著的调节作用，假设6b未得到验证性支持。跨境共享与跨文化互动的乘积交互项对市场绩效的作用关系显著（β=1.918，P<0.05），因此，跨境共享对于跨文化互动与市场绩效的关系有显著的调节作用，假设6d得到验证性支持。跨境共享与竞争性适应的乘积交互项对市场绩效的作用关系显著（β=2.621，P<0.001），因此，跨境共享对于竞争性适应与市场绩效的关系有显著的调节作用，假设6f得到验证性支持。

表6.18　跨境共享对复合式营销能力构建与市场绩效关系的调节效应

因变量	因变量：市场绩效					
	步骤1：控制变量		步骤2：主效应		步骤3：调节效应	
	β	*t*	*β*	*t*	*β*	*t*
控制变量						
企业性质	−0.056	−0.968	−0.022	−0.420	−0.007	−0.120
企业成立时间	0.093	1.618	0.082	1.503	0.043	0.706
国际化年限	−0.203	−3.573***	−0.145	−2.686**	−0.112	−1.856
解释变量						
市场洞察	—	—	0.181	2.495*	0.245	0.515
跨文化互动	—	—	0.152	2.044*	1.288	2.671**
竞争性适应	—	—	0.133	2.077*	1.628	4.203***
跨境共享	—	—	0.076	1.426	0.030	0.057
交互项						
市场洞察 × 跨境共享	—	—	—	—	0.174	0.191
跨文化互动 × 跨境共享	—	—	—	—	1.918	2.138*
竞争性适应 × 跨境共享	—	—	—	—	2.621	4.411***
R^2	0.049		0.206		0.403	
调整后 R^2	0.039		0.187		0.367	
F	5.134**		10.862***		11.387***	

注：N=315；*表示在P<0.05的水平上具有统计显著性，**表示在P<0.01的水平上具有统计显著性，***表示在P<0.001的水平上具有统计显著性。

资料来源：笔者整理得出。

二、研究假设总结

为了深刻揭示文化嵌入、复合式营销能力构建对国际市场响应性的影响机理，以及跨境共享的调节作用，从更深层次挖掘它们之间的内在关系，本书在详细探讨各变量测量量表的基础上，利用正式调研获得的样本数据对本章提出的概念模型和各项假设进行了实证检验。结果表明，本书所采用的量表能很好地满足本书对概念模型和假设检验的要求。综上所述，本书将研究假设的检验结果进行汇总，如表6.19所示。

表6.19　研究假设结果归纳

假设内容	结论
假设1：中国跨国企业文化嵌入对国际市场响应性具有显著的正向影响	
假设1a：中国跨国企业内部文化嵌入正向影响其客户响应性	支持
假设1b：中国跨国企业内部文化嵌入正向影响其市场绩效	支持
假设1c：中国跨国企业外部文化嵌入正向影响其客户响应性	支持
假设1d：中国跨国企业外部文化嵌入正向影响其市场绩效	支持
假设2：中国跨国企业文化嵌入对复合式营销能力的构建具有显著的正向影响	
假设2a：中国跨国企业内部文化嵌入正向影响复合式营销能力构建过程中的市场洞察	支持
假设2b：中国跨国企业外部文化嵌入正向影响复合式营销能力构建过程中的市场洞察	支持
假设2c：中国跨国企业内部文化嵌入正向影响复合式营销能力构建过程中的跨文化互动	支持
假设2d：中国跨国企业外部文化嵌入正向影响复合式营销能力构建过程中的跨文化互动	支持
假设2e：中国跨国企业内部文化嵌入正向影响复合式营销能力构建过程中的竞争性适应	支持
假设2f：中国跨国企业外部文化嵌入正向影响复合式营销能力构建过程中的竞争性适应	支持
假设3：中国跨国企业复合式营销能力构建对国际市场响应性具有显著的正向影响	
假设3a：中国跨国企业的市场洞察正向影响其客户响应性	支持
假设3b：中国跨国企业的市场洞察正向影响其市场绩效	支持
假设3c：中国跨国企业的跨文化互动正向影响其客户响应性	支持
假设3d：中国跨国企业的跨文化互动正向影响其市场绩效	支持
假设3e：中国跨国企业的竞争性适应正向影响其客户响应性	不支持
假设3f：中国跨国企业的竞争性适应正向影响其市场绩效	不支持
假设4：中国跨国企业复合式营销能力的构建在文化嵌入与国际市场响应性之间具有中介作用	
假设4a：复合式营销能力的构建在内部文化嵌入与客户响应性之间具有中介作用	部分支持
假设4b：复合式营销能力的构建在内部文化嵌入与市场绩效之间具有中介作用	部分支持

续表

假设内容	结论
假设4c：复合式营销能力的构建在外部文化嵌入与客户响应性之间具有中介作用	部分支持
假设4d：复合式营销能力的构建在外部文化嵌入与市场绩效之间具有中介作用	部分支持
假设5：跨境共享对文化嵌入与复合式营销能力构建具有调节作用	
假设5a：跨境共享正向调节内部文化嵌入与市场洞察之间的关系	支持
假设5b：跨境共享正向调节内部文化嵌入与跨文化互动之间的关系	不支持
假设5c：跨境共享正向调节内部文化嵌入与竞争性适应之间的关系	支持
假设5d：跨境共享正向调节外部文化嵌入与市场洞察之间的关系	不支持
假设5e：跨境共享正向调节外部文化嵌入与跨文化互动之间的关系	不支持
假设5f：跨境共享正向调节外部文化嵌入与竞争性适应之间的关系	支持
假设6：跨境共享对复合式营销能力的构建与国际市场响应性具有调节作用	
假设6a：跨境共享正向调节市场洞察与客户响应性之间的关系	不支持
假设6b：跨境共享正向调节市场洞察与市场绩效之间的关系	不支持
假设6c：跨境共享正向调节跨文化互动与客户响应性之间的关系	不支持
假设6d：跨境共享正向调节跨文化互动与市场绩效之间的关系	支持
假设6e：跨境共享正向调节竞争性适应与客户响应性之间的关系	支持
假设6f：跨境共享正向调节竞争性适应与市场绩效之间的关系	支持

资料来源：笔者整理得出。

（一）文化嵌入对国际市场响应性的影响作用分析

本书的统计分析结果验证了文化嵌入对国际市场响应性的正向影响作用（假设1a至假设1d支持），这说明从多元文化源搜寻异质性和多样化的新信息对于中国跨国企业国际市场响应性具有重要的促进作用；研究结论支持了以往学者关于文化嵌入与绩效关系的观点（Andersson et al.，2014；Cheng and Huang，2020），同时是对现有研究关注不同类型文化嵌入与国际市场拓展间关系研究的有益补充和丰富（Avraham，2003；Cheng and Huang，2020）。

（二）复合式营销能力构建在文化嵌入与国际市场响应性间发挥中介作用

首先，本书验证了中国跨国企业文化嵌入与复合式营销能力构建的作用关系，即内部嵌入、外部嵌入对复合式营销能力构建的三个维度分别产生了显著的影响，假设2a至假设2f得到验证性支持，这是对以往研究较少的以关注文化特征作为营销能力构建前因的重要补充。

其次，本书验证了复合式营销能力的构建对国际市场响应性的影响作用，其中复合式营销能力构建过程中的市场洞察与跨文化互动对国际市场响应性均发挥了正向促进作用，但竞争性适应的检验结果并未达到预期的作用关系，因此假设3a至假设3d得到验证性支持，假设3e与假设3f未获得验证性支持，这可能是因为，中国跨国企业海外市场拓展如果侧重于对竞争对手的监控，可能会忽略建立与海外市场的社会关系，进而对国外市场的需求变化的反应并不敏感，从而难以提供出色的产品服务。

本书进一步通过实证分析发现，复合式营销能力构建的不同维度在文化嵌入与国际市场响应性间所发挥的中介作用存在明显差异，假设4a至假设4d均为部分支持。复合式营销能力构建过程中的市场洞察与跨文化互动对文化嵌入（内部嵌入和外部嵌入）与客户响应性的关系具有部分中介效应；竞争性适应的中介效应不显著，而复合式营销能力构建过程中的市场洞察对文化嵌入（内部嵌入和外部嵌入）与市场绩效的关系具有部分中介效应，但跨文化互动与竞争性适应的中介效应不显著，这说明跨文化互动需要耗费大量的时间与成本，文化嵌入作用于市场绩效的中介效应并不显著，同时验证了竞争者导向可能会造成严重的资源挤压与浪费，长此以往难以助力国际市场响应性的实现。

（三）跨境共享情境的调节效应

本书从权变视角检验了跨境共享对文化嵌入与复合式营销能力构建关系的调节作用。实证分析结果表明：①跨境共享对于内部文化嵌入与市场洞察关系具有正向调节效应（假设5a支持），对于内部文化嵌入与跨文化互动的关系的调节效应不显著（假设5b不支持），这是由于内部文化嵌入结构可以帮助中国跨国企业依赖自身资源禀赋，洞察市场趋势与独特偏好，而通过跨文化互动积累社会资本，其效应取决于跨境共享的边界条件，因而跨境共享对于内部文化嵌入与跨文化互动关系的调节效应不显著。②跨境共享对于内部文化嵌入与竞争性适应的关系具有正向调节效应（假设5c支持），这是由于跨境共享为企业内部提供更大自主权，增加了其对市场的参与和承诺，在应对市场竞争采取的行动中，增加中国跨国企业的竞争性适应。③跨境共享对于外部嵌入与竞争性适应的关系具有正向调节效应（假设5f支持），但对于外部嵌入与市场洞察和跨文化互动关系的调节效应不显著（假设5d、假设5e不支持），这是因为通过跨境共享可以刺激竞争性思维的创新，从而提高企业新产品开发的能力，并做出迅速反应以开发新的市场机会。然而，面对以快速市场变化为特征的复杂环境，新产品开发的想法广泛分布在外部环境中，中国跨国企业不太可能持续地与客户进行互动、对竞争对手和新技术机会进行洞察。

此外，本书发现，跨境共享对于复合式营销能力构建的不同维度与国际市场响应性（客户响应性和市场绩效）的调节作用具有极大的差异性。具体而言：①跨境共享对于市场洞察与客户响应性和市场绩效关系的调节效应不显著（假设6a、假设6b不支持），这是由于跨境共享是提供多种市场知识的重要来源，信息过剩可能会导致中国跨国企业评估其特定的市场机会产生更大的难度。尤其在跨境共享程度更高时，它促使企业增加外部网络势力促进市场信息交换。跨境网络中包含更多异质性的信息知识，对市场趋势洞察的作用各有利弊，作用于客户响应性与市场绩效的效应并不显著。②跨境共享对于跨文化互动与市场绩效的关系具有正向调节效应（假设6d支持），但对于跨文化互动与客户响应性关系的调节效应不显著（假设6c不支持），这是由于跨境共享程度越高，意味着网络成员关系越紧密，当与同一跨国企业网络中的其他海外单位保持更强的关系纽带和进行持续互动时，企业更有可能增加额外的社会资本，从而增强跨文化互动对市场绩效的作用。③跨境共享对于竞争性适应与客户响应性和市场绩效的关系具有正向调节效应（假设6e、假设6f支持），这是由于如高度全球化、竞争白热化和日益网络化的价值链等动态因素，要求企业不仅要在整个组织内获取资源，而且要跨越边界实现竞争性适应。最初根植于企业内部的活动，不断地跨越其职能部门，最终与外部竞争环境联系起来。目前许多企业的营销职能正在向合作伙伴、供应商甚至竞争对手进行扩展，这样企业在跨境共享的情境下能够更好地匹配客户的需求，实现客户响应性，并作用于市场绩效提升。

第七章
研究结论与展望

本书以中国跨国企业作为研究对象，旨在探讨复合式营销能力构建的构成维度及其对国际市场响应性的作用关系。在承续Fang 和 Zou（2009）对营销动态能力的概念化基础上，本书结合Luo（2012）提出的复合基础观，运用多案例研究方法充分探讨中国跨国企业的复合式营销能力构建维度及构建机制，并利用实证数据对本书提出的相关理论模型及假设进行了检验。本书的研究结果在一定程度上揭示了复合式营销能力的构建机制及其对国际市场响应性的作用关系。此外，本书分析跨境共享情境因素的调节作用。本章将对上述章节所得结论进行总结，探讨本书的理论贡献与实践启示，并指出本书的研究不足及未来研究方向。

第一节　研究结论与管理启示

在系统归纳与讨论中国跨国企业复合式营销能力相关理论与研究设计后，本节将在全面总结案例分析与实证分析所得研究结论的基础上，凝练理论贡献与管理启示。

一、研究结论

基于本书前面章节的案例分析与实证检验，本书的研究结论主要聚焦以下三个方面。

第一，文化嵌入是中国跨国企业国际市场响应性的重要驱动因素，其中内部嵌入与外部嵌入对于国际市场响应性不同维度均具有显著的正向影响。

文化嵌入是中国跨国企业国际市场响应性的重要驱动因素，其主要表现在本土默会知识的价值会随文化距离加大而强化，通过文化嵌入对本土文化和市场默会知识进行精准把握（Supphellen et al.，2016；Huang and Gao，2020），这就为中国跨国企业海外市场运营提供权力基础，可以推动国际市场响应性的实现。通过案例分析，本书发现，由价值观和规范形成的文化差异会触发中国跨国企业通过内部文化嵌入与外部文化嵌入，让有紧密联结的网络伙伴更愿意进行专有知识和内隐知识的交换与分享，也可以帮助企业从嵌入性的文化协同创新中获取潜在收益。具体而言，中国跨国企业通过内部文化嵌入可以促进文化要素之间的建设性冲突，并对组织内关系实现强有力的承诺，促进从总部到子公司的企业价值共享，增强组织产生不同市场绩效的能力。中国跨国企业通过外部文化嵌入能够明确东道国的文化支持信念和行为规则，了解不同东道国文化的价值体系和规范框架，更广泛地与不同的本地参与者进行交互，进而可以使企业获得更多不同的知识来源，以对不同的本地市场机会做出快速响应。基于此，面对国际市场运营中的文化异质性，内部文化嵌入与外部文化嵌入为中国跨国企业国际市场响应性的实现提供独特的文化基础与难以模仿的资源组合。

通过大样本的实证检验，本书发现，内部文化嵌入与外部文化嵌入对中国跨国企业的国际市场响应性的不同维度均具有显著的正向影响。具体而言，内部文化嵌入对于国际市场响应性的客户响应性与市场绩效均有显著的正向影响，这主要是因为内部文化嵌入更关注权威类别和分类系统中体现的更广泛的认知如何塑造组织和管理行为，使子公司能够利用企业的特有优势，鼓励积极的内部互动将共同的价值与规范内在化，更有助于企业做出符合组织战略目标和满足本土客户需求的行为，促进组织内成员高效的任务协调，从而激发客户响应性并提升企业市场绩效。外部文化嵌入对于国际市场响应性的客户响应性与市场绩效均有显著的正向影响，这主要是因为文化作为一种隐性知识的形式，外部文化嵌入性可以作为社会资源整合过程的关键元素。跨国企业间经济交换不仅嵌入于社会结构中，而且嵌入于外部文化中，其在更深层次的认知中表现为逻辑和潜意识习惯。参与主体根据特定的文化逻辑满足本土需求，跨国企业之间的外部文化嵌入联系可以帮助其获得更多的社会支持，从而为其实现客户响应性与市场绩效提供必要的社会资源。

第二，复合式营销能力构建的不同维度对于文化嵌入与中国跨国企业国际市场响应性的作用关系具有差异化中介作用。

文化嵌入能够改变跨国企业的资源要素配置，刺激其做出有效响应，并为国际市场响应性提供多元文化信息和现有客户群的细分知识（Gomez-Mejia and Palich，1997；Cenamor et al.，2019）。然而中国跨国企业投资区位分离程度加大、跨文化特色日益显著，导致文化嵌入很难直接作用于国际市场响应性的实现。通过案例分析，本书发现，复合式营销能力的构建是中国跨国企业文化嵌入与国际市场响应性的内在作用机制，在文化异质性和资源约束的情况下，中国跨国企业在海外市场拓展过程中的营销能力构建呈现“由外向内”的各种竞争属性叠加的复合式特点，目的是在感知市场需求与获取竞争对手信息基础上，将组织职能的流程与外部环境连接起来，与客户、渠道成员和供应商建立持久的跨文化互动，使企业能够在竞争中脱颖而出。本书将复合式营销能力的构建划分为市场洞察、跨文化互动与竞争性适应三个维度。在复合式营销能力构建过程中，市场洞察意味着了解客户偏好、技术进步与相关机会的特征，使中国跨国企业增加对细分市场的深入了解，将重点转移到识别客户群体的各种需求，并利用这些新出现的机会。跨文化互动涉及从了解客户需求到目标定位和推广，再到将产品交付给客户的过程，其通过与相关利益主体建立联系，使企业能够夯实其资源基础或创建新的资源配置，帮助企业应对市场变化。竞争性适应使中国跨国企业不仅能够应对且能够适应迅速变化的商业环境，而且能够将有形资源集中并有效地进行部署，比竞争对手更有效地满足客户需求。文化嵌入在复合式营销能力构建过程中的市场洞察、跨文化互动与竞争性适应中，共同作用于国际市场响应性的实现。

通过大样本的实证检验，本书发现，复合式营销能力的构建对于文化嵌入与国际市场响应性具有中介作用关系，复合式营销能力过程中的市场洞察、跨文化互动与竞争性适应对于文化嵌入与国际市场响应性的中介效应具有较大的差异性。具体而言，一方面，当以客户响应性为基准时，复合式营销能力构建过程中的市场洞察与跨文化互动对于文化嵌入（内部嵌入和外部嵌入）与客户响应性的关系具有部分中介效应，但竞争性适应的中介效应不显著，这进一步验证了竞争者导向可能会造成严重的资源挤压与浪费，长此以往企业难以获得良好的客户响应性。此外，对于文化嵌入所获取的多元文化信息，通过复合式营销能力构建过程中的市场洞察与跨文化互动能够更好提升中国跨国企业的客户响应性。另一方面，当以市场绩效为基准时，复合式营销能力构建过程中的市场洞察对于文化嵌入（内部嵌入和外部嵌入）与市场绩效的关系具有部分中介效应，但跨文化互动与竞争性适应的中介效应不显著，这说明无论是内部文化嵌入还是外部文化嵌入，通过复合式营销能力构建过程中的市场洞察都能够很好地作用于中国跨国企业市场绩效的提升，而跨文化互动与竞争性适应需要耗费大量的时间与成本，对于文化嵌入作用于市场绩效的中介效应并不显著。

第三，跨境共享对于文化嵌入与复合式营销能力构建的不同维度之间的调节作用有极大的差异性；跨境共享对于复合式营销能力构建的不同维度与国际市场响应性之间的调节作用有极大的差异性。

本书发现，跨境共享对于文化嵌入（内部嵌入和外部嵌入）与复合式营销能力构建不同维度之间的调节作用有极大的差异性，中国跨国企业需要根据跨境共享情境对文化嵌入策略进行动态调整。具体而言：①跨境共享对于内部文化嵌入与市场洞察的关系具有正向调节效应，对于内部文化嵌入与跨文化互动之间关系的调节效应不显著，即中国跨国企业的跨境共享越高，越会刺激内部文化嵌入与市场洞察的互动效应，但会弱化内部文化嵌入与跨文化互动的关系。这是由于内部文化嵌入结构可以帮助中国跨国企业依赖自身资源禀赋洞察市场趋势与独特偏好，而通过跨文化互动积累社会资本，其效应取决于跨境共享的边界条件，因而跨境共享对于内部文化嵌入与跨文化互动之间关系的调节效应不显著。②跨境共享对于内部文化嵌入与竞争性适应的关系具有正向调节效应，即中国跨国企业的跨境共享越高，越容易以内部文化嵌入的方式实现竞争性适应。这是由于跨境共享为企业内部提供更大自主权，增加了企业对市场的参与和承诺，在应对市场竞争而采取的行动中，有助于企业间的合作和协调，从而增加中国跨国企业的竞争性适应。③跨境共享对于外部文化嵌入与竞争性适应的关系具有正向调节效应，但对于外部文化嵌入与市场洞察和跨文化互动之间关系的调节效应不显著，即在较高程度的跨境共享情境下，中国跨国企业外部文化嵌入和竞争性适应之间的作用关系越强，外部文化嵌入与市场洞察和跨文化互动之间关系就会变弱，这是因为通过跨境共享可以刺激竞争性思维的发散，从而提高新产品开发的能力并做出迅速反应以开发新的市场机会。然而，面对以快速市场变化为特征的复杂环境，新产品开发的想法广泛分布在外部环境中，中国跨国企业不太可能持续地与客户进行互动、对竞争对手和新技术机会进行洞察。

此外，本书发现，跨境共享对于复合式营销能力构建的不同维度与国际市场响应性（客户响应性和市场绩效）的调节作用有极大的差异性。具体而言：①跨境共享对于市场洞察与客户响应性和市场绩效之间关系的调节效应不显著，这是由于跨境共享是可以提供多种市场知识的重要来源，信息过剩可能会为其指导中国跨国企业评估特定的市场机会带来更高的难度。尤其在跨境共享程度更高时，它促使企业增加外部网络势力促进市场信息交换。由于跨境网络中包含更多异质性的信息知识，对市场趋势洞察的作用各有利弊，其作用于客户响应性与市场绩效的效应并不显著。②跨境共享对于跨文化互动与市场绩效的关系具有正向调节效应，但对于跨文化互动与客户响应性之间关系的调节效应不显著。这是由于跨境共享程度越高，意味着网络成员之间的关系越紧密，而由于中国跨国企业的地理分布较为分散，来自这种跨文化互动的社会资本通常较难获得。当与同一跨国企业网络中的其他海外单位保持更强的关系纽带和持续互动时，企业更有可能增加额外的社会资本，从而增强企业跨文化互动对市场绩效的作用。③跨境共享对于竞争性适应与客户响应性和市场绩效的关系具有正向调节效应，这是由于如高度全球化、竞争白热化和日益网络化的价值链等动态因素，要求企业不仅要在整个组织内获取资源，而且要跨越其边界以实现竞争性适应。最初根植于企业内部的活动，不断地跨越其职能部门，最终与外部竞争环境联系起来。目前许多企业的营销职能正在向合作伙伴、供应商甚至竞争对手进行扩展，这样企业在跨境共享的情境下能够更好地匹配客户的需求以实现客户响应性，并作用于市场绩效的提升。

二、理论贡献

基于上述研究结论，本书的理论贡献主要体现在以下四个方面：

第一，基于价值与规范层面的内部文化嵌入与外部文化嵌入研究，分析了中国跨国企业文化嵌入模式及其对国际市场响应性的作用影响，在一定程度上响应了整合多元文化背景和企业行为多层次概念的呼吁。

现有关于文化嵌入的理论研究，主要强调价值观、传统习俗、地域与产业氛围等社会文化因素的影响，个体或组织为适应其所处社会文化环境进而调整自身行为的状态（Granovetter，1985；Zukin and DiMaggio，1990），它意味着在特定的社会群体中相关主体对文化的意义有普遍的共识。目前，国际商务领域学者已经从适应性视角的外部文化嵌入（Oehmichen and Puck，2016）、一致性视角的内部文化嵌入（Cenamor et al.，2019）及其双元嵌入（Cheng and Huang，2020）等方面做出了有益探讨。本书对中国跨国企业文化嵌入的研究发现，中国跨国企业的社会文化背景塑造其市场竞争力和地位，面对多元文化环境，中国跨国企业能够自主选择文化嵌入的位置、维度和程度，以使积极地、有战略性地和有选择性地利用其异质文化环境的不同机会，本书在一定程度上弥补现有研究对中国跨国企业文化嵌入作用于国际市场拓展行为的微观缺口。此外，以往研究更多地关注文化嵌入对学习能力（Li et al.，2017）、网络关系（Vahlne and Johanson，2017）与创新绩效（Gregor et al.，2009）的重要作用，而本书探索了文化嵌入与国际市场响应性的关系后发现，中国跨国企业通过文化嵌入有助于企业形成跨国观念和网络惯例，并创造性地使用文化意义和权力资源，从而提高企业的国际市场响应性。本书旨在拓宽文化嵌入在中国跨国企业海外市场拓展研究中的理论范畴，寻求能够整合多元文化背景和企业行为的多层次概念。

此外，本书通过多案例研究发现，文化不仅以价值观的形式存在，还包括行为规范的形式，将文化嵌入解构为规范与价值两个层面的内部嵌入与外部嵌入。不同跨国企业都以差异化的方式来制定其文化嵌入策略，并通过其日常活动潜在地改变这些价值和规范。对于内部文化嵌入的研究，本书发现，中国跨国企业要在多个海外市场保留其传统，其形式不仅是一种效率工具，而且主要强调跨国组织与母公司规范偏好保持一致性，可以为其从母公司获取资源、知识及技术等提供支持，进一步验证了Cenamor等（2019）的研究论断。事实上，文化嵌入是组织间网络和非正式规则的结果，除内部组织形式的嵌入和总部与子公司之间的文化交流外，中国跨国企业还可以依赖外部嵌入，因为外部文化嵌入可以促进企业与客户、竞争对手和供应商等主体的学习。对于外部文化嵌入的研究，本书发现，这种文化嵌入的动机在于获取合法性并拓宽多元知识来源。与大多数研究基于的静态文化观点相反，本书研究的文化嵌入强调企业对国际市场环境变化的敏感性，以及相关的社会化过程和国际市场响应性，响应了Yalcinkaya等（2007）、Greenman和Andrew（2013）、Goldberg等（2016）对于将文化嵌入理论向国际商务领域的迁移与深化，能够弥补文化嵌入研究中对文化层次性与复杂性忽视造成的理论缺口。

第二，对于中国跨国企业复合式营销能力构建机制的研究，充分挖掘和验证复合式营销能力构建的过程表现，以及其在文化嵌入与国际市场响应性之间的中介作用，避免沿用传统营销理论解构复合式营销能力所造成的理论偏差。

对于国际营销能力的探讨，现有文献从资源观视角（Narasimhan et al.，2006）、知识观视角（Katharina and Buttenberg，2015）、流程观视角（Day，

2014）进行研究，然而这些观点的主要架构仍基于传统发达国家，对中国情境下的国际营销能力研究仍然不足。事实上，众多中国跨国企业缺乏传统定义上的资源优势（Li and Chang，2016），但对现有内外部资源的创造性整合运用（Luo and Zhang，2018），可以提供具有复合式特征的产品或服务，利用复合竞争的手段获取、创造独特的竞争优势或发展路径（Wang et al.，2014；Luo and Bu，2017），揭示中国跨国企业独特的复合式营销能力构建逻辑。本书不仅对中国跨国企业复合式营销能力构建的维度进行解构，还对文化嵌入与复合式营销能力构建、复合式营销能力构建与国际市场响应性的关系做了深入探讨，推动复合基础观在营销能力领域的应用，拓展复合式营销能力的理论解释边界。

此外，本书检验了复合式营销能力构建对文化嵌入与国际市场响应性的重要的中介作用。现有文献认为，中国跨国企业的营销能力构建机制研究无论是强调顶层设计、业务流程改进还是基层员工学习，焦点应该从企业内部视角向外部迁移（Morschett et al.，2015；Mathews et al.，2016），反映在国际市场营销能力的构建过程中，其呈现“由外向内”的特征。本书对于复合式营销能力的研究认为，在动荡环境下，中国跨国企业内部并不具有传统发达国家所具备的优势资源，反而更加注重对外部资源的获取（Fang and Zou，2009；许晖等，2017）；通过对内外部资源的有效整合，培养和提升复合式营销能力，以获取持续的、长期的竞争优势。同时，本书发现，文化嵌入在复合式营销能力构建过程中以国际机会为导向，将各种竞争属性进行有机捆绑，共同作用于国际市场响应性的实现。本书的理论观点在一定程度上补充了Luo和Bu（2018）研究所提到的复合基础观，并响应了Zhou等（2019）、Luo（2019）等对关注文化因素与复合式能力之间潜在联系的呼吁。

第三，基于文化嵌入与复合式营销能力的交叉视角，挖掘了中国跨国企业国际市场响应性的实现路径，补充了现有文献对中国跨国企业海外市场拓展绩效的衡量指标，为后续研究提供整合性的理论分析框架。

市场响应性这个概念起源于Kohli等（1993）的研究，随后其他研究者开始关注并深化响应性研究（Liao et al.，2003；Golann，2006；Homburg et al.，2007）。现有关于国际市场响应性的研究，主要聚焦组织学习（Julien and Lisa，2012；Chaiy，2015）、营销能力（Vorhies and Morgan，2005；Yu and Nath，2014）等内容。基于组织学习视角，不同规模、不同资本来源的企业在网络内进行知识的共享与整合，更加容易在某一专业分工的环节形成自己的专有知识和能力，在洞察客户需求等创新技能方面起到推动作用，有助于加快企业对客户需求的响应速度（Vorhies and Morgan，2005）。基于营销能力视角，跨国企业通过对企业营销能力的修正与创新，有助于建立稀缺且难以模仿的创新技能，进而产生额外竞争优势，为企业实现国际市场响应性奠定基础（Kozlenkova et al.，2013；Morgan et al.，2018）。因此，针对国际市场响应性指标更能反映中国跨国企业国际市场拓展的营销能力与环境的适配性特征，本书对文化嵌入与复合式营销能力交叉视角下的中国跨国企业的国际市场响应性实现路径进行深入探究，以动态、科学的视角深化国际市场响应性的理论研究，为后续研究提供整合性的理论分析框架。

国际市场响应性反映了企业对内部和外部市场信息采取行动的能力和倾向，这种响应性的行动可能会导致企业调整其产品和服务，这方面的动态调整或差异化策略代表了企业在市场上的竞争优势（Lu and Ramamurthy，2011；许晖等，2017）。本书认为，随着竞争强度的增加和客户需求的不断变化，有效且快速的市场响应性已经成为企业持续成功的关键。为了在动态市场中实现有效竞争，企业必须着力于对客户的需求和期望做出适当和快速的反应，并捕捉现有的市场需求（Peng and Luo，2000；Cai et al.，2016）。实际上，中国跨国企业的海外市场开拓可能会受到企业对市场状况反应的极大影响，它是市场领先者必备的潜在关键能力，并在决定公司的战略方向和绩效结果方面起着重要作用，有助于企业获取和转化有形和无形资源以产生竞争优势（Wang et al.，2015；Sheng，2019）。同时，文化嵌入作为复合式营销能力的前置因素，对国际市场响应性的实现至关重要，其有助于将企业的注意力集中于关键文化要素并进行优先排序。然而，与其他企业绩效指标（如财务绩效和创新绩效）相比，国际市场响应性还未得到太多关注。此外，本书对中国跨国企业国际市场响应性实现路径的研究，解释了企业推进文化嵌入及复合式营销能力构建，在国际市场响应性实现过程中的交叉效应，补充了现有文献对于中国跨国企业海外市场拓展绩效的衡量指标的相关内容。

第四，对跨境共享的调节作用分析，推进文化嵌入视角下中国跨国企业复合式营销能力的构建与国际市场响应性差异化关系的情境因素研究，拓宽跨境共享的解释边界，并赋予中国跨国企业海外市场拓展新的研究情境。

现有多数研究将跨境共享的概念更普遍地应用于新兴经济体跨国企业或处于国际竞争环境中的中小型企业（Yiu et al.，2007；Porter and Kramer，2016），反映了不同的组织单位、部门或合作伙伴紧密地协调其活动（McDermott and Corredoira，2010）的程度，减少职能之间的冲突并增强协作优势。在某种程度上，跨境共享打破了正式的层级结构，增加企业决策自主权，使企业将重点放在结构设计元素上（Demirel and Ulu，2020），通过改善企业内外部结构实现与市场细分的不同客户群体的一致性，这种结构使每个部门都能专注于一个独特的客户细分，从而增加企业对客户群体的独特知识（Aakhus and Bzdak，2012），并将其贯穿于企业各个层次结构，使企业能够更迅速地响应和适应不断变化的客户需求。由于中国跨国企业参与国际合作、出海投资频频受阻，新冠肺炎疫情更刺激逆全球化思潮从幕后走向台前，这些都对中国跨国企业的国际市场拓展带来极大的不确定性影响，需要中国跨国企业根据其在市场上的洞察和经验随时改进结构，保持跨部门的有效沟通，为构建复合式营销能力提供架构支持，并促进信息收集和整合，不断适应变化的市场机会。跨境共享有助于企业从知识关联中获利，使企业能够共享实时信息和知识，但其作为情境因素如何发挥调节作用仍然存在争议。

基于此，本书检验了跨境共享在文化嵌入与复合式营销能力构建、复合式营销能力构建与国际市场响应性之间所发挥的调节作用。研究结果表明，跨境共享在不同变量维度之间发挥着不同的调节效应，为中国跨国企业根据自身能力条件和环境特点以合理方式进行文化嵌入、实现复合式营销能力构建以最大化促进国际市场响应性提升提供了新的管理思维。事实上，跨境共享的效果取决于其对企业信息系统集成水平的影响，因为中国跨国企业的海外市场拓展通常需要不同利益主体之间的相互依赖，这就直接决定了跨境共享情境的重要性，这不仅形成了组织间的协作态度（Rahman et al.，2020），而且增加了企业在不同职能领域共享信息和传播知识的意愿，增强企业获取现有知识的能力（Luo and Bu，2018），以产生应对市场挑战的多元化见解。然而，持续的相互调整需求降低了企业自主决策与资源配置的灵活性，并且企业需要更多的时间和精力来应对结构复杂性（Rahman et al.，2020）。因此，拥有完整信息系统的中国跨国企业更容易发挥跨境共享的协同效应，通过分析多个地点的销售数据、市场等，随时了解其内部和外部环境的变化。本书的研究结论有助于增强学术界对中国跨国企业海外市场拓展情境作用的深入理解。

三、管理启示

基于上述研究结论，本书的管理启示主要表现在以下三个方面：

第一，重视内外部环境中文化元素的跨层次互动，以文化嵌入为先导获取企业海外市场拓展所需的关键资源。

由于经济和技术的变革，全球环境正面临破坏性的需求转变。文化嵌入是全球化发展的必然结果，全球日益增长的文化需求和客户偏好有助于企业加强文化嵌入的信念。文化嵌入对消费者行为的影响正在加强，中国跨国企业将全球战略嵌入异质文化，这种嵌入有助于其获得外部资源和能力，提升内外部行为者的协调，从而有助于跨国企业的营销创新。企业嵌入在涉及相关利益主体不断发展的社会交换关系网络中，既存在于内部管理层面，也会嵌入整个政治网络，不仅包括重点企业，还包括具有政治联系的供应商、分销商等。文化嵌入很容易影响跨国企业的海外市场拓展行为：一方面，外部文化嵌入反映在中国跨国企业对东道国社会做出响应的意愿和能力上，通过结构性关联，如与当地企业建立战略联盟和合资企业，将自身嵌入东道国的社会网络中。企业要想融入当地市场，就必须使经营水平与当地文化规范相适应，这不仅涉及顾客与员工的互动，还涉及相关的其他标准。此外，企业可能会与整个上下游的关联主体建立紧密关系，包括本土供应商、分销商和客户，有助于其克服来源国劣势和外来者劣势，减轻各种政治和违约风险。另一方面，内部文化嵌入构成新兴市场商业成功的关键因素，对于在这些市场上竞争的中国跨国企业来说，将自己嵌入母国文化网络是十分必要的。中国跨国企业应该设计并执行动态的、多周期的文化嵌入策略，建立和维持内部的相互沟通、理解、接受和合作关系，帮助管理层有效利用变化，并使用健全的沟通技术作为其预测趋势的早期预警系统的主要工具，使企业内部属性和环境演化保持一致，通过积极主动地搭建内部文化网络，获取非市场资源以创造和保持竞争优势。

第二，聚焦复合式营销能力的形成和发展，培育中国跨国企业在国际市场的独特新优势。

面对新兴市场变化带来的压力，中国跨国企业必须关注国际营销能力升级以实现生存和发展。区别于发达市场跨国企业，中国跨国企业缺乏传统意义上的垄断优势（如全球市场资源、品牌形象、客户忠诚度和专有技术等），同时在东道国面临外来者劣势（负面形象标签、信任缺失、信息不对称等）。相应地，中国跨国企业在国际参与中所展现的商业关系发展模式及独特的国际营销能力，对于其在境外市场运营中获得竞争优势和卓越绩效发挥了重要的作用。因而企业需要综合“由外向内”的复合式营销能力来利用内外部资源，以满足客户需求并成功地进入海外市场。复合式营销能力可以通过企业的战略转型、伙伴选择的决策及其他内外部因素来实现。首先，企业管理者必须关注市场需求的动态变化，并将客户需求纳入营销战略的考虑范畴，从不同来源渠道收集和存储客户数据，以获取全球市场上的客户信息。其次，与现有商业伙伴关系相关的重大承诺，有助于企业识别替代信息源或转向更好的合作伙伴，促进新信息的流动，提升营销创意。中国跨国企业应该与当地利益相关者进行跨文化互动，基于相互依赖的工作实践和共同的文化，吸引本土客户的注意力。最后，新兴市场的发展导致激烈的竞争和高度不确定性，因此企业必须分析不同的信息来源并迅速做出反应。由于每个跨国企业面临的竞争压力程度不同，企业相应地去感知、捕获和重新配置资产基础，以实现适应性，保持竞争力，需要不断寻找新的惯例，最终激发复合式营销能力较快的整合速度、更高的生产效率，以及更优的产品性价比作用。

第三，优化中国跨国企业跨境共享的情境作用，激发海外市场拓展过程中的网络效应。

中国跨国企业要在不确定的市场环境中获取竞争优势，不能简单地重复传统跨国企业的发展路径，而是要跟随外界环境的变化达成自身能力的“进化”，对不同来源、不同层次、不同结构的网络资源进行选择和有机地融合，使之具有较强的柔性、系统性和价值性，以适应国际市场的不确定性、技术变革的动态性，以及制度环境的复杂性，而这一过程主要得益于中国跨国企业跨境共享的情境作用。全球开放市场与信息技术的发展不仅有利于有形资产流动（如标准化技术、机器和设备、关键部件和材料），而且有益于无形知识、信息、专门知识和人才的流动，在客观上推动跨境共享的实现。在跨境共享情境下，一方面，中国跨国企业在各类外国伙伴关系的数量和多样性方面具有优势，通过这些伙伴关系，可以获得各种资源、知识和资本，依赖跨境共享驱动对全球网络中政府、客户、供应商等外部主体关系的连接与重构，补充以交换为导向的能力。企业应该更系统地促进商业网络的重新配置，整合变化的外部环境的想法和创意，为企业海外市场拓展的资源获取与需求洞察创造条件，使不同来源的想法和创意得以交流和共享。另一方面，为了更好地满足客户需求，组织结构应该适应客户群体，中国跨国企业应该关注跨境共享对正式网络与非正式网络上的资源编排，增加组织成员赋权，从而调动他们的积极性，尤其要充分发挥客户在新产品开发绩效关系中的重要性，根据不同来源的信息采取行动，协调特定客户群需求，加大新产品开发力度，增强企业满足客户具体需求的能力。

第二节　研究局限、研究方向与未来展望

本书在一定程度上提出新颖观点完善现有理论，但由于本书涉及的研究问题较为复杂且构念比较烦琐，研究过程仍然存在一些不足之处。本节将对研究过程中存在的局限性进行阐述，并就相关研究议题的未来研究方向进行探讨。

一、研究的局限性

本书的局限性主要体现在以下三个方面：

第一，本书在样本选择与变量测度上存在局限性。鉴于中国跨国企业调研在时间与经费上的限制，虽然本书的样本量已经达到实证研究的要求，且所选样本具有一定的代表性，但样本总量仍不是很高，而且主要来自发达城市，对于中西部区域的中国跨国企业在国际市场拓展路径方面尚未纳入考量范畴，对整体中国跨国企业国际营销实践可能存在一定的偏差。事实上，中国跨国企业的数量、类型及地区分布较为复杂，样本数量的局限性在某种程度上会影响研究的外部效度与结论的可推广性。此外，本书在案例分析的基础上挖掘了中国跨国企业复合式营销能力构建的维度，并在此基础上开发了相关量表，但本书主要是以主观评测的方式进行数据收集与变量测度，收集到的数据很容易受到被访者主观看法的影响。因此使用单一被访者作为数据来源，不可避免地会产生同源方法偏差。而且大多数问卷不是由被访者面对面填写，会受到时间、情绪或者其他客观因素的干扰，可能会对数据质量与变量测度产生影响。因此，未来研究可以选择不同区域的中国跨国企业进行跨案例研究或对比研究，拓宽多样化的数据来源渠道，提高研究的信度与效度，进一步夯实理论构建的基础。

第二，本书未能进行基于纵向数据的时间序列分析。在中国跨国企业不同的国际化阶段，复合式营销能力构建各维度的地位和作用具有差异化特征。

但是，本书所使用的截面数据，无法对中国跨国企业的复合式营销能力的纵向发展情况进行案例分析与实证检验。尽管本书探讨了文化嵌入视角下复合式营销能力的构建机制及其对国际市场响应性的影响，并进行了实证检验，但本书采用的只是样本企业在较短的某一时期所收集的截面数据，并不能充分揭示复合式营销能力随时间变化而呈现的动态发展与演化特征。此外，本书的正式调研样本虽然已经涵盖大部分的中国跨国企业类型，并覆盖不同的国际化阶段，包括刚进入国际市场的中国跨国企业和已经进入国际市场多年的中国跨国企业，但受数据收集的条件限制，本书未能采取基于纵向数据的时间序列分析，为有效解释复合式营销能力构建机制及其对国际市场响应性的影响关系带来了一定的局限性。因此，未来的研究应该采用案例研究方法，揭示中国跨国企业复合式营销能力在较长时间段内阶段性的动态变化和演化特征，再收集数据加以实证检验。

第三，本书对于调节因素的考量范围不足。本书基于中国跨国企业国际市场拓展的显著特征，选取跨境共享作为对中国跨国企业文化嵌入与复合式营销能力、复合式营销能力与国际市场响应性关系最为直接的调节变量进行考量。事实上，由于中国跨国企业通常面临突变的国际环境和快速的技术变革，文化嵌入与复合式营销能力、复合式营销能力与国际市场适应性之间的作用机制会因此受到影响。在“能力—绩效”的研究范式中，组织因素与环境因素的重要调节作用已经得到理论界的认可，但受篇幅限制，本书并没有按照组织因素与环境因素的分析逻辑对调节变量进行选择和检验，而是主要聚焦跨境共享的调节作用，反映跨境共享情境下中国跨国企业文化嵌入影响复合式营销能力、复合式营销能力影响国际市场响应性的不同效果，本书还需要进一步探索和揭示是否存在其他因素对其具有调节效应。因此，未来的研究应尽可能地着力于挖掘多种因素并与本书研究结论进行比较，争取最大程度地还原中国跨国企业的客观现实，从而找出影响最大的调节因素。

二、未来研究方向与展望

本书的未来研究方向与展望主要聚焦以下三个方面：

第一，扩大中国跨国企业的样本选择范围，拓宽多样化数据来源，完善文化嵌入、复合式营销能力构建与国际市场响应性的变量测度。在数据收集上，为实现研究数据的全面性和真实性，本书将耗费更多精力拓展多种途径发放调研问卷，根据中国对外直接投资存量和流量确定被调研企业的地理范围，并尽可能地控制被调研企业性质、所处地域、国际市场进入模式和其所处行业类型，降低偏差、确保调研问卷的质量，进而保障变量测度的准确性。此外，未来研究中可以就不同东道国企业类型进行区别分析，进一步就其他新兴市场或者发达市场中所表现出来的文化嵌入、复合式营销能力构建与国际市场响应性差异化特征进行对比，继而检验中国跨国企业复合式营销能力构建对国际市场响应性作用在不同东道国市场是否具有差异性，以及文化嵌入与复合式营销能力构建的关系是否发生变化，从而为中国跨国企业在不同国际市场竞争中构建适宜的复合式营销能力，并为实现更好的国际市场响应性提供有针对性的借鉴。

第二，基于时间序列的纵向过程研究，分析处于不同国际化阶段的中国跨国企业的文化嵌入、复合式营销能力构建与国际市场响应性的演化特征。本书对中国跨国企业复合式营销能力的研究主要基于横截面数据，检验特定时间节点上文化嵌入与复合式营销能力构建、复合式营销能力构建与国际市场响应性的作用关系。在未来研究的案例分析中，由于营销能力与外部环境的交互作用，中国跨国企业复合式营销能力的构建具有动态演化的特征，在国际化进程的不同阶段，文化嵌入的方式、复合式营销能力的构建均具有不同的特征。在后续的研究中，研究者可以基于时间序列数据的收集和分析，探讨不同阶段复合式营销能力的构建特征及其与国际市场响应性之间作用关系的差异，以完善研究主题。此外，在未来研究的实证分析中，研究可以引入时间维度进行纵向过程研究，即在研究条件许可的前提下，收集纵向的时间序列数据，这将有助于检验不同时点文化嵌入、复合式营销能力的作用关系及其对国际市场响应性的影响作用，以保障研究模型的稳健性，并提高研究结论的普适性。

第三，综合组织因素与环境因素的双重情境，加强其对文化嵌入与复合式营销能力构建、复合式营销能力构建与国际市场响应性的调节效应分析。本书聚焦跨境共享这一情境因素对中国跨国企业文化嵌入、复合式营销能力构建与国际市场响应性的影响，但已有文献认为，环境和组织的情境条件是影响、形成或驱动组织能力构建的关键研究内容之一，还应考虑企业文化、战略导向、组织结构等多种组织因素和产业结构、市场力量和技术变革等外部环境条件的影响。此外，研究的视角不同，环境和组织因素的调节作用也不同。因此，未来的研究应结合具体研究主题，综合组织因素与环境因素的双重情境，加强其对文化嵌入与复合式营销能力构建、复合式营销能力构建与国际市场响应性的调节效应分析，特别是针对中国跨国企业，可以更多地考虑文化、制度或其他转型经济背景下的特定因素对企业国际化进程的影响，以更加深入地挖掘情境因素的影响机制，关注情境效应与管理实践的关系，从而有效地完善跨国企业营销知识。

附　录

调查问卷

尊敬的先生/女士：

您好！衷心感谢您在百忙之中参与本次问卷调研。本问卷旨在探讨中国跨国企业国际市场拓展的相关问题。本问卷主要涉及文化嵌入、复合式营销能力、国际市场响应性与跨境共享等方面的内容，请您根据贵企业实际情况选择与您看法相符或者最为接近的选项填写。

我们向您郑重承诺：本次调研所获取的数据资料仅用于学术研究，调研过程采取完全匿名的方式，任何涉及您身份或者显示企业情况的信息均会被严格保密。

企业基本情况：

1. 贵公司成立于________年，目前总员工人数有________人。

2. 贵公司属于　□国有企业　□民营企业　□其他________

3. 贵公司是否是上市公司？　□是　□否。

4. 贵公司已经在国际市场运营________年。

5. 贵公司的年销售额约为________。

a. 100万元以下；b. 100万~1000万元；c. 1000万~5000万元；d. 5000万~1亿元；e. 1亿~10亿元；f. 10亿元以上

☆ 请在您要选的选项上打“√”或画“○”，“7”表示程度极高或完全同意，“1”表示程度极低或完全不同意。

1. 关于贵公司文化嵌入的情况，您同意以下的陈述吗？		完全不同意<-->完全同意						
01	我们会以母国文化为基准调整管理流程	1	2	3	4	5	6	7
02	我们会对母国管理文化进行反思与转化	1	2	3	4	5	6	7
03	我们能够协调好拥有不同文化背景的员工	1	2	3	4	5	6	7
04	我们通过关注母国战略变化，不断调整计划行动	1	2	3	4	5	6	7
05	我们对东道国的法律和经济体系很了解	1	2	3	4	5	6	7
06	我们对东道国的文化信仰和价值观很了解	1	2	3	4	5	6	7
07	我们能有效地经营与具有不同文化背景的商务伙伴的关系	1	2	3	4	5	6	7
08	我们能够与具有不同文化背景的商务伙伴进行有效的沟通	1	2	3	4	5	6	7
2. 关于贵公司复合式营销能力构建的情况，您同意以下的陈述吗？		完全不同意<-->完全同意						
01	我们通过多种渠道持续感知现有顾客和竞争者的变化	1	2	3	4	5	6	7
02	我们比竞争者更快地感知到市场上已经出现的变化	1	2	3	4	5	6	7
03	我们擅于快速地从市场变化中识别有用信息	1	2	3	4	5	6	7
04	我们充分利用既有的市场信息获取手段	1	2	3	4	5	6	7
05	我们通常与具有不同文化背景的顾客共同设计产品流程	1	2	3	4	5	6	7
06	我们尝试为具有不同文化背景的顾客提供差异化服务	1	2	3	4	5	6	7
07	我们能够识别具有不同文化背景下的顾客需求，并快速做出响应	1	2	3	4	5	6	7
08	我们有正式的系统，根据文化差异来与顾客开展不同的交流	1	2	3	4	5	6	7
09	我们经常收集、整合有关竞争者产品或战略的信息	1	2	3	4	5	6	7
10	我们能够系统地收集并分析潜在竞争者活动的信息	1	2	3	4	5	6	7
11	我们的管理者经常与企业员工分享当前或潜在竞争者的信息	1	2	3	4	5	6	7
12	我们对当前或潜在竞争者的优势和劣势的认识非常深入	1	2	3	4	5	6	7
3. 关于贵公司国际市场响应性的情况，您同意以下的陈述吗？		完全不同意<-->完全同意						
01	相比主要竞争对手，我们知道如何让客户对我们更满意	1	2	3	4	5	6	7
02	相比主要竞争对手，我们知道怎样能帮助客户变得更好	1	2	3	4	5	6	7
03	相比主要竞争对手，我们知道如何更好地为客户创造价值	1	2	3	4	5	6	7
04	相比主要竞争对手，我们知道如何与客户建立信任关系	1	2	3	4	5	6	7
05	相比主要竞争对手，我们实现了更高的市场份额	1	2	3	4	5	6	7
06	相比主要竞争对手，我们的销售增长率更高	1	2	3	4	5	6	7
07	相比主要竞争对手，我们的资产收益率更高	1	2	3	4	5	6	7
4. 关于贵公司跨境共享的情况，您同意以下的陈述吗？		完全不同意<-->完全同意						
01	我们与国际市场上的主要利益相关者经常共享信息	1	2	3	4	5	6	7
02	我们与国际市场上的主要利益相关者在合作过程中风险共担	1	2	3	4	5	6	7
03	我们与国际市场上的主要利益相关者在合作过程中利益共享	1	2	3	4	5	6	7
04	我们建立了全面的信息管理系统来支持全球业务	1	2	3	4	5	6	7

参考文献

[1] 陈怀超，范建红. 制度距离、中国跨国公司进入战略与国际化绩效：基于组织合法性视角[J]. 南开经济研究，2014（2）：99–117.

[2] 陈猛，刘和福，魏少波. IT能力与市场响应性的关系研究[J]. 管理学报，2015，12（7）：1088–1096.

[3] 戴克清. 共享式服务创新的基因遗传、表达与成长——基于制造业纵向案例的扎根分析[J]. 管理评论，2020，32（10）：326–338.

[4] 邓治文. 论文化认同的机制与取向[J]. 长沙理工大学学报（社会科学版），2005（2）：30–33.

[5] 董晓松，刘霞，姜旭平. 空间溢出与文化距离——基于数字内容产品扩散的实证研究[J]. 南开管理评论，2013，16（5）：100–109.

[6] 窦红宾，王正斌. 网络结构对企业成长绩效的影响研究——利用性学习、探索性学习的中介作用[J]. 南开管理评论，2011（3）：15–25.

[7] 范兆斌，黄淑娟. 文化距离对"一带一路"国家文化产品贸易效率影响的随机前沿分析[J]. 南开经济研究，2017（4）：127–142.

[8] 范徵，杜娟，王风华，等. 国际跨文化管理研究学术影响力分析——基于Web of Science十年的数据分析[J]. 管理世界，2014（7）：182–183.

[9] 范徵，范培华，贾思雪，等. 中国跨国企业"走出去"跨文化环境因素探究[J]. 管理世界，2018，34（7）：178–179.

[10] 冯文娜，姜梦娜，孙梦婷. 市场响应、资源拼凑与制造企业服务化转型

绩效[J].南开管理评论，2020（4）：84-95.

［11］高闯，郭斌.嵌入“礼”文化思想的中国组织社会资本分析[J].经济与管理研究，2011（7）：82-90.

［12］郭锐，陶岚.“蛇吞象”式民族品牌跨国并购后的品牌战略研究——跨文化视角[J].中国软科学，2013（9）：112-123.

［13］蒿坡，龙立荣，贺伟.领导力共享、垂直领导力与团队创造力：双视角研究[J].管理科学，2014（6）：53-64.

［14］何斌，李泽莹，郑弘.跨文化领导力的内容结构模型及其验证研究——以中德跨文化团队为例[J].经济管理，2014，36（12）：83-94.

［15］简兆权，陈键宏，郑雪云.网络能力、关系学习对服务创新绩效的影响研究[J].管理工程学报，2014（3）：91-99.

［16］蒋冠宏.制度差异、文化距离与中国跨国企业对外直接投资风险[J].世界经济研究，2015（8）：39-49+129-130.

［17］揭筱纹，涂发亮.企业基因：企业动态战略能力的基石[J].武汉理工大学学报（社会科学版），2011，24（2）：222-226.

［18］李洪，叶广宇，赵文丽.距离产生美：跨国并购中个人/集体主义价值观差异的不对称效应[J].南开管理评论，2019，22（6）：152-164.

［19］李怀斌，王子言，李响.论国家形象的话语意蕴与跨文化嵌入机理——基于社会营销与全球营销的视角[J].财经问题研究，2013（7）：3-11.

［20］李杰义，闫静波，王重鸣.双重网络嵌入性、学习能力与国际化速度——快速国际化情境下的实证研究[J].经济管理，2018，40（9）：74-91.

［21］李静，郑用吉.服务业顾客关系承诺研究——基于中、韩、澳顾客跨文化的比较[J].管理评论，2011，23（4）：64-72.

［22］李琳，郭立宏.文化距离、文化严格程度与跨国知识溢出[J].科学学研究，2018，36（6）：1078-1086.

［23］李顺才，李伟.基于知识根植性视角的联盟协作创新研究[J].研究与发展管理，2007，19（1）：1-5.

[24] 李巍，许晖. 国际营销动态能力的制度驱动机制研究——基于四川长虹国际化进程的案例分析[J]. 管理案例研究与评论，2012，5（6）：404–418.

[25] 李伟，聂鸣，李顺才. 组织文化、外部知识管理能力与网络嵌入性收益[J]. 管理科学，2010（3）：16–24.

[26] 李志云，张文婕，朱宪辰. 内生溢价还是垂直溢价？——基于制度内生选择的跨文化比较视角[J]. 外国经济与管理，2017，39（8）：116–129.

[27] 刘畅唱，贾良定，李珏兴，等. 经验开放性对跨文化管理有效性的作用机制[J]. 心理学报，2016，48（10）：1326–1337.

[28] 刘畅唱，贾良定，杨椅伊. 不仅是"入乡随俗"：外派经理的跨文化"三环学习"[J]. 外国经济与管理，2020（3）：74–91.

[29] 刘璐，杨蕙馨，崔恺媛. 文化距离、母公司能力与跨国并购绩效——基于中国上市公司跨国并购样本的实证研究[J]. 山东大学学报（哲学社会科学版），2019（4）：55–64.

[30] 刘威，肖光恩. 文化距离、制度效应与跨境股权投资[J]. 经济管理，2015，37（5）：171–182.

[31] 吕延方，王冬."一带一路"有效实施：经济规模、地理与文化距离[J]. 经济学动态，2017（4）：30–40.

[32] 孟凡臣，刘博文. 跨文化吸收能力：跨国并购背景下知识转移过程的探索[J]. 管理工程学报，2019，33（2）：50–60.

[33] 孟凡臣，肖盼，刘博文. 跨文化吸收能力对国际并购绩效的影响分析[J]. 科研管理，2016，37（6）：151–158.

[34] 孟凡臣，赵中华. 跨文化吸收能力对国际并购知识转移影响机制的多案例研究[J]. 管理学报，2018，15（8）：1221–1230.

[35] 聂正安. 企业组织学习的文化嵌入性分析[J]. 求索，2008（2）：16–19.

[36] 宁烨，刘南荻，王姗姗. 跨文化情景下组织试错学习机理研究[J]. 管理科学，2016，29（2）：29–41.

[37] 彭世勇. 文化价值与冲突管理模式：四国一地跨文化对比[J]. 经济管

理，2008（3）：84–89.

[38] 彭伟，唐康丹，符正平. 组织双元性视角下海归创业企业战略导向与双重网络嵌入关系研究[J].管理学报，2017（11）：1662–1671.

[39] 渠爱雪，孟召宜. 区域文化递进创新与区域经济持续发展[J].经济地理，2004，24（2）：149–153.

[40] 苏涛，陈春花，李芷慧，等. 跨文化视角下员工工作对家庭冲突与工作态度关系的Meta研究[J]. 管理学报，2019（11）：1650–1660.

[41] 孙金云，陆亚东.中国跨国企业的崛起之道：复合创新[J].清华管理评论，2017（6）：81–87.

[42] 孙俊新. 文化距离、文化贸易与对外直接投资区位选择[J]. 经济问题探索，2020，461（12）：107–114.

[43] 谭乐，蒿坡，杨晓，等.悖论式领导：研究述评与展望[J].外国经济与管理，2020，42（4）：63–79.

[44] 田颖，常焙筌，田增瑞，等.是否知识共享？——基于开源数字创新社区视角[J].科学学研究，2021（3）：1–22.

[45] 田志龙，熊琪，蒋倩. 跨国公司中中国员工面临的跨文化沟通挑战与应对策略[J]. 管理学报，2013，10（7）：1000–1016.

[46] 王玉梅，何燕珍. 跨国外派管理实践对外派人员跨文化适应的影响——基于中国跨国企业的实证研究[J]. 经济管理，2014，36（5）：80–92.

[47] 王泽宇，王国锋，井润田. 基于外派学者的文化智力、文化新颖性与跨文化适应研究[J]. 管理学报，2013，10（3）：384–389.

[48] 魏江，黄学，刘洋. 基于组织模块化与技术模块化“同构/异构”协同的跨边界研发网络架构[J]. 中国工业经济，2014（4）：148–160.

[49] 魏江，向永胜. 文化嵌入与集群发展的共演机制研究[J]. 自然辩证法研究，2012，28（3）：114–118.

[50] 吴晓云，张峰.关系资源对营销能力的影响机制：顾客导向和创新导向的中介效应[J].管理评论，2014，26（2）：58–68.

[51] 向国成，钟世虎，谌亭颖. 分享经济的微观机理研究：新兴古典与新古典[J].管理世界，2017（8）：170–172.

[52] 向永胜，魏江，郑小勇. 多重嵌入对集群企业创新能力的作用研究[J].科研管理，2016，37（10）：102–111.

[53] 熊名宁，汪涛，赵鹏，等. 文化距离如何影响跨国战略联盟的形成——基于交易成本视角的解释[J]. 南开管理评论，2020，134（5）：147–160.

[54] 徐笑君. 外派人员跨文化沟通能力对工作绩效的影响研究：专业知识学习的中介效应[J]. 研究与发展管理，2016，28（4）：87–96.

[55] 许晖，郭净，邓勇兵. 管理者国际化认知对营销动态能力演化影响的案例研究[J]. 管理学报，2013，10（1）：30–40.

[56] 许晖，王亚君，单宇. “化繁为简”：跨文化情境下中国跨国企业海外项目团队如何管控冲突？[J]. 管理世界，2020（9）：128–140.

[57] 许晖，王亚君，郭文艳，单宇. 跨国企业临时性项目团队如何实现跨业务单元协作：基于沃尔沃公司临时性项目团队的案例研究[J]. 科学学与科学技术管理，2019（2）：150–164.

[58] 许晖，许守任，王睿智. 嵌入全球价值链的企业国际化转型及创新路径——基于六家外贸企业的跨案例研究[J]. 科学学研究，2014（1）：73–83.

[59] 杨皎平，金彦龙，戴万亮. 网络嵌入、学习空间与集群创新绩效：基于知识管理的视角[J]. 科学学与科学技术管理，2012，33（6）：51–58.

[60] 杨晓荣，杜荣. IT 驱动的虚拟社区知识共享对跨境电商服务质量的影响研究[J]. 中国管理科学，2021（2）：1–12.

[61] 杨勇，梁辰，胡渊. 文化距离对中国对外直接投资企业经营绩效影响研究——基于制造业上市公司微观数据的实证分析[J]. 国际贸易问题，2018，426（6）：27–40.

[62] 尹国俊，蒋璐闻. 基于产权共享的众创空间资源聚合模式研究[J]. 科学学研究，2021，39（2）：356–364.

[63] 于海云，阚丽雯，商燕劼. 文化差异感知、沟通模式与员工创新行为[J]. 科

研管理，2020，41（12）：139–148.

［64］余航，田林，蒋国银. 共享经济：理论建构与研究进展[J]. 南开管理评论，2018，123（6）：39–54.

［65］苑婧婷，唐书林. 文化嵌入对集群核心企业知识溢出的影响机制研究[J]. 科技进步与对策，2014（17）：132–137.

［66］赵书松. 中国文化背景下员工知识共享的动机模型研究[J]. 南开管理评论，2013，16（5）：26–37.

［67］周飞，冉茂刚，苏秋来. 资源组拼、未吸收冗余与内向型开放式创新的关系研究[J].管理学报，2018，15（5）：703–709.

［68］左志刚，杨帆. 东道国文化特质与跨国并购失败风险：基于中国跨国企业海外并购样本的实证研究[J].外国经济与管理，2021，43（1）：58–72.

［69］Aakhus M，Bzdak M. Revisiting the role of "Shared Value" in the business–society relationship[J]. Business and Professional Ethics Journal，2012，31（2）：231–246.

［70］Abrahamson E，Fombrun C J.Forging the iron cage：Interorganizational networks and the production of macro —culture[J].Journal of Management Studies，1992，29（2）：175–194.

［71］Adair W L，Hideg I，Spence J R. The culturally intelligent team：The impact of team cultural intelligence and cultural heterogeneity on team shared values[J].Journal of Cross–cultural Psychology，2013，44（6）：941–962.

［72］Al–Aalia，Teece D J. International entrepreneurship and the theory of the（long–lived）international firm：A capabilities perspective[J]. Entrepreneurship Theory and Practice，2014，38（1）：95–116.

［73］Almeida P，Phene A. Subsidiaries and knowledge creation：The influence of the MNC and host country on innovation[J]. Strategic Management Journal，2004，25（8–9）：847–864.

［74］Anastasia G，Julia B，Martin H. From empowerment dynamics to team adaptability exploring and conceptualizing the continuous agile team innovation process[J]. Journal of Product Innovation Management, 2020, 25 (4): 1-58.

[75] Andersen P H, Kragh H, Lettl C. Spanning organizational boundaries to manage creative processes: The case of the lego group[J]. Industrial Marketing Management, 2013, 42 (1): 125-134.

[76] Andersson U, Dellestr H, Pedersen T. The contribution of local environments to competence creation in multinational enterprises[J].Long Range Planning, 2014, 47 (1): 87-99.

[77] Andtew S, Rodolphe D, Jean-Philippe V. Organizational adaptation[J]. Journal of Management, 2020, 47 (1): 1-33.

[78] Antioco M, Moenaret R, Lindgreen A. Organizational antecedents to and consequences of service business orientations in manufacturing companies[J]. Journal of the Academy of Marketing Science, 2008, 36 (3): 337-358.

[79] Antonio M, Tavaers T, Luiz F S, Annibal S, Felipe E.Similarities and contrasts of complexity, uncertainty, risks, and resilience in supply chains and temporary multi-organization projects[J].International Journal of Project Management, 2016, 34 (7): 1328-1346.

[80] Arunachalarn S, Ramaswami S, Herrmann P, Walker Doug. Innovation pathway to profitability: The role of entrepreneurial orientation and marketing capabilities[J]. Journal of the Academy of Marketing Science, 2018, 46 (4): 744-766.

[81] Asheim B T, Isaksen A.Regional innovation systems, the integration of local "sticky" and global "ubiquitous" knowledge[J].Journal of Technology Transfer, 2002, 27 (1): 77-86.

[82] Augier M, Teece D J. Dynamic capabilities and the role of managers in business strategy and economic performance[J].Organization Science, 2009, 20 (2): 410-421.

[83] Auh S, Menguc B. Balancing exploration and exploitation: The moderating

role of competitive intensity[J]. Journal of Business Research, 2005, 58 (12): 1652–1661.

[84] Autio E, Sapienza H J, Almeida J G. Effects of age at entry, knowledge intensity and imitability on international growth[J]. Academy of Management Journal, 2000, 43 (5): 909–924.

[85] Avraham E, First A. I buy American: The American image as reflected in lsraeli advertising[J]. Journal of Communication, 2003, 53 (2): 282–299.

[86] Baron D, Cavazza N, Russo S. Intergroup contact and prejudice toward immigrants: A multinational, multilevel test of the moderating role of individual conservative values and cultural embeddedness[J].International Journal of Intercultural Relations, 2020, 75 (5): 106–117.

[87] Baron J N, Pfeffer J. The social psychology of organizations and inequality[J]. Social Psychology Quarterly, 1994, 57 (3): 190–209.

[88] Battistella C, De Toni A F, De Zan G. Cultivating business model agility through focused capabilities: A multiple case study[J].Journal of Business Research, 2017, 73 (4): 65–82.

[89] Baumann O, Eggers J P, Stieglitz N. Colleagues and competitors: How internal social comparisons shape organizational search and adaptation[J]. Administrative Science Quarterly, 2019, 64 (2): 275–309.

[90] Bendoly E, Bharadwaj A, Bharadwaj S. Complementary drivers of new product development performance: Cross-functional coordination, information system capability, and intelligence quality[J].Production and Operations Management, 2012, 21 (4): 653–667.

[91] Bernardes E S, Hanna M D. A theoretical review of rlexibility, agility and responsiveness in the operations management literature[J]. International Journal of Operations & Production Management, 2013, 29 (1): 30–53.

[92] Beugelsdijk S, Koen C I, Noorderhaven N G. Organizational culture and

relationship skills[J].Organization Studies, 2006 (27): 833–854.

[93] Beugelsdijk S, Koen C, Noorderhaven N A. Dyadic Approach to the impact of differences in organizational cultureon relationship performance[J].Industrial Marketing Management, 2009, 38 (3): 312–323.

[94] Beugelsdijk S, Kostova T, Roth K. An overview of hofstede–inspired country–level culture research in international business since 2006[J].Journal of International Business Studies, 2017, 48 (1): 30–47.

[95] Burt R S.The contingent value of social capital[J]. Administrative Science Quarterly, 1997, 42 (2): 339–365.

[96] Cai Z, Huang Q, Liu H. The moderating role of information technology capability in the relationship between supply Chain collaboration and organizational responsiveness[J]. International Journal of Operations & Production Management, 2016, 36 (10): 1247–1271.

[97] Calza F, Cannavale C, Nadali I Z. How do cultural values influence entrepreneurial behavior of nations? A behavioral reasoning Approach[J]. International Business Review, 2020, 29 (5): 1–13.

[98] Capello R, Faggian A.Collective learning and relational capital in local innovation processes[J].Regional Studies, 2005, 39 (1): 75–87.

[99] Cenamor J, Parida V, Oghazi P, Pesmaa O, Wincent J. Addressing dual embeddedness: The roles of absorptive capacity and Appropriability mechanisms in subsidiary performance[J].Industrial Marketing Management, 2019, 78 (4): 239–249.

[100] Chen K H, Wang C H, Huang S Z. Service innovation and new product performance: The influence of market–linking capabilities and market turbulence[J]. International Journal of Production Economics, 2016, 172 (2): 54–64.

[101] Chen M J.Reconceptualizing the competition–cooperation relationship: A transparadox perspective[J].Journal of Management Inquiry, 2008, 17 (4): 288–304.

[102] Chen Y, Tjosvold D, Fang S S. Working with foreign managers: Conflict

management for effective leader relationships in China[J].International Journal of Conflict Management, 2005, 16 (3): 265–286.

[103] Cheng H L, Huang M C. Does dual embeddedness matter? Mechanisms and patterns of subsidiary ambidexterity that links a subsidiary's dual embeddedness with its learning strategy[J].Asia Pacific Journal of Management, 2020, 20 (1): 1–35.

[104] Cicekli E. Antecedents of normative integration in multinational companies: A conceptual model[J]. International Journal of Management, 2011, 28 (4): 177–183.

[105] Comino S, Manenti F M, Parisi M L. From planning to mature: On the success of open source projects[J]. Research Policy, 2007, 36 (10): 1575–1586.

[106] Conner K R. A historical comparison of resource–based theory and five schools of thought within industrial organization economics: Do we have a new theory of the firm?[J]. Journal of Management, 1991, 17 (1): 121–154.

[107] Cooke P, Clifton N, Oleaga M. Social capital, firm embeddedness and regional development [J].Regional Studies, 2005, 39 (8): 1065–1077.

[108] Crane A, Matten D, Palazzo G, Spence L J. Contesting the value of the shared value concept[J]. California Management Review, 2013, 56 (2): 130–153.

[109] Cuervo–Cazurra A, Genc M. Transforming disadvantages into advantages: Developing–country MNEs in the least developed countries[J]. Journal of International Business Studies, 2008, 39 (6): 957–979.

[110] Cuervo–Cazurra A. Extending theory by analyzing developing country multinational companies: Solving the goldilocks debate[J]. Global Strategy Journal, 2012, 2 (3): 153–167.

[111] Cusumano M A, Kahl S J, Suarez F F. Services, industry evolution, and the competitive strategies of product firms[J]. Strategic Management Journal, 2015, 36 (4): 559–575.

[112] Danneels E. Organizational antecedents of second–order competences[J]. Strategic Management Journal, 2008, 29 (5): 519–543.

[113] Davis J P, Eisenhardt K M, Bingham C B. Optimal structure, market dynamism, and the strategy of simple rules[J]. Administrative Science Quarterly, 2009, 54 (3): 413–452.

[114] Day G S. An outside–in Approach to resource–based theories[J]. Journal of the Academy of Marketing Science, 2014, 42 (1): 27–28.

[115] Day G S. The capabilities of market–driven organizations[J].Journal of Marketing, 1994, 58 (10): 37–52.

[116] Day G. Closing the marketing capabilities gap [J]. Journal of Marketing, 2011, 75 (4): 183–195.

[117] Dembek K, Singh P, Bhakoo V. Literature review of shared value: A theoretical concept or a management buzzword?[J]. Journal of Business Ethics, 2016, 137 (2): 231–267.

[118] Demirel O, Ulu O. The effect of organizational identification on knowledge sharing behavior: The mediating role of altruism[J]. Business and Economics Research Journal, 2020, 11 (2): 531–543.

[119] Den Hartog D N, Verburg R M. High performance work systems, organizational culture and perceived organizational effectiveness[J].Human Resource Management Journal, 2004, 14 (1): 55–78.

[120] Dhanaraj C, Beamish P W. A resource–based Approach to the study of export performance[J]. Journal of Small Business Management, 2003, 41 (3): 242–261.

[121] Dierickx I, Cool K. Asset stock accumulation and sustainability of competitive advantage[J]. Management Science, 1989, 35 (12): 1504–1511.

[122] Drazin R, Van de Ven A H. Alternative forms of fit in contingency theory[J]. Administrative Science Quarterly, 1985, 30 (4): 514–539.

[123] Drori I, Honig B. A process model of internal and external legitimacy[J]. Organization Studies, 2013, 34 (3): 345–376.

[124] Dunning J H. The eclectic paradigm of international production: A

restatement and some possible extensions[J]. Journal of International Business Studies, 1988, 19 (1): 1–13.

[125] Dyer J H, Habir S. The relational view: Cooperative strategy and sources of interorganizational competitive advantage[J]. Academy of Management Review, 1998, 23 (4): 660–679.

[126] Egelhoff W G. Information processing theory and the multinational enterprise?[J]. Journal of International Business Studies, 1991, 22 (3): 341–368.

[127] Eggers J P, Park K F. Incumbent adaptation to technological change: The past, present, and future of research on heterogeneous incumbent response[J]. Academy of Management Annals, 2018, 12 (11): 357–389.

[128] Eggert A, Hogreve J, Ulaga W. Revenue and profit implications of industrial service strategies[J]. Journal of Service Research, 2014, 17 (1): 23–39.

[129] Eisenhardt K M, Jeffrey A M. Dynamic capabilities: What are they?[J]. Strategic Management Journal, 2000, 21 (10/11): 1105–1121.

[130] Ethiraj S, Kale P, Krishnan M, Singh J. Where do capabilities come from and how do they matter? A study in the software service industry[J]. Strategic Management Journal, 2005, 26 (1): 25–45.

[131] Falasca M, Zhang J, Conchar M. The impact of customer knowledge and marketing dynamic capability on innovation performance: An empirical analysis[J]. Journal of Business & Industrial Marketing, 2017, 32 (7): 901–912.

[132] Fang E, Zou S. Antecedents and consequences of marketing dynamic capabilities in international joint ventures [J]. Journal of International Business Studies, 2009, 40 (5): 742–761.

[133] Feiler P, Teece D. Case study, dynamic capabilities and upstream strategy: Supermajor EXP[J]. Energy Strategy Reviews, 2012, 3 (5): 14–20.

[134] Fligstein N. Markets as politics: A political–cultural Approach to market institutions[J]. American Sociological Review, 1996, 64 (4): 656–673.

[135] Florin J, Schmidt E. Creating shared value in the hybrid venture arena: A business model innovation perspective[J]. Journal of Social Entrepreneurship, 2011, 2 (2): 165–197.

[136] Foss N J, Pedersen T. Organizing knowledge processes in the multinational corporation: An introduction[J]. Journal of International Business Studies, 2004, 35 (5): 340–349.

[137] Francis J N P. When in Rome? The effects of cultural adaptation on intercultural business negotiations[J]. Journal of International Business Studies, 1991, 22 (3): 403–428.

[138] Frasquet M, Dawson J, Calder ó n H. Integrating embeddedness with dynamic capabilities in the internationalisation of fashion retailers[J]. International Business Review, 2018, 27 (2): 904–914.

[139] Froese F J, Stoermer S, Reiche B S. Best of both worlds: How embeddedness fit in the host unit and the headquarters improve repatriate knowledge transfer[J]. Journal of International Business Studies, 2020, 52 (8): 1331–1349.

[140] Funk R J. Making the most of where you are: Geography, networks, and innovation in organizations[J]. Academy of Management Journal, 2014, 57 (1): 193–222.

[141] Garrett R P, Covin J G, Slevin D P. Market responsiveness, top management risk taking, and the role of strategic learning as determinants of market pioneering[J]. Journal of Business Research, 2009, 62 (8): 782–788.

[142] Gebauer H, Worch H, Truffer B. Absorptive capacity, learning processes and combinative capabilities as determnants of strategic innovation[J]. European Management Journal, 2012, 30 (1): 57–73.

[143] Gebhardt G F, Carpenter G S, Sherry J F. Creating a market orientation: A longitudinal, multifirm, grounded analysis of cultural transformation[J]. Journal of Marketing, 2006, 70 (4): 37–55.

[144] Gerhart B. How much does national culture constrain organizational culture? [J]. Management & Organization Review, 2009, 5 (2): 241–259.

[145] Ghoshal S, Bartlett C A. The multinational corporation as an interorganizational network[J]. Academy of Management Review, 1990, 15 (4): 603–626.

[146] Ghoshal S, Korine H, Szulanski G. Interunit communication in multinational corporations[J]. Management Science, 1994, 40 (1): 111–122.

[147] Glasmeier A. Technological discontinuities and flexible production networks: The case of Switzerland and the world watch industry[J].Research Policy, 1991, 20 (5): 469–485.

[148] Golann B. Achieving growth and responsiveness: Process management and market orientation in small firms[J].Journal of Small Business Management, 2006, 44 (3): 369–385.

[149] Gomez–Mejia L R, Leslie E P. Cultural diversity and the performance of multinational firms[J]. Journal of International Business Studies, 1997, 28 (2): 309–335.

[150] Gong Y, Kim T Y, Lee D R, Zhu J.A multilevel model of team goal orientation, information exchange, and creativity[J].The Academy of Management Journal, 2013, 56 (3): 827–851.

[151] Grabher G, Ibert O. Bad company? The ambiguity of personal knowledge networks[J]. Journal of Economic Geography, 2006, 6 (3): 251–271.

[152] Granovetter M. Economic action and social structure: The problem of embeddedness[J].American Journal of Sociology, 1985, 91 (3): 481–510.

[153] Grant R M. Toward a knowledge–based theory of the firm[J].Strategic Management Journal, 1996, 17 (2): 109–122.

[154] Gregory B T, Harris S G, Armenakis A A, Shook C L.Organizational culture and effectiveness: A study of values, attitudes, and organizational outcomes[J] .Journal

of Business Research, 2009, 62（7）: 673–679.

[155] Grossman G, Baldassarri D. The impact of elections on cooperation: Evidence from a lab–in–the–field experiment in Uganda[J]. American Journal of Political Science, 2012, 56（4）: 964–985.

[156] Gulati R. Alliances and networks[J]. Strategic Management Journal, 1998, 19（4）: 293–317.

[157] Gupta A K, Govindarajan V. Knowledge flows within multinational corporations[J]. Strategic Management Journal, 2000, 21（4）: 473–496.

[158] Harvey S. Creative synthesis: Exploring the process of extraordinary group creativity[J].Academy of Management Review, 2014, 39（3）: 324–343.

[159] Harzing A W. Acquisitions versus greenfield investments: International strategy and management of entry modes[J]. Strategic Management Journal, 2002, 23（3）: 211–227.

[160] Heimeriks K H, Schijven M, Gates S. Manifestations of higher–order routines: The underlying mechanisms of deliberate learning in the context of postacquisition integration [J]. Academy of Management Journal, 2012, 55（3）: 703–726.

[161] Hess M. "Spatial" relationships? Towards a reconceptualization of embeddedness[J].Progress in Human Geography, 2004, 28（2）: 165–186.

[162] Hoenen A K, Kostova T. Utilizing the broader agency perspective for studying headquarters–subsidiary relations in multinational companies[J]. Journal of International Business Studies, 2015, 46（1）: 104–113.

[163] Hofstede G. The cultural relativity of organizational practices and theories[J]. Journal of International Business Studies, 1983, 14（2）: 75–89.

[164] Homburg C, Grozdanovic M, Klarmann M. Responsiveness to customers and competitors: The role of affective and cognitive organizational systems[J].Journal of Marketing, 2007, 71（3）: 18–38.

[165] Hsu J Y, Saxenian A. The limits of guanxi capitalism: Transnational

collaboration between Taiwan and the US[J].Environment and Planning A, 2000, 32 (11): 1991–2005.

[166] Huang X, Gao Q. Knowledge sharing in the arabic management consulting industry: A cultural embeddedness perspective[J].Academy of Management Annual Meeting Proceedings, 2020, 20 (1): 1–23.

[167] Humphrey J, Schmitz H. How does insertion in global value chains affect upgrading in industrial clusters?[J]. Regional Studies, 2002, 36 (9): 1017–1027.

[168] Iasksen A.Clusters innovation and the local learning paradox[J].International Journal of Entrepreneurship and Innovation Management, 2007, 7 (2): 366–384.

[169] Ibeh K, Kasem L.The network perspective and the internationalization of small and medium sized software firms from Syria[J].Industrial Marketing Management, 2011, 40 (3): 358–367.

[170] Ismail G, Alberto F, Ahmad A, Shlomo Y. European MNE subsidiaries' embeddedness and innovation performance: Moderating role of external search depth and breadth[J]. Journal of Business Research, 2019, 102 (9): 97–108.

[171] James A. Demystifying the role of culture in innovative regional economies[J]. Regional Studies, 2005, 39 (9): 1197–1216.

[172] James A. Everyday effects, practices and causal mechanisms of "cultural embeddedness": Learning from Utah's high tech regional economy[J].Geoforum, 2007, 38 (2): 393–413.

[173] Jaworski B J, Kohli A K. Market orientation: Antecedents and consequences[J]. Journal of Marketing, 1993, 57 (3): 53–70.

[174] Jayachandran S, Hewett K, Kaufman P. Customer response capability in a sense–and–respond Era: The role of customer knowledge process[J].Journal of the Academy of Marketing Science, 2004, 32 (3): 219–233.

[175] Jensen R J, Szulanski G.Template use and the effectiveness of knowledge transfer[J]. Management Science, 2007, 53 (11): 1716–1730.

[176] Johnson J L, Sohi R S, Grewal R. The role of relational knowledge stores in interfirm partnering[J]. Journal of Marketing, 2004, 68 (3): 21–36.

[177] Jones M V, Coviello N E. Internationalisation: Conceptualising an entrepreneurial process of behavior in time[J]. Journal of International Business Studies, 2005, 36 (3): 284–303.

[178] Juscius V, Jonikas D. Integration of CSR into value creation chain: Conceptual framework[J]. Engineering Economics, 2013, 24 (1): 63–70.

[179] Kale P, Perlmutter H. Learning, and protection of proprietary assets in strategic alliances: Building relational capital[J]. Strategic Management Journal, 2000, 21 (3): 217–237.

[180] Kaleka A, Morgan N. How marketing capabilities and current performance drive strategic intentions in international markets[J]. Industrial Marketing Management, 2017, 78 (4): 108–121.

[181] Kauser S, Shaw V. The influence of behavioral and organizational characteristic son the success of international strategic alliances[J] .International Marketing Review, 2004, 21 (1): 17–52.

[182] Kirkman B L, Lowe K B, Gibson C B. A quarter century of culture's consequences: A review of empirical research incorporating hofstede's cultural values framework[J].Journal of International Business Studies, 2006, 37 (3): 285–320.

[183] Kirkman B L, Lowe K B, Gibson C B. A retrospective on culture's consequences: The 35–year journey[J]. Journal of International Business Studies, 2017, 48 (1): 12–29.

[184] Kogut B, Habir S.The effect of national culture on the choice of entry mode[J]. Journal of International Business Studies, 1988, 19 (3): 411–432.

[185] Kogut B, Zander U. Knowledge of the firm and the evolutionary theory of the multinational corporation[J]. Journal of International Business Studies, 1993, 24 (4): 625–645.

[186] Kogut B, Zander U. Knowledge of the firm, combinative capabilities, and the replication of technology[J]. Organization Science, 1992, 3 (3): 383–397.

[187] Kohli A K, Jaworski B J. Market orientation: The construct, research propositions, and managerial implications[J].Journal of Marketing, 1990, 54 (2): 1–18.

[188] Kohli A K, Jaworski B, Kumar A. Markor: A measure of market orientation [J]. Journal of Marketing Research, 1993, 30 (4): 467–477.

[189] Kohtamäki, Henneberg S C, Martinez V, et al. A configurational Approach to servitization: Review and research directions[J].Service Science, 2019, 11 (3): 213–240.

[190] Koka B R, Madhavan R E, Prescott J.The evolution of interfirm networks: Environmental effects on patterns of network change[J].Academy of Management Review, 2006, 31 (3): 721–737.

[191] Kostova T, Roth K. Social capital in multinational corporations and a micro-macro model of its formation[J].Academy of Management Review, 2003, 28 (2): 297–317.

[192] Kostova T, Zaheer S. Organizational legitimacy under conditions of complexity: The case of the multinational enterprise[J].Academy of Management Review, 1999, 24 (1): 64–81.

[193] Kostova T. Transnational transfer of strategic organizational practices: A contextual perspective[J]. Academy of Management Review, 1999, 24 (2): 308–324.

[194] Kowalkowski C, Gebauer H, Kamp B. Servitization and deservitization: Overview, concepts, and definitions[J].Industrial Marketing Management, 2017, 60 (1): 4–10.

[195] Krasnikov A, Jayachandran S. The relative impact of marketing, research-and-development, and operations capabilities on firm performance[J]. Journal of Marketing, 2008, 72 (4): 1–11.

[196] Krohmer H, Homburg C, Workman J P. Should marketing be cross-

functional? Conceptual development and international empirical evidence[J]. Journal of Business Research, 2002, 55 (6): 451-465.

[197] Kumar D, Samalia H V, Verma P. Exploring suitability of cloud computing for small and medium-sized enterprises in India[J]. Journal of Small Business and Enterprise Development, 2017, 24 (4): 814-832.

[198] Lakshman C. Biculturalism and attributional complexity: Cross-cultural leadership effectiveness[J]. Journal of International Business Studies, 2013, 44 (9): 922-940.

[199] Lankhuizen M, De Groot H L F, Linders G M. The trade-off between foreign direct investments and exports: The role of multiple dimensions of distance[J]. The World Economy, 2011, 34 (8): 1395-1416.

[200] Lattemann C, Alon I, Spigarelli F, Marinova S T. Dynamic embeddedness in Chinese firm internationalization[J]. Thunderbird International Business Review, 2017, 59 (4): 547-559.

[201] Lau A K. Influence of contingent factors on the perceived level of supplier integration: A contingency perspective[J]. Journal of Engineering and Technology Management, 2014, 33 (2): 210-242.

[202] Le S, Kroll M. CEO international experience: Effects on strategic change and firm performance[J]. Journal of International Business Studies, 2017, 48 (5): 573-595.

[203] Leandro L, Neffa E. Is the integration of Shared Value Creation (SVC) with strategy management of productive organizations an innovative Approach to environmental challenges faced by companies today?[J]. International Journal of Business Management & Economic Research, 2012, 3 (2): 484-489.

[204] Lee S M, Olson D L, Trimi S. Co-innovation: Convergenomics, collaboration, and co-creation for organizational values[J]. Management Decision, 2012, 50 (5): 817-831.

[205] Leung A K Y, Cohen D. Within and between culture variation: Individual differences and the cultural logics of honor, face, and dignity cultures[J].Journal of Personality and Social Psychology, 2011, 100 (3): 507–526.

[206] Leung K , Morris M W . Values, schemas, and norms in the culture–behavior nexus: A situated dynamics framework[J]. Journal of International Business Studies, 2015, 46 (9): 1028–1050.

[207] Li J J, Poppo L, Zhou K Z. Do managerial ties in China always produce value? Competition, uncertainty, and domestic vs.foreign firms[J]. Strategic Management Journal, 2008, 29 (4): 383–400.

[208] Li J Y, Cao J X, Liu Y Q. A Study on the effects of dual network embeddedness on organizational learning and internationalization performance[J].Eurasia Journal of Mathematics, Science and Technology Education, 2017, 13 (8): 5219–5229.

[209] Li J Y, Liu Y Q, Cao J X. Effects of overseas network embeddedness and relationship learning on internationalization performance[J].Journal of Interdisciplinary Mathematics, 2017, 20 (6): 1581–1586.

[210] Li T, Calantone R J. The impact of market knowledge competence on new product advantage: Conceptualization and empirical examination[J]. Journal of Marketing, 1998, 62 (4): 13–29.

[211] Liang D W, Moreland R, Argote L. Group versus individual training and group performance: The mediating role of transactive memory[J]. Personality and Social Psychology Bulletin, 1995, 21 (4): 384–393.

[212] Liao J, Welsch H, Stoica M. Organizational absorptive capacity and responsiveness: An empirical investigation of growth–oriented SMEs[J]. Entrepreneurship Theory & Practice, 2003, 28 (1): 63–85.

[213] Lieberman M B, Asaba S.Why do firms imitate each other?[J]. Academy of Management Review, 2006, 31 (2): 366–385.

[214] Liu L A, Adair W L, Tjosvold D. Understanding intercultural dynamics: Insights from competition and cooperation in complex contexts[J]. Cross Cultural & Strategic Management, 2018, 25 (1): 2-31.

[215] Liu L A, Friedman R A, Barry B, Gelfand M J, Zhang Z. The dynamics of consensus building in intraculturaland intercultural negotiations[J].Administrative Science Quarterly, 2012, 57 (2): 269-304.

[216] Lu C, Baiyin Y, Runtian J. Paternalistic leadership, eeam conflict, and TMT decision effectiveness: Interactions in the Chinese context[J].Management and Organization Review, 2015, 11 (4): 739-762.

[217] Lu J F, Tjosvold D, Shi K.Team training in China: Testing and Applying the theory of cooperation and competition[J].Journal of Applied Social Psychology, 2010, 40 (1): 101-134.

[218] Lu Y, Ramamurthy K.Understanding the link between information technology capability and organizational agility: An empirical examination[J]. MIS Quarterly, 2011, 35 (4): 931-954.

[219] Lundan S M, Li J. Adjusting to and learning from institutional diversity: Toward a capability-building perspective[J].Journal of International Business Studies, 2019, 50 (1): 36-47.

[220] Luo Y, Bu J. Contextualizing international strategy by emerging market firms: A composition-based Approach[J]. Journal of World Business, 2018, 53 (3): 337-355.

[221] Luo Y, Child J. A composition-based view of firm growth[J]. Management and Organization Review, 2015, 11 (3): 379-411.

[222] Luo Y, Park S H. Strategic alignment and performance of market-seeking MNCs in China[J]. Strategic Management Journal, 2001, 22 (2): 141-155.

[223] Luo Y, Sun J, Wang S L. Emerging economy copycats: Capability, environment, and strategy[J]. Academy of Management Perspective, 2011, 25 (2):

37–56.

[224] Luo Y，Tung R L. A general theory of springboard MNEs[J]. Journal of International Business Studies，2018，49（1）：1–24.

[225] Luo Y. Dynamic capabilities in international expansion[J].Journal of World Business，2000，35（4）：355–378.

[226] Luo Y. Toward a reverse adaptation view in cross–cultural management[J]. Cross Cultural & Strategic Management，2016，23（1）：29–41.

[227] Makadok R. Toward a synthesis of the resource–based and dynamic–capability views of rent creation[J]. Strategic Management Journal，2001，22（5）：387–401.

[228] Marano V，Tashman P，Kostova T. Escaping the iron cage：Liabilities of origin and CSR reporting of emerging market multinational enterprises[J]. Journal of International Business Studies，2017，48（3）：386–408.

[229] Marco M K，Taylor J E，Alin P. Emergence and role of cultural boundary spanners in global engineering project networks[J]. Journal of Management in Engineering，2010，26（3）：123–132.

[230] Martinez J I，Jarillo J C. The evolution of research on coordination mechanisms in multinational corporations[J]. Journal of International Business Studies，1989，20（3）：489–514.

[231] Mathews J A. Dragon multinationals：New players in 21st century globalization[J].Asia Pacific Journal of Management，2006，23（2）：139–141.

[232] McDermott G A，Corredoira R A. Network composition，collaborativeties，and upgrading in emerging–market firms：Lessons from the argentine autoparts sector[J]. Journal of International Business Studies，2010，41（2）：308–329.

[233] Meyer J W，Rowan B. Institutionalized organizations：Formal structure as myth and ceremony[J].American Journal of Sociology，1977，83（2）：340–363.

[234] Meyer K E，Mudambi R，Narula R. Multinational enterprises and local

contexts: The opportunities and challenges of multiple embeddedness[J]. Journal of Management Studies, 2011, 48 (2): 235–252.

[235] Mohrman S A, Tenkasi R V, Mohrmanjr A M. The role of networks in fundamental organizational change: A grounded analysis[J].The Journal of Applied Behavioral Science, 2003, 39(3): 301–323.

[236] Moon H C, Pare J, Yim S H, Park N. An extension of porter and kramer's Creating Shared Value (CSV): Reorienting strategies and seeking international cooperation[J].Journal of International and Area Studies, 2011, 18 (2): 49–64.

[237] Moore F. Multiple interpretations of "national culture" and the implications for International business: The case of Taiwan–Science Direct[J]. Journal of World Business, 2020, 55 (5): 1–13.

[238] Morosini P, Shane S, Singh H. National cultural distance and cross–border acquisition performance[J]. Journal of International Business Studies, 1998, 29 (1): 137–158.

[239] Mu J, Di Benedetto C A. Networking capability and new product development[J].IEEE Transactions on Engineering Management, 2012, 59 (1): 4–19.

[240] Mu J. Marketing capability, organizational adaptation and new product development performance[J]. Industrial Marketing Management, 2015, 49 (9): 151–166.

[241] Mu S C, Gnyawali D R, Hatfield D E. Foreign subsidiaries' learning from local environments: An empirical test[J].Management International Review, 2007, 47 (1): 79–102.

[242] Nadeem S, Raza M, Kayani N, Aziz A, Nayab D. Examining cross–cultural compatibility of high performance work practices[J]. International Business Review, 2018, 27 (3): 563–583.

[243] Nahapiet J, Ghoshal S. Social capital, intellectual capital, and the organizational advantage[J]. Academy of Management Review, 1998, 23 (2): 242–266.

[244] Nancy J A. A typology of management studies involving culture[J].Journal of International Business Studies, 1983, 14 (2): 29–47.

[245] Narver J C, Slater S F, Maclachlan D L. Responsive and proactive market orientation and new–product success[J]. Journal of Product Innovation Management, 2010, 21 (5): 334–347.

[246] Nohria N, Ghoshal S. Differentiated fit and shared values: Alternatives for managing headquarters–subsidiary relations[J]. Strategic Management Journal, 1994, 15 (6): 491–503.

[247] Oehmichen J, Puck J. Embeddedness, ownership mode and dynamics, and the performance of MNE subsidiaries[J].Journal of International Management, 2016, 22 (1): 17–28.

[248] Park H, Han K, Yoon W. The impact of cultural distance on the performance of foreign subsidiaries: Evidence from the Korean market[J]. Organizations and Markets in Emerging Economies, 2018, 9 (1): 123–134.

[249] Petersen B, Pedersen T, Lyles M A. Closing knowledge gaps in foreign markets[J]. Journal of International Business Studies, 2008, 39 (7): 1097–1113.

[250] Pitelis C N, Teece D J. Cross–border market cocreation, dynamic capabilities and the entrepreneurial theory of the multinational enterprise[J]. Industrial and Corporate Change, 2010, 19 (4): 1247–1270.

[251] Porter M E, Kramer M R. Strategy and society: The link between competitive advantage and corporate social responsibility[J]. Harvard Business Review, 2006, 84 (12): 78–92.

[252] Priem R L, Li S, Carr J C. Insights and new directions from demand–side Approaches to technology innovation, entrepreneurship, and strategic management research[J]. Journal of Management, 2012, 38 (1): 346–374.

[253] Pu M, Soh P H. The role of dual embeddednessand organization learning in subsidiary development[J].Asia Pacific Journal of Management, 2018, 35 (2): 373–397.

[254] Rahman M S, Omar A A, Bhuiyan M. Accountable cross-border data sharing using blockchain under relaxed trust assumption[J]. IEEE Transactions on Engineering Management, 2020, 99 (1): 1-16.

[255] Raveh H, Alon L, Ella G. The bright side of social categorization: The role of global identity in reducing relational conflict in multicultural distributed teams[J].Cross Cultural & Strategic Management, 2017, 9 (3): 1-55.

[256] Reinartz W, Krafft M, Hoyer W D. The customer relationship management process: Its measurement and impact on performance[J]. Journal of Marketing Research, 2004, 41 (3): 293-305.

[257] Rindfleisch A, Moorman C. Interfirm cooperation and customer orientation[J]. Journal of Marketing Research, 2003, 40 (11): 421-436.

[258] Rivera-Camino J. Corporate environmental market responsiveness: A model of individual and organizational drivers[J]. Journal of Business Research, 2012, 65 (3): 402-411.

[259] Schreyögg G, Kliesch-Eberl M. How dynamic can organizational capabilities be? Towards a dual-process model of capability dynamization[J]. Strategic Management Journal, 2007, 28 (9): 913-933.

[260] Selmer J, Chiu R K, Shenkar O. Cultural distance asymmetry in expatriate adjustment[J]. Cross Cultural Management An International Journal, 2007, 14 (2): 150-160.

[261] Sheng J. Being active in online communications: Firm responsiveness and customer engagement behaviour[J]. Journal of Interactive Marketing, 2019, 46 (1): 40-51.

[262] Shenkar O, Stephen B T, Hao W, Jie W. National culture and international business: A path forward[J]. Journal of International Business Studies , 2020, 11 (6): 1-53.

[263] Shenkar O. Cultural distance revisited: Towards a more rigorous

conceptualization and measurement of cultural differences[J]. Journal of International Business Studies, 2001, 32 (3): 519–535.

[264] Siqueira A C, Priem R L, Parente R C. Demandside perspectives in international business: Themes and future directions[J]. Journal of International Management, 2015, 21 (4): 261–266.

[265] Sirgal J, Licht A N, Schwartz S H. Egalitarianism, cultural distance, and FDI: A new way Approach[J]. SSRN Electronic Journal, 2012, 24 (6): 1–53.

[266] Sirmon D G, Hitt M A, Arregle J L, Campbell J T. The dynamic interplay of capability strengths and weaknesses: Investigating the bases of temporary competitive advantage[J]. Strategic Management Journal, 2010, 31 (13): 1386–1409.

[267] Sirmon D G, Hitt M A, Ireland R D. Managing firm resources in dynamic environments to create value: Looking inside the black box[J]. Academy of Management Review, 2007, 32 (1): 273–292.

[268] Song C, Gong Y, Way S A. Flexibility–oriented HRM systems, absorptive capacity, and market responsiveness and firm innovativeness[J]. Journal of Management, 2013, 39 (7): 1924–1951.

[269] Song J, Asakawa K, Chu Y. What determines knowledge sourcing from host locations of overseas R&D operations?——A study of global R&D activities of Japanese multinationals[J]. Research Policy, 2011, 40 (3): 380–390.

[270] Sorensen J B. The strength of corporate culture and the reliability of firm performance[J]. Administrative Science Quarterly, 2002, 47 (1): 70–91.

[271] Spanos Y E, Lioukas S. An examination into the causal logic of rent generation: Contrasting Porter's competitive strategy framework and the resource–based perspective[J]. Strategic Management Journal, 2001, 22 (10): 907–934.

[272] Stahl G K, Maznevski M L, Voigt A, Jonsen K.Unraveling the effects of cultural diversity in teams: A metaanalysis of research on multicultural work groups[J]. Journal of International Business Studies, 2010, 41 (4): 690–709.

[273] Stahl, Maznevski, Martha L. Unraveling the effects of cultural diversity in teams: A retrospective of research on multicultural work groups and an agenda for future research[J]. Journal of International Business Studies, 2021, 52(5): 4-22.

[274] Stoermer S, Davies S, Froese F J. Expatriates' cultural intelligence, embeddedness and knowledge sharing: A multilevel analysis[J]. Academy of Management Annual Meeting Proceedings, 2017, 17(1): 1-24.

[275] Stuart T, Sorenson O. Social networks and entrepreneurship[J]. Entrepreneurship Theory & Practice, 2003, 28(1): 1-22.

[276] Subramani M, E Walden. The impact of e-commerce announcements on the market value of firms[J].Information Systems Research, 2001, 12(2): 135-154.

[277] Subramaniam M, Youndt M A. The influence of intellectual capitalon the types of innovative capabilities[J].Academy of Management, 2005, 48(3): 450-463.

[278] Sun P, Mellahi K, Thun E. The dynamic value of MNE political embeddedness: The case of the Chinese automobile industry[J]. Journal of International Business Studies, 2010, 41(7): 1161-1182.

[279] Szkudlarek B, Osland J S, Nardon L, Zander L. Communication and culture in international business-Moving the field forward[J]. Journal of World Business, 2020, 55(10): 1-10.

[280] Takeuchi R, Tesluk P E, Yun S, Lepak D P. An integrative view of international experience[J]. Academy of Management Journal, 2005, 48(1): 85-100.

[281] Tan Q, Sousa C. Leveraging marketing capabilities into competitive advantage and export performance[J]. International Marketing Review, 2015, 32(1): 78-102.

[282] Tartaglione A M, Formisano V. A dynamic view of marketing capabilities for SMEs' export performance[J]. International Journal of Marketing Studies, 2018, 10(1): 126-135.

[283] Teece D J. A dynamic capabilities-based entrepreneurial theory of the

multinational enterprise[J]. Journal of International Business Studies, 2014, 45 (1): 8–37.

[284] Teece D J. Explicating dynamic capabilities: The nature and microfoundations of (sustainable) enterprise performance[J].Strategic Management Journal, 2007, 28 (13): 1319–1350.

[285] Teece D, Gary P, Amy S. Dynamic capabilities and strategic management[J]. Strategic Management Journal, 1997, 18 (7): 509–533.

[286] Tjosvold D, Law K S, Sun H. Effectiveness of Chinese teams: The role of conflict types and conflict management Approaches[J].Management & Organization Review, 2006, 2 (2): 231–252.

[287] Tjosvold D, Wong A S, Feng N Y. Constructively managing conflicts in organizations[J].Annual Review of Organizational Psychology and Organizational Behavior, 2014, 1 (1): 545–568.

[288] Trevio L J, Egri C P, Ralston D A, Naoumova I, Furrer O. A cross cultural examination of person organization fit: Is PO fit congruent with or contingent on societal values? [J].Management International Review, 2020, 60 (4): 287–314.

[289] Troy L C, Hirunyawipada T, Paswan A K. Cross–functional integration and new product success: An empirical investigation of the findings[J]. Journal of Marketing, 2008, 72 (11): 132–146.

[290] Tung R L, Verbeke A. Beyond hofstede and globe: Improving the quality of cross–cultural research[J]. Journal of International Business Studies, 2010, 41 (8): 1259–1274.

[291] Uzzi B. Social structure and competition in interfirm networks: The paradox of embeddedness[J]. Administrative Science Quarterly, 1997, 42 (1): 35–67.

[292] UzziB. The sources and consequences of embeddedness for the economic performance of organizations: The network effect[J]. American Sociological Review, 1996, 61 (4): 674–698.

[293] Verbeke A, Kano L. An internalization theory perspective on the global and regional strategies of multinational enterprises[J]. Journal of World Business, 2016, 51 (1): 83-92.

[294] Verhoef P C, Leeflang P S H. Understanding the marketing department's influence within the firm[J]. Journal of Marketing, 2009, 73 (2): 14-37.

[295] Vijande M L S, Sanzo Pérez M J, Álvarez González L, Casielles R V. Effects of market orientation on business strategic behavior[J]. Journal of Strategic Marketing, 2005, 13 (1): 17-42.

[296] Vora D, Martin L, Fitzsimmons S R, Pekerti A, Lakshman C, Raheem S. Multiculturalism within individuals: A review, critique, and agenda for future research[J]. Journal of International Business Studies, 2018, 50 (6): 499-524.

[297] Vorhies D W, Morgan N A. A configuration theory assessment of marketing organization fit with business strategy and its relationship with marketing performance[J]. Journal of Marketing, 2003, 67 (1): 100-115.

[298] Vorhies D, Morgan N, Autry C. Product-market strategy and the marketing capabilities of the firm: Impact on market effectiveness and cash flow performance[J]. Strategic Management Journal, 2009, 30 (4): 1310-1334.

[299] Vorhies D, Orr L M, Bush V D. Improving customer-focused marketing capabilities and firm financial performance via marketing exploration and exploitation[J]. Journal of the Academy of Marketing Science, 2011, 39 (5): 736-756.

[300] Wan W P. Country resource environments, firm capabilities, and corporate diversification strategies[J]. Journal of Management Studies, 2005, 42 (1): 161-182.

[301] Wang G, Dou W, Zhu W. The effects of firm capabilities on external collaboration and performance: The moderating role of market turbulence[J]. Journal of Business Research, 2015, 68 (9): 1928-1936.

[302] Weber Y, Tarba S Y. Strategic agility: A state of the art introduction to the special section on strategic agility[J]. California Management Review, 2014, 56 (3):

5–12.

[303] Weick K E, Sutcliffe K M, Obstfeld D. Organizing and the process of sensemaking[J]. Organization Science, 2005, 16 (4): 409–421.

[304] Wolfgang B, Bushra G, Juliane S A. National culture, managerial preferences, and takeover performance[J].International Business Review, 2018, 6 (12): 1270–1289.

[305] Ye G, Priem R L, Alshwer A A. Achieving demandside synergy from strategic diversification: How combining mundane assets can leverage consumer utilities [J]. Organization Science, 2012, 23 (1): 207–224.

[306] Yu W, Jacobs M A, Salisbury W D. The effects of supply Chain integration on customer satisfaction and financial performance: An organizational learning perspective[J]. International Journal of Production Economics, 2013, 146 (1): 346–358.

[307] Zaheer S. Overcoming the liability of foreignness[J]. Academy of Management Journal, 1995, 38 (2): 341–363.

[308] Zahra S A, Korri J S, Yu J. Cognition and international entrepreneurship: Implications for research on international opportunity recognition and exploitation[J]. International Business Review, 2005, 14 (2): 129–146.

[309] Zahra S, George G. Absorptive capacity: A review, reconceptualization, and extension[J]. Academy of Management Review, 2002, 27 (2): 185–203.

[310] Zajac E J, Kraatz M S, Bresser R K F. Modeling the dynamics of strategic fit: A normative Approach to strategic change[J].Strategic Management Journal, 2000, 21 (4): 429–453.

[311] Zellmer–Bruhn M, Gibson C. Multinational organization context: Implications for team learning and performance[J].Academy of Management Journal, 2006, 49 (3): 501–518.

[312] Zhang L, Guler I. How to join the club: Patterns of embeddedness and the

addition of new members to nterorganizational collaborations[J].Administrative Science Quarterly, 2020, 65 (1): 112-150.

[313] Zhou N, Guillen M F. From home country to home base: A dynamic Approach to the liability of foreignness[J]. Strategic Management Journal, 2015, 36 (6): 907-917.

[314] Zollo M, Winter S G. Deliberate learning and the evolution of dynamic capabilities[J]. Organization Science, 2002, 13 (3): 339-351.

后　记

本人基于博士学位论文，经过反复雕琢完成此书。时光飞逝，岁月如梭，蓦然回首，本人自2017年踏入南开求学以来，数载的博士求学生涯即将结束，在博士求学的过程中，一路跌跌撞撞，让我摆脱了胆怯与浮躁，在我的人生履历中留下了深刻的烙印，我会带着这份沉甸甸的记忆开启全新的人生旅程。值此博士毕业之际，本人心怀感恩之心，对曾经给予我帮助和支持的老师们、同学们、家人们致以最诚挚的谢意。

首先，衷心感谢我的博士生导师许晖教授，非常感谢您当初选择了我，让我有机会加入“许门”大家庭。从许老师身上，我看到了一名学者对学术研究的执着和坚持，平易近人的风格，让我感受到您的人格魅力，并时刻鞭策我不断努力。在我们每次的案例企业调研访谈中，许老师都是亲自“挂帅”，认真地为学生做现场指导，并起到表率的作用。对于我来说，博士生涯异常艰辛，是许老师的鼓励与耐心，让我明白了许多道理，哪怕在逆境中也要坚守“相信”的力量，去快乐地接受困境的洗礼，从而鞭策自己上进。在您对我的信任和指引下，我得到很多课题设计、案例撰写的学术训练机会，以及会议协调等非学术锻炼机会，让我在读博的道路上快速成长，也是在您的指导与督促下，本论文提案曾获得第五届华东理工大学—旧金山大学国际会议最佳博士论文提案奖。师恩深似海，我终生难忘。

在许晖教授的指导下，本人撰写本书始于2018年夏，适逢中国改革开放40周年，中国正处于中国特色社会主义进入新时代和世界政治经济格局发生深刻变革的历史交汇点。在全面深化改革的背景下，中国跨国企业成为“创新驱动发展”和“一带一路”两大国家战略的关键节点，对中国企业国际化实践和理论的探讨极具创新性和历史意义。在相当长一段时间内，本人坚持对以中国企业为代表的新兴经济体跨国企业研究进行持续追踪，*Journal of International Management*（JIM）于2007年、2010年、2013年出版了三期特刊，*Journal of International Business Studies*（JIBS）于2007年、*Global Strategy Journal*（GSJ）于2012年分别出专刊研究。相关的系列研究进一步提出了跨文化管理在新兴经济体跨国企业研究中的重大影响。但传统的跨文化管理理论和方法仍聚焦于传统的跨国公司，不能完全满足解释新兴国际化企业的需要。新兴经济体跨国企业的发展丰富了现有的跨文化理论，但也对这些理论和观点提出了新的问题。研究者不断指出，跨文化已经成为新兴国家及新兴国际化企业一个重要的研究情境，应该开发新的理论和方法。理论研究应该深入研究以中国企业为代表的新兴市场跨国企业带来的实践启示，尤其应该在营销战略、冲突管理等方面重新思考现有的理论观点和实践。基于此，本书将聚焦以中国为代表的新兴经济体跨国公司跨文化情境，对复合式营销能力构建问题展开深入研究。

与此同时，我还要感谢我的硕士生导师邢乐成教授、南开大学的王学秀老师，感谢你们对我人生规划给予的指引和关怀。另外，我还要诚挚地感谢吴晓云教授、李莉教授、焦媛媛教授等参与我论文开题、中期检查和答辩的老师，正是你们的宝贵意见和建议，才促使我的博士论文逐步完善和规范。感谢我的辅导员卢彤菲老师、胡颖欣老师、木林老师、张玉川老师以及负责研究生教务的吴语老师，感谢你们在新冠肺炎疫情期间付出的辛苦努力。此外，我要衷心地感谢单宇、冯永春、郭文艳、杨勃、薛子超、张超敏、丁超及刘田田等师门的兄弟姐妹，起初在修读博士的漫长道路上我并未预见读博的艰难，很容易迷失方向，若不是你们对我的鼓励和帮助，恐怕我坚持不到最后，与你们共同生活学习的时光将成为我人生中的珍贵回忆。

一路走来帮助过我的人数不胜数，我在此对所有人表示最诚挚的感谢。

求学阶段即将结束，我将迎来一段全新的旅程，面对新的挑战与人生，我将充满信心。岁月无虞，未来可期。

王亚君

2022年4月30日

参照：参考并仿照。

定案：对方案、案件等所做的最后决定。

核准：审核后批准。

面洽：当面商量。洽，商量，接洽。

业已：已经。

申明：郑重说明。申，申述，说明。

签发：由主管人审核后，签上名字，正式发出。签，书写名字。

签署：在重要文件上正式签字。署，题写名字。

批复：上级对下级答复请示事项用的公文。

纪要：记录要点的文字。

列席：参加会议，有发言权，无表决权。

鉴于：考虑到，觉察到。

颁布：公布、发布（命令、指示等）。

嘉奖：（上对下）赞许、奖励。嘉，夸奖；奖，奖励。

兹：①这里；②现在。

事宜：关于事情的安排处理。

当否：是否合适。

三、经济文书类

调拨：调动拨付（物资）。

托付：①委托银行部门付给（钱款）；②委托别人照料或办理。

托运：委托运输部门运送（行李、货物）。

债权：有权要求债务人按合同的约定或者依照法律规定履行义务。

债主：借给别人钱收取利息的人。

收讫：收清（“收讫”两个字常刻成戳子，加盖在发票或其他单据上）。

索供：请求成交供货。

售罄：货物卖光。

打烊：（商店）关门停止营业（一般在晚上）。

标的：经济合同当事人双方权利和义务共同指向的对象，如货物、劳务、工程项目等。

唛头：货物包装外面所做的标记，也指商标。

主要参考文献

［1］中华人民共和国民法典．北京：中国法制出版社，2020.

［2］魏成华，孙维，房庆，魏宏，李玲．GB/T9704—2012党政机关公文格式国家标准应用指南［M］．北京：中国标准出版社，2017.

［3］李莉，李日新．应用文写作［M］．南昌：江西人民出版社，2020.

［4］陈跃，吴士田，刘健，张晓燕．应用文写作［M］．成都：西南交通大学出版社，2017.

［5］张振鹏，陈娟，林圣娥．大学实用写作教程［M］．北京：首都师范大学出版社，2016.

［6］陈传万．应用写作案例教程［M］．上海：上海交通大学出版社，2015.

［7］陈庆元，高兰．应用文写作［M］．北京：北京师范大学出版社，2014.

［8］戴夏燕，王玉琴．高职应用文写作训练教程［M］．北京：中国农业出版社，2010.

［9］宋有武，边勋．高职高专应用文写作教程及其实训［M］．北京：北京交通大学出版社，2008.

［10］徐中玉．应用文写作［M］．北京：高等教育出版社，2001.

［11］张德实．应用文写作［M］．北京：高等教育出版社，2003.